E. M. FORSTER

Maurice

TRADUIT DE L'ANGLAIS PAR NELLY SHKLAR

LE LIVRE DE POCHE

Titre original :
MAURICE

La première traduction française a paru à la librairie Plon en 1973 sous le titre : *Le Retour à Penge.*

ISBN : 978-2-253-10723-1 – 1re publication LGF

I

Une fois par trimestre, toute l'école, sous la conduite des trois maîtres, partait en promenade. C'était en général une sortie agréable, et les enfants l'attendaient avec impatience, oubliaient leurs petites querelles et s'ébattaient en toute liberté. Pour éviter que la discipline n'en souffre, l'expédition avait lieu juste avant les vacances, à un moment où un peu de relâchement ne tirait plus à conséquence ; et de fait, elle faisait penser davantage à un pique-nique familial qu'à une excursion scolaire, parce que Mrs Abrahams, la femme du directeur, venait les rejoindre pour le thé avec quelques dames de ses amies et se montrait d'une sollicitude toute maternelle.

Mr Abrahams était un directeur à la mode d'autrefois. Il ne se souciait ni de travail ni de sport, mais il nourrissait bien ses garçons et veillait à ce que leur conduite fût irréprochable. Pour le reste, il s'en remettait aux parents sans chercher à savoir dans quelle mesure les parents s'en remettaient à lui. Au milieu de la satisfaction générale, les enfants s'en repartaient, bien portants mais scolairement en retard, pour entrer dans une public school affronter, jeune chair sans défense, les premières attaques du monde extérieur. Il y aurait beaucoup à dire en faveur de l'apathie en matière d'éducation et, au bout du compte, les élèves de Mr Abrahams ne s'en tiraient pas si mal, devenaient parents à leur tour, et certains lui envoyaient même leurs fils. Mr Read, le sous-maître, était un éducateur du même style, mais en plus borné, alors que Mr Ducie, le maître principal, ne manquait pas d'un certain allant et empêchait toute la maison de sombrer dans l'assoupissement. Les deux autres ne l'aimaient pas beaucoup mais le savaient nécessaire. C'était un homme capable et bien-pensant ; cependant, il ne refusait pas de se tenir au courant ni de s'intéresser à un point de vue différent du sien. Avec les parents et avec les élèves par trop bouchés, il n'avait pas la manière, mais il réussissait bien avec les grands et en avait même préparé quelques-uns à entrer en classique. Il ne manquait pas non plus d'un certain sens de l'organisation, et Mr Abrahams, tout en affectant de tenir les rênes et de préférer Mr Read, lui laissait en réalité carte blanche et il finit même par l'associer à ses décisions.

Mr Ducie avait toujours quelque sujet de préoccupation. Ce jour-là, il s'agissait de Hall, un des grands, qui les quittait pour entrer au collège.

Mr Ducie souhaitait avoir pendant la promenade une « conversation sérieuse » avec lui. À l'idée du travail qui retomberait sur eux, ses collègues tentèrent de l'en dissuader, et le directeur fit observer qu'il avait déjà parlé au jeune Hall et que, pour sa dernière sortie, celui-ci préférerait certainement rester avec ses camarades. C'était probable, mais rien ne pouvait empêcher Mr Ducie de faire son devoir. Il sourit en silence. Mr Read savait de quoi il retournait. Tout au début de leur collaboration, ils avaient abordé ensemble « certaine question » à titre professionnel. Mr Read s'était montré désapprobateur. « Sujet scabreux », avait-il déclaré. Mr Abrahams n'était pas au courant et n'eût pas souhaité l'être. Voyant partir ses élèves à quatorze ans, il oubliait qu'ils étaient devenus des hommes. Pour lui, ses « garçons » formaient une race petite mais achevée, tels les Pygmées de Nouvelle-Guinée. Et ils étaient même plus faciles à comprendre parce qu'ils ne se mariaient jamais et mouraient rarement. Célibataire et immortelle, la longue procession défilait devant lui, son effectif variant entre vingt-cinq et quarante. « Je ne vois pas l'utilité des livres de pédagogie, aimait-il à répéter, il y avait déjà des enfants avant qu'on ait songé à inventer la pédagogie. » Mr Ducie souriait, car il était féru de progrès.

Pour en venir aux enfants :

« M'sieur, je peux vous donner la main ?... M'sieur, vous m'aviez promis... » Mr Abrahams avait les deux mains emprisonnées et Mr Read se débattait. « Oh, m'sieur, vous l'avez entendu ? Il se figure que Mr Read a trois mains !... — C'est pas vrai, j'ai dit "ses doigts". — Sale menteur ! Sale menteur ! »

— Allez-vous bientôt finir ?

— M'sieur !

— J'emmène Hall faire un tour.

Il y eut des exclamations désappointées, et les deux autres, voyant que les choses se gâtaient, sonnèrent le rassemblement et entraînèrent les enfants le long de la falaise vers les dunes. Hall, triomphant, s'élança aux côtés de Mr Ducie et décida qu'il était trop grand pour lui donner la main. C'était un gentil garçon, rondelet, sans rien de remarquable. Sur ce point, il ressemblait à son père, lequel, vingt-cinq ans plus tôt, avait lui aussi fait partie de la procession, l'avait quittée pour entrer dans une public school, se marier, engendrer un fils et deux filles, et était mort peu auparavant des suites d'une pneumonie. De son vivant, Mr Hall avait été bon époux et bon père, mais dans le genre amorphe. Mr Ducie s'était renseigné avant d'entamer la conversation.

— Eh bien, Hall, on s'attend à un bon petit sermon, hein ?

— Je ne sais pas, m'sieur… Mr Abrahams m'a offert une image pieuse, Mrs Abrahams des boutons de manchette, les copains une série complète de « Guatemala ». Regardez, m'sieur, ceux avec le perroquet sur la colonne !

— Superbe, superbe ! Et qu'est-ce que Mr Abrahams t'a raconté ? Il t'a dit, j'espère, que tu n'étais qu'un misérable pécheur.

Le garçon eut un rire poli. Il ne comprenait pas bien ce que Mr Ducie entendait par là, mais il voyait qu'il voulait se montrer spirituel. Il se sentait très détendu parce que c'était son dernier jour à l'école et qu'il ne risquait plus rien, même s'il faisait une bêtise. Et puis Mr Abrahams n'avait pas tari d'éloges sur son compte : « Nous sommes fiers de lui ; il nous fera honneur à Sunnington… » Il avait vu le début de la lettre adressée à sa mère. Ses camarades l'avaient comblé de cadeaux et avaient vanté son courage. En quoi ils se trompaient. Il n'était pas courageux : il avait peur du noir. Mais ça, personne n'en savait rien.

— Eh bien, de quoi Mr Abrahams t'a-t-il donc parlé ? répéta Mr Ducie comme ils atteignaient la plage.

Une longue conversation menaçait, et le garçon regretta de ne pas être là-haut sur la falaise avec les autres. Mais il savait que mieux vaut se résigner quand on est avec un adulte.

— Mr Abrahams m'a dit de prendre modèle sur mon père, monsieur.

— C'est tout ?

— De ne jamais rien faire dont je pourrais avoir honte devant ma mère. Comme ça, on a toujours la conscience pure. Et aussi qu'au collège ce serait très différent d'ici.

— T'a-t-il expliqué quel genre de changement tu trouverais ?

— Il m'a dit que j'aurais à affronter toutes sortes de difficultés, un peu comme dans la vie.

— Il n'a pas précisé lesquelles ?

— Non, monsieur.

— Le lui as-tu demandé ?

— Non, monsieur.

— Ce n'était pas très intelligent de ta part, Hall. Il faut toujours tirer les choses au clair. Mr Abrahams et moi sommes là pour répondre à tes questions. Quelle idée te fais-tu de la vie – j'entends, la vie des grandes personnes ?

— Je ne sais pas, monsieur. Je suis encore trop jeune, répondit-il très sincère. Est-ce que les adultes sont très déloyaux ?

Mr Ducie fut amusé et lui demanda de lui citer des cas où il avait vu des adultes se comporter de façon déloyale. Il répondit qu'avec les enfants ils étaient toujours gentils, mais entre eux, ne cherchaient-ils pas constamment à se duper ? Perdant ses manières d'écolier sage, il se mit à parler comme un enfant et se montra imaginatif et drôle. Mr Ducie s'allongea sur le sable pour l'écouter, alluma sa pipe et fixa le ciel. La petite ville qu'ils habitaient était maintenant loin derrière eux, les autres élèves les avaient depuis longtemps dépassés, le temps était calme et gris, le soleil et les nuages se confondaient.

— Tu vis avec ta mère, n'est-ce pas ? interrogea soudain Mr Ducie en voyant que le garçon était en confiance.

— Oui, monsieur.

— Tu n'as pas de frères aînés ?

— Non, monsieur - seulement Ada et Kitty.

— Pas d'oncles ?

— Non, monsieur.

— Il n'y a donc que des femmes autour de toi ?

— Nous avons un cocher et George qui s'occupe du jardin. Mais vous voulez dire, bien sûr, des gentlemen ? Il y a aussi trois bonnes à la maison, mais elles sont si paresseuses qu'elles oublient toujours de raccommoder les bas d'Ada. Ada, c'est l'aînée de mes deux petites sœurs.

— Quel âge as-tu ?

— Quatorze ans et neuf mois.

— Diantre, voilà un petit bougre bien ignorant !

Ils rirent. Au bout d'un moment, Mr Ducie reprit :

— Quand j'avais ton âge, mon père m'a expliqué quelque chose qui par la suite m'a beaucoup aidé. (C'était faux, son père ne lui avait jamais rien dit de ce genre. Mais il avait besoin d'une entrée en matière.) Veux-tu que je te dise ce que c'était ?

— Oh oui, m'sieur !

— Écoute-moi bien, Maurice, je vais te parler maintenant comme si j'étais ton père. Tu vois, je t'appelle par ton prénom.

Et Mr Ducie, d'un ton simple et affectueux, aborda les mystères du sexe. Il expliqua à l'enfant que Dieu avait créé l'Homme et la Femme au commencement des temps afin de peupler la terre et qu'à une période de leur vie tous deux ont le pouvoir de procréer.

— Tu es en train de devenir un homme, Maurice, c'est pour cette raison que je te parle ainsi. Ce n'est pas là une chose que ta mère peut t'expliquer et tu ferais mieux de ne jamais en parler devant elle ni devant aucune dame. Et si, dans ta prochaine école, des camarades y font allusion devant toi, fais-les simplement taire. Dis-leur que tu sais. En avais-tu déjà entendu parler auparavant ?

— Non, monsieur.

— Pas un mot ?

— Non, monsieur.

Tout en continuant de fumer sa pipe, Mr Ducie se leva, et choisissant un coin bien lisse, il se mit à tracer du bout de sa canne quelques dessins sur le sable.

— Tu comprendras mieux ainsi, dit-il au jeune garçon qui regardait d'un air morne, sans parvenir à établir de rapport entre les explications de Mr Ducie et son expérience personnelle.

Il écoutait sagement, parce qu'il était le seul de sa classe et se rendait bien compte qu'il s'agissait d'une chose importante qui avait trait à son corps. Mais il n'arrivait pas à se sentir réellement concerné. Les paroles de Mr Ducie n'éveillaient aucun écho en lui. En dépit de ses efforts, son esprit restait absent. La puberté était là, mais non sa conscience, et il entrait dans l'âge d'homme, ainsi qu'il est de règle, comme un somnambule. Inutile d'essayer d'intervenir. Inutile d'essayer de lui décrire cette phase : l'enfant acquiesce et retombe dans un sommeil d'où rien ne pourra le tirer avant son heure.

Malgré son érudition, Mr Ducie débordait de bienveillance. À vrai dire, il était trop bienveillant ; il prêtait à Maurice une maturité qu'il ne possédait pas, sans voir que ces révélations risquaient seulement de le dépasser ou de le bouleverser.

— Je t'ennuie avec tout ça, dit-il. Mais il faut bien en passer par là. Il ne faut pas en faire un mystère. Alors viennent les choses importantes – l'Amour, la Vie.

Il parlait avec aisance. Ce n'était pas la première fois qu'il abordait ce sujet avec des élèves, et il savait le genre de questions qu'ils poseraient. Maurice n'en posa pas. « Je vois, je vois », dit-il simplement, et Mr Ducie craignit un moment de s'être mal fait comprendre. Il l'interrogea et en tira des réponses satisfaisantes. Le garçon avait bien retenu, et même – si étrange est la nature humaine – il fit preuve d'une apparente vivacité d'esprit qui le mit provisoirement au diapason de l'adulte. Pour finir, il posa de son propre chef une ou deux questions d'ordre sexuel et elles se révélèrent judicieuses. Mr Ducie se montra fort satisfait.

— Parfait, dit-il. Désormais tu n'auras plus besoin de t'inquiéter pour ça.

Restaient l'Amour et la Vie, et Mr Ducie aborda ce thème pendant qu'ils reprenaient leur promenade le long de la mer. Il parla de l'homme idéal, chaste par ascétisme. Il exalta la majesté sacrée de la Femme. Sur le point de se marier lui-même, il devenait moins impersonnel, ses yeux brillèrent derrière ses épaisses lunettes, son visage se colora. Chérir une noble femme, la servir, et la protéger, c'est là, expliqua-t-il au jeune garçon, le plus beau fleuron de l'existence.

— Tu es encore bien jeune, mais un jour tu comprendras, et ce jour-là, souviens-toi du vieux pédagogue qui t'a montré le chemin. Tout se tient, tout se complète, et Dieu règne au plus haut des Cieux. Ah, merveille de la Création ! L'Homme et la Femme ! Divine perfection !

— Je ne pense pas que je me marierai, observa Maurice.

— Dans dix ans, jour pour jour, je vous invite ta femme et toi à dîner chez nous, qu'en dis-tu ?

— Oh, monsieur ! (Il rougit de plaisir.)

— Marché conclu !

C'était en tout cas une façon plaisante de terminer l'entretien. Maurice se sentait flatté et il commença à envisager favorablement le mariage. Mais au moment même où les pensées du jeune garçon prenaient un tour plus agréable, Mr Ducie s'arrêta brusquement, porta une main à sa joue comme s'il était en proie à une soudaine rage de dents et, pivotant sur ses talons, contempla la longue étendue de sable derrière eux.

— J'oublie toujours d'effacer ces maudits dessins, se lamenta-t-il.

À l'autre bout de la baie, un petit groupe s'apprêtait à emprunter le même chemin qu'eux le long de la mer. Leurs pas les mèneraient à l'endroit précis où Mr Ducie avait illustré son cours d'éducation sexuelle et il y avait une dame parmi les promeneurs. Blême de terreur, il repartit en courant.

— M'sieur, m'sieur, ce n'est pas la peine, cria Maurice. La marée a déjà dû les recouvrir !

— Bonté divine !... C'est vrai... c'est l'heure de la marée.

Et brusquement, l'espace d'un instant, l'enfant le méprisa. « Menteur, pensa-t-il, lâche et menteur. Ce n'était que du vent. » Puis les ténèbres se refermèrent, éphémères ténèbres de l'enfance qui précèdent l'aube douloureuse de l'âge d'homme.

II

La mère de Maurice habitait une confortable villa entourée de pins aux environs de Londres. C'était là que ses sœurs et lui étaient nés, et c'était de là que son père partait chaque jour travailler à la Cité. Ils faillirent déménager lorsqu'on construisit une église, mais peu à peu ils s'y habituèrent comme à toute chose et finirent même par en apprécier les avantages : l'église était le seul endroit où Mrs Hall eût à se rendre – les magasins livraient à domicile. Il y avait également une gare à proximité, ainsi qu'un externat convenable pour les filles. C'était un endroit où tout était facile, rien n'y demandait d'efforts, et la réussite ne s'y distinguait pas de la médiocrité.

Maurice aimait la maison et reconnaissait sa mère comme son génie tutélaire. Sans elle, il n'y aurait eu ni bons fauteuils, ni bons repas, ni jeux ; il lui savait gré de veiller à tout et l'adorait. Il avait aussi beaucoup d'affection pour ses sœurs. À son arrivée, elles coururent à sa rencontre avec des cris de joie et lui arrachèrent son pardessus qu'elles abandonnèrent par terre dans le vestibule aux soins des servantes. C'était bien agréable d'être le centre d'attraction et de les épater avec son école. On admira ses timbres du Guatemala, l'image pieuse offerte par Mr Abrahams et la reproduction de Holbein que Mr Ducie lui avait donnée. Après le thé, le temps se mit au beau et Mrs Hall, enfilant ses caoutchoucs, partit avec lui se promener dans la propriété. Ils marchèrent tendrement enlacés en bavardant à bâtons rompus.

— Morrie…

— Maman…

— Je veux que mon petit Morrie passe de très bonnes vacances.

— Maman, où est George ?

— Mr Abrahams m'a envoyé un si bon rapport. Il dit que tu lui rappelles tout à fait ton pauvre père… Voyons, qu'allons-nous faire cet été ?

— C'est à la maison que je me plais le mieux.

— Mon trésor ! (Elle l'embrassa plus tendrement que jamais.) C'est bien vrai qu'on n'est nulle part ailleurs mieux que chez soi. Regarde, des tomates, des radis (elle aimait réciter les noms des légumes), des brocolis, des oignons…

— Tomates, brocolis, oignons, pommes de terre roses, pommes de terre jaunes, chantonna le garçon.

— Des fanes de navets…

— Mais où est George, maman ?

— Il nous a quittés la semaine dernière.

— Pourquoi ?

— Il devenait trop grand. Howell change d'aide-jardinier tous les deux ans.

— Ah !

— Des fanes de navets, reprit-elle, encore des pommes de terre, des betteraves… Morrie, tu voudras bien aller rendre une petite visite à Grand-Père et à Tante Ida, s'ils nous le demandent ? Cette année, je tiens à ce que tu passes des vacances très agréables, mon chéri. Tu as été si sage ! Mais aussi Mr Abrahams est un homme si charmant ! Tu sais que ton père allait déjà en classe dans son école et maintenant nous t'envoyons dans la public school où il était interne – Sunnington – afin que tu puisses devenir exactement comme lui plus tard…

Un sanglot de Maurice l'interrompit.

— Morrie, *mon chéri*…

Le jeune garçon était en larmes.

— Qu'est-ce qui ne va pas, mon trésor ?

— Je ne sais pas… je ne sais pas…

— Voyons, Maurice…

Il secoua la tête. Blessée de n'avoir pas su le rendre heureux, elle se mit à pleurer à son tour. Les petites filles accoururent.

— Maman, qu'est-ce qui se passe ?

— Il tombe de fatigue, dit Mrs Hall. (C'était son explication en toutes circonstances.) Morrie, mon chéri, viens t'allonger dans ta chambre. Oh, mon Dieu, c'est affreux !

— Non, non, ça va mieux ! (Il serra les dents et la boule qui l'oppressait commença de refluer. Il regarda autour de lui d'un air farouche et s'essuya les yeux.) Je vais très bien, maintenant, je crois que je vais faire une partie de Halma.

Avant même d'avoir entamé la partie, il bavardait de nouveau comme si de rien n'était. La crise était passée. Il battit au jeu Ada qui l'adorait et Kitty qui ne l'aimait guère, puis il retourna au jardin voir le cocher.

— Comment ça va, mon brave Howell ? Et cette chère Mrs Howell ? Comment ça va, Mrs Howell ?

Et ainsi de suite, parlant d'un ton protecteur très différent de celui dont il usait avec les gens de son milieu. Puis, passant à un autre sujet :

— Il paraît qu'il y a un nouveau jardinier ?

— Oui, monsieur Maurice.

— George était devenu trop grand ?

— Non, monsieur Maurice. Il désirait améliorer sa situation.

— Ah ! vous voulez dire que c'est lui qui a demandé à partir !

— C'est bien ça.

— Mère disait que c'était vous qui lui aviez donné son congé parce qu'il était trop grand.

— Non, monsieur Maurice.

— Mes pauvres tas de bois s'en porteront mieux, remarqua Mrs Howell.

Maurice et l'ancien petit jardinier avaient l'habitude de jouer dans le bûcher.

— Ce sont des tas de bois de mère et non les vôtres, répliqua Maurice.

Les Howell ne se formalisèrent pas, bien qu'ils se fussent mutuellement affirmé le contraire. Ils avaient été toute leur vie des domestiques et ils trouvaient normal qu'un gentleman fût arrogant.

— Il sait déjà s'y prendre avec les gens, dirent-ils à la cuisinière. Tout à fait comme son pauvre père.

Les Barry, qui vinrent dîner, furent du même avis. Le Dr Barry était un vieil ami ou plutôt un vieux voisin de la famille Hall pour laquelle il n'éprouvait qu'un intérêt médiocre. Personne ne pouvait éprouver beaucoup d'intérêt pour les Hall. Il aimait bien Kitty – elle promettait d'avoir plus tard du cran –, mais les petites s'étaient déjà couchées et, en rentrant, il déclara à sa femme que Maurice eût été bien avisé d'en faire autant. « Et mieux vaudrait qu'il ne bouge plus de son lit jusqu'à la fin de sa vie. C'est d'ailleurs ce qu'il fera. Comme son père. On se demande à quoi servent ces gens-là ! »

Lorsque Maurice alla enfin se coucher, ce fut à contrecœur. Cette chambre lui faisait toujours peur. Toute la soirée il s'était conduit comme un vrai homme, mais ses vieilles terreurs l'envahirent dès que sa mère l'eut quitté sur un dernier baiser.

Le terrible, c'était le miroir. Il n'avait pas peur de son propre reflet dans la glace ni de son ombre au plafond ; ce qui le terrifiait, c'était de voir son ombre reflétée dans la glace. Il disposait chaque fois la bougie de façon à éviter que l'effet ne se produise, puis il se contraignait à la placer en arrière et la peur l'étreignait. Il savait qu'il n'avait aucune raison de s'effrayer ; cela ne lui rappelait rien d'affreux, mais il avait peur. Finalement il soufflait la bougie et bondissait dans son lit. L'obscurité totale ne le dérangeait pas. Mais cette chambre avait le défaut supplémentaire d'être située en face d'un réverbère. Certains soirs, la lumière pénétrait innocemment à travers les rideaux, mais d'autres fois, des taches en forme de crâne tombaient sur les meubles. Alors son cœur battait la chamade et il était saisi d'effroi, bien que tout le reste de la maisonnée fût à portée de voix. À l'instant où il ouvrait les yeux pour regarder si les taches avaient diminué, il se souvint de George, et quelque chose remua dans les profondeurs insondables de son cœur. « George, George », gémit-il. Et pourtant qui était George ? Rien du tout, un simple domestique. Maman et Ada et Kitty avaient autrement plus d'importance. Mais il était trop petit pour se tenir ce raisonnement et il ne s'aperçut même pas qu'en s'abandonnant à son chagrin il triomphait des spectres de la nuit et s'endormait.

III

Sunnington fut la deuxième étape dans la vie de Maurice. Il la parcourut sans se faire remarquer. Élève médiocre, quoique meilleur qu'il ne le prétendait, il ne brillait pas davantage en sport. Si d'aventure on s'apercevait de son existence, on le trouvait sympathique, car il avait un visage gai et ouvert et se montrait sensible aux marques d'amitié. Mais les garçons dans son genre étaient légion et il se confondait dans la masse. Il connut le lot commun – se fit consigner, fut fouetté une fois, grimpa laborieusement de classe en classe jusqu'en terminale classique, et devint d'abord préfet de sa maison, puis préfet du collège, et membre de la première équipe de rugby.

Bien qu'assez gauche, il ne manquait ni de force ni de courage physique, mais il n'était pas fameux en cricket. Comme il avait subi à son arrivée les brimades habituelles, à son tour il brimait les plus faibles ou les moins bien armés, non par cruauté, mais parce que c'était l'usage. En un mot, il fut un membre médiocre d'un collège médiocre, et il laissa derrière lui un souvenir vague mais plutôt favorable : « Hall ? Attendez voir ! C'était lequel, déjà ? Ah oui, je me souviens, un chic type. »

Tout au fond de lui-même, cependant, il n'était que chaos. Il avait perdu cette merveilleuse lucidité de l'enfance qui transfigure et explique l'univers avec une étonnante acuité. « La vérité sort de la bouche des enfants »… mais plus à seize ans. Maurice oublia qu'un jour il avait été innocent, et il ne comprit qu'à l'âge adulte à quel point ses impressions d'enfant avaient dû être justes et lumineuses. À présent, il ne lui restait plus rien de cette précoce clarté d'esprit car il descendait la Vallée de l'Ombre de la Vie qui s'étend entre collines et montagnes, et personne n'en peut sortir sans en avoir respiré les brumes. Il y erra plus longtemps que la plupart des adolescents.

Quand tout n'est qu'incertitude et obscurité, rien n'est plus révélateur que le rêve. Pendant son séjour à Sunnington, Maurice fit deux rêves qui aideront à le comprendre.

Dans son premier rêve, il était très en colère. Il jouait au football avec un personnage dont la présence lui était odieuse. Il faisait un effort et le type devenait George, le petit jardinier. Mais il lui fallait faire très attention ou bien l'autre réapparaîtrait. George venait vers lui, nu et bondissant par-dessus les piles de bois. « Je vais devenir fou s'il redevient l'autre maintenant », songea-t-il, et juste comme ils se colletaient, ce fut ce qui se produisit, et sa brutale déception le réveilla. Il ne fit aucun rapprochement entre ce rêve et la leçon de Mr Ducie (encore moins après son deuxième rêve), mais il en fut presque malade, puis il pensa que c'était une sorte de punition pour quelque chose.

Son deuxième rêve est plus difficile à rapporter. Il ne s'y passait rien. Il entrevoyait vaguement un visage, il entendait vaguement une voix lui disant : « Voilà ton ami », et il se réveilla ébloui et éperdu de tendresse. Il aurait pu mourir pour un tel ami, il aurait accepté que son ami meure pour lui ; l'un pour l'autre, ils auraient fait tous les sacrifices sans se soucier du monde ni de la mort, rien n'aurait pu les séparer, ni les distances ni les obstacles. Peu après, il reçut la confirmation et il essaya de se persuader que cet ami devait être le Christ. Mais sur les images, le Christ a toujours une vilaine barbe. S'agissait-il d'un dieu grec comme on en voit dans le dictionnaire mythologique ? C'était déjà plus vraisemblable. Néanmoins il était encore plus probable qu'il s'agissait tout simplement d'un être humain. Maurice s'abstint de préciser plus avant son rêve. Jamais il ne prendrait davantage corps. Jamais il ne rencontrerait cet être merveilleux, jamais il n'entendrait de nouveau cette voix. Pourtant ils lui paraissaient plus réels que tout ce qu'il avait connu et…

— Hall, encore dans la lune ! Vous me ferez cent lignes.

— Oh, pardon, monsieur… Datif absolu.

— Trop tard ! Toujours dans les nuages.

… Et à tout moment du jour ils le hantaient et lui cachaient le monde réel. Alors de nouveau il s'imprégnait de ce visage et de ces trois mots, et il émergeait de sa rêverie, éperdu de tendresse, débordant de bonté, parce que son ami le voulait ainsi, et il souhaitait devenir meilleur pour que son ami l'aime encore davantage. Tout ce bonheur n'allait pas sans chagrin. Il lui paraissait tout à la fois certain qu'il avait un ami et qu'il n'en avait pas. Alors il se réfugiait dans un coin solitaire pour y pleurer, attribuant ses larmes aux cent lignes de punition.

On comprend mieux maintenant la vie intérieure de Maurice. Comme dans ses rêves, il était partagé entre ses instincts et son idéalisme.

Dès qu'il eut atteint la puberté, il devint obsédé par le sexe. Il se croyait victime d'une malédiction particulière, mais c'était plus fort que lui. Même en recevant la Sainte Communion, des pensées impudiques lui venaient à l'esprit. Au collège, le ton était à la chasteté. Juste avant son arrivée, il y avait eu un terrible scandale. La brebis galeuse avait été renvoyée, le reste du troupeau était mené tambour battant le jour, étroitement surveillé la nuit en sorte que, chance ou malchance, il eut peu l'occasion de comparer ses émois avec ceux de ses condisciples. Il brûlait de participer à des conversations grivoises, mais il en entendait fort peu et y contribuait moins encore. Ses principales indécences furent solitaires. Lectures : la bibliothèque du collège offrait peu de ressources, mais chez son grand-père, il découvrit une édition non expurgée de Martial qu'il parcourut les joues en feu. Pensées : il en avait une bonne petite collection. Actes : il y renonça une fois passé l'attrait de la nouveauté, estimant qu'ils lui procuraient plus de fatigue que de plaisir.

Tout cela, si étrange que cela puisse paraître, Maurice le vivait dans une sorte d'état second. Il s'était endormi, comme tous ceux de son âge, dans la Vallée de l'Ombre, loin des sommets qui la surplombent, et il l'ignorait lui-même.

L'autre part de sa vie semblait parfaitement éloignée de toute pensée impure. Au cours de ses années de collège, il se mit à entretenir un culte pour tel ou tel autre garçon. En présence de l'élu, soit plus âgé, soit plus jeune que lui, il riait fort, tenait des propos idiots et n'arrivait plus à travailler. Il n'osait pas se montrer gentil avec lui – là n'était pas la question –, et encore moins lui exprimer son admiration, en sorte que son idole ne tardait pas à l'envoyer promener. Mais il avait ses moments de revanche. D'autres garçons parfois se prenaient à l'adorer et, quand il s'en apercevait, à son tour, il les envoyait promener. En une seule occasion, l'adoration fut mutuelle, chacun attendant de l'autre il ne savait quoi, mais le résultat fut le même. Ils se brouillèrent au bout de quelques jours. De cette confusion des sens et de l'esprit ne subsista que ce sentiment d'éblouissement et de tendresse qu'il avait d'abord éprouvé en rêve et qui, d'année en année, grandit et s'épanouit comme ces plantes qui ne donnent que des feuilles et ne portent pas de fleurs. Puis vers la fin de son séjour à Sunnington la végétation s'arrêta. Il y eut comme une pause, un silence, et très timidement le jeune homme commença à regarder autour de lui.

IV

Il avait presque dix-neuf ans.

Debout sur l'estrade le jour de la distribution des prix, il prononçait un discours en grec de sa composition. Le préau était rempli de parents et d'élèves, mais Maurice affectait de s'adresser à la Conférence de La Haye pour lui souligner l'absurdité de ses desseins : « Quelle aberration est-ce là, *O andres europenaici*, de vouloir abolir la guerre ? Eh quoi ! Arès n'est-il point le propre fils de Zeus ? De surcroît la guerre en exerçant vos membres vous rend robustes dans le même temps que ceux de mon contradicteur vont s'amollissant. » Le grec n'était pas fameux. Maurice avait obtenu le prix eu égard à l'élévation de la Pensée, et encore ! Son examinateur l'avait un peu favorisé parce qu'il quittait le collège, qu'il était un brave garçon, et surtout parce qu'il devait entrer à Cambridge où ses livres de prix étalés dans sa bibliothèque seraient une bonne publicité pour l'école. Il reçut donc l'*Histoire de la Grèce* de Grote au milieu d'un tonnerre d'applaudissements. Comme il revenait s'asseoir près de sa mère, il constata qu'une fois de plus il était devenu populaire et s'en étonna. Les applaudissements continuèrent et se transformèrent en ovation. À l'autre bout de la rangée, Ada et Kitty, le visage cramoisi, battaient frénétiquement des mains. Quelques-uns de ses amis, dont c'était également le dernier jour, crièrent : « Un discours, un discours », ce qui était absolument contraire aux usages. Ils se firent rappeler à l'ordre, mais le directeur en personne se leva et prononça quelques mots. Hall était un des leurs et ils ne cesseraient jamais de le considérer comme tel. C'était l'expression exacte de la vérité. L'école acclamait Maurice non parce qu'il était exceptionnel mais parce qu'il était moyen. À travers lui c'était sa propre image qu'elle exaltait. Après la cérémonie, on se précipita vers lui pour lui dire « Bravo, mon vieux » presque sentimentalement et même : « Ça va faire un vide après ton départ. » Sa mère et ses sœurs partageaient son triomphe. Lors de leurs précédentes visites, il avait été odieux avec elles. « Désolé, *mater*, mais les petites et toi vous ne pouvez pas rester ici », leur avait-il lancé après un match de football quand elles voulurent venir avec lui sur le terrain pour s'associer à sa victoire. Ada avait pleuré. En cette minute elle bavardait familièrement avec le capitaine du collège, Kitty grignotait des pâtisseries, et sa mère écoutait la femme de l'économe lui exposer les désavantages du chauffage central. Soudain tous les éléments de son univers s'harmonisaient. Était-ce cela qu'on appelait la vie ?

Il aperçut à quelques pas de lui le Dr Barry, leur vieux voisin, qui levait sa tasse en le regardant de son air un peu inquiétant :

— Félicitations, Maurice, c'était sublime. Je bois à votre santé cette tasse de thé (Il la vida.) parfaitement infect.

Maurice rit et s'approcha de lui un peu gêné. Il se sentait mauvaise conscience : le Dr Barry l'avait prié de prendre sous sa protection son jeune neveu qui venait d'entrer au collège, mais il n'en avait rien fait. Ce n'était pas dans les usages. Maintenant qu'il était trop tard et qu'il se sentait un homme, il regrettait de n'avoir pas montré plus de courage.

— Et quelle sera la prochaine étape dans cette éclatante carrière ? Cambridge ?

— Il paraît.

— Comment ça « il paraît » ? Et vous, vous n'avez pas d'opinion ?

— Je ne sais pas trop, répliqua le héros du jour avec bonne humeur.

— Et après Cambridge ? La Bourse ?

— Probablement. L'ancien associé de mon père parle de me prendre avec lui, si tout se passe bien.

— Et après ? Une gentille petite femme ?

Maurice rit de nouveau.

— Ce qui vous permettra de faire cadeau à la société d'un petit Maurice numéro trois. Après quoi ce sera la vieillesse, les petits-enfants, et finalement les pissenlits par la racine. C'est ça votre conception de l'existence ? Eh bien, ce n'est pas la mienne.

— Et quelle est la vôtre, docteur ? intervint Kitty.

— Aider les faibles et redresser les torts, ma chère enfant, répliqua-t-il en se tournant vers elle.

— Je suis certaine que nous la partageons tous, affirma la femme de l'économe, et Mrs Hall fit chorus.

— Que non. Moi-même, il m'arrive d'y faillir. Tenez, en ce moment, je devrais être auprès de mon petit Dickie, au lieu de m'attarder en ce lieu de triomphe.

— Dites au cher petit Dickie de venir me dire bonjour, pria Mrs Hall. Est-ce que son papa est là également ?

— Voyons, Mère ! chuchota Kitty.

— Eh oui ! Mon frère est mort l'année dernière, jeta le Dr Barry. Ce détail vous aura échappé. La guerre « en exerçant ses membres » ne l'a pas rendu plus robuste. Il a reçu un obus dans le ventre.

Sur ce, il les quitta.

— Je trouve que le Dr Barry s'aigrit, observa Ada. À mon avis, il est jaloux.

Elle ne se trompait pas. En son temps, le Dr Barry avait été un Don Juan, et il souffrait de voir les jeunes prendre la relève. L'infortuné Maurice se retrouva sur son chemin au moment où il faisait ses adieux à la femme de l'économe qui était fort jolie et toujours particulièrement aimable avec les grands élèves. Comme il s'éloignait, le Dr Barry lui lança :

— Ah ! Ah ! Maurice ! Je vois qu'en amour comme à la guerre rien ne résiste aux jeunes.

— Je ne vois pas de quoi vous voulez parler, docteur Barry.

— Écoutez-moi ces jeunots jouer les petits saints ! On leur donnerait le bon Dieu sans confession. « Je ne vois pas de quoi vous voulez parler ! » Allons, ne faites pas l'innocent ! Soyez sincère, que diable ! Personne n'est dupe. Un cœur sincère est un cœur pur. Je suis médecin, j'ai pas mal vécu, et je vais vous dire une chose : l'homme est né de la femme et il doit aller vers la femme si on veut que l'espèce humaine se perpétue.

Les yeux de Maurice se posèrent sur la femme de l'économe ; il eut comme une nausée et devint écarlate, les dessins de Mr Ducie venaient de lui revenir à la mémoire. Un trouble l'envahit, qui n'avait pas la douceur d'un chagrin ; puis il retrouva le calme. Il ne chercha pas à s'interroger sur la nature de sa gêne, son heure n'était pas encore venue, mais il souhaita être à nouveau le petit garçon qui flânait à jamais endormi le long de la mer glauque. Le Dr Barry continua à le sermonner et, sous couleur d'être aimable, sut habilement trouver les mots qui font mal.

V

Il choisit le collège universitaire pour lequel avait opté Chapman, son meilleur copain de classe, ainsi que d'autres sunningtoniens, et pendant sa première année, à Cambridge, il réussit à ne rien connaître de la vie universitaire qui ne lui fût déjà familier. Il était membre d'un club d'anciens élèves et ensemble ils faisaient du sport, prenaient le thé, déjeunaient ; ils avaient leurs provincialismes et leur argot ; au réfectoire, ils s'asseyaient côte à côte, dans la rue, ils déambulaient bras dessus, bras dessous. De temps à autre ils s'enivraient et se vantaient de mystérieuses bonnes fortunes, mais leur mentalité restait celle d'un élève de seconde et certains la gardèrent toute leur vie. Ils n'étaient pas en mauvais termes avec les autres étudiants, mais ils formaient un petit clan trop fermé pour être populaire, trop médiocre pour prendre la tête, et ils ne tenaient guère à fréquenter ceux qui sortaient d'autres public schools. Cette situation convenait parfaitement à Maurice. Par tempérament, il était paresseux. S'il n'avait résolu aucune de ses difficultés, du moins n'en avait-il pas de nouvelles à affronter. Il continuait à « dormir ». Il était moins tourmenté par la chair. Il restait pétrifié dans sa nuit au lieu de se débattre comme si c'était là cette fin pour laquelle son âme et son corps s'étaient si douloureusement préparés.

Durant sa deuxième année, un changement se produisit. Il avait emménagé à l'université et l'université commença à l'assimiler. Dans la journée, il continuait à vivre comme avant, mais le soir, quand les portes se refermaient derrière lui, ses pensées prenaient peu à peu un autre cours. Bizut, il avait déjà fait cette importante découverte : à savoir que les adultes se conduisent d'une manière courtoise sauf s'ils ont une raison sérieuse de ne pas le faire. Un jour, des étudiants de troisième année étaient venus le voir dans sa turne en ville. Il s'attendait à ce qu'ils brisent sa vaisselle et insultent la photo de sa mère. En voyant qu'ils n'en faisaient rien, il cessa de perdre son temps à échafauder des projets de vengeance. Et le comportement des « dons[1] » était encore plus surprenant. Maurice n'attendait qu'une pareille atmosphère pour s'adoucir. Il n'était pas cruel ni brutal par nature ni par plaisir. Mais à Sunnington, il fallait être le plus fort si on ne voulait pas se laisser écraser ; et il s'était imaginé qu'à l'université ce serait encore pis.

---

1. Professeur qui vit à l'université avec les élèves. (Toutes les notes sont de la traductrice.)

Une fois dans ses murs, il multiplia les découvertes. Les gens se mirent à exister. Jusque-là il avait cru qu'ils *étaient* réellement ce que lui *feignait* d'être – des fantoches conventionnels et interchangeables –, mais le soir, quand il flânait dans les cours, il apercevait derrière leurs fenêtres des étudiants en train de chanter, d'autres qui discutaient, d'autres qui lisaient et, sans raison, il eut la certitude que c'étaient des êtres humains avec des sentiments pareils aux siens. Depuis qu'il avait quitté l'école de Mr Abrahams, et malgré les exhortations du Dr Barry, il n'avait jamais été sincère et n'avait pas l'intention de commencer, mais il voyait maintenant qu'en leurrant les autres il s'était leurré lui-même et qu'il les avait pris pour des fantoches parce que c'était là l'image de lui qu'il voulait donner. Pourtant eux aussi avaient une âme. « Mais, Seigneur, pas comme la mienne ! » Dès qu'à ses yeux les autres commencèrent d'exister, Maurice devint humble et conscient de ses péchés. Personne au monde n'était plus méprisable que lui : rien d'étonnant à ce qu'il s'efforçât de paraître insignifiant. Si on venait à le connaître tel qu'il était, il serait mis au ban de la société. Dieu était une notion d'ordre trop général pour le préoccuper. Il ne pouvait concevoir censeur plus terrifiant que, par exemple, Joey Fetherstonhaugh qui habitait l'étage en dessous ni enfer plus affreux que d'être mis en quarantaine.

Peu de temps après cette découverte, il fut invité à déjeuner par Mr Cornwallis, le doyen. Il y avait deux autres convives : Chapman et un certain Risley, un B.A.[1] de Trinity, cousin du doyen. Risley était grand, brun, et maniéré. Au moment des présentations, il s'inclina d'une façon exagérée, et quand il parlait – ce qu'il faisait sans arrêt –, il abusait des superlatifs, ce qui donnait à ses phrases un tour à la fois violent et peu viril. Chapman chercha le regard de Maurice et remua les narines pour l'inviter à faire front commun contre le nouveau venu. Maurice décida d'attendre un peu. Il répugnait de plus en plus à faire de la peine et, de surcroît, il n'était pas certain d'exécrer ce Risley – ce qu'il aurait dû faire et qui n'allait sûrement pas tarder. Chapman s'aventura donc seul. Apprenant que Risley adorait la musique, il commença à l'attaquer en disant : « Je ne prétends pas faire partie de cette élite qui... », etc.

— Eh bien moi si, justement.

— Ah bon ? En ce cas, je vous demande pardon.

— Allons venez, Chapman, vous devez avoir faim, intervint Mr Cornwallis qui se promettait de bien s'amuser pendant le repas.

— Je crains que ce ne soit pas le cas de Mr Risley. Mes propos stupides ont dû lui couper l'appétit.

1. Bachelier ès Arts.

Ils s'assirent, et Risley se tourna vers Maurice avec un petit rire étouffé :

— Je ne vois *vraiment* pas ce que je peux répondre à cela. C'est *rageant* ! (Dans chacune de ses phrases il accentuait exagérément un mot.) Si je réponds : « Absolument pas », ça ne va pas. Si je réponds : « En effet », ça ne va pas non plus. Que dois-je *faire* ?

— Et si vous ne répondiez rien, suggéra le doyen.

— Ne rien répondre ? Quelle *horreur* !

— Sans indiscrétion, vous parlez toujours autant ? questionna Chapman.

Risley répondit que oui.

— Sans jamais vous lasser ?

— *Jamais.*

— Sans jamais lasser les autres ?

— *Jamais.*

— Bizarre.

— N'essayez pas d'insinuer que je vous ai lassé. C'est faux, archi-faux. Vous avez l'air radieux.

— Croyez que vous n'y êtes pour rien, répliqua Chapman qui était emporté.

Maurice et le doyen revinrent.

— Me voilà de nouveau dans une impasse, gémit Risley. La conversation est vraiment un art difficile.

— Vous semblez particulièrement doué, remarqua Maurice qui n'avait pas encore ouvert la bouche.

Il avait parlé bas mais d'un ton si brusque que Risley frissonna.

— Bien sûr : c'est mon point fort. La conversation est la seule chose au monde qui m'intéresse.

— Vous parlez sincèrement ?

— Je parle toujours sincèrement.

Et, sans bien savoir pourquoi, Maurice comprit qu'il disait vrai. Il avait tout de suite été frappé par le côté sincère de Risley.

— Et vous, êtes-vous sincère ?

— Bah !

— Alors parlez, parlez jusqu'à ce que vous le deveniez.

— Foutaises, grommela le doyen.

Chapman rit bruyamment.

— Qu'en penses-tu ? demanda-t-il à Maurice, lequel – quand il eut compris le sens de la question – répondit quelque chose du genre : « Ce sont les actes qui comptent plus que les paroles. »

— Quelle différence ? protesta Risley. La parole aussi est une forme d'action. Prétendrez-vous que ces instants passés chez Cornwallis n'ont pas eu d'effet sur vous ? Oublierez-vous *jamais*, par exemple, que vous m'avez rencontré ?

Chapman émit un grognement.

— Je sais que vous n'oublierez ni l'un ni l'autre. Et on me dit que seule importe l'action !

Le doyen vint à la rescousse des deux sunningtoniens :

— Vous jouez sur les mots, dit-il à son jeune cousin. Vous confondez ce qui est important et ce qui laisse un souvenir. Certes, Chapman et Hall se rappelleront toujours vous avoir rencontré.

— Et oublieront cette côtelette. Très juste.

— Mais la côtelette leur apporte quelque chose. Pas vous.

— Obscurantiste !

— Il parle comme un livre, pas vrai, Hall ? fit Chapman.

— Je veux dire, poursuivit Risley, oh, pourquoi ne voulez-vous pas le comprendre, que la côtelette agit sur votre être subconscient tandis que moi j'agis sur votre être conscient. C'est pourquoi non seulement je vous laisse un souvenir plus vif, mais encore je suis plus important. Votre doyen, ici présent, qui s'est réfugié dans l'obscurité médiévale et souhaite que vous en fassiez autant, prétend que seul importe votre être subconscient, cette part de vous-même qui échappe à votre connaissance, et jour après jour il verse un soporifique...

— Suffit, interrompit le doyen.

— Mais je suis un enfant des Lumières...

— Assez ! répéta le doyen et il ramena la conversation sur un terrain plus familier.

Bien qu'il parlât toujours de lui, Risley n'était pas égocentrique. Il n'essaya pas de les interrompre. Il ne feignit pas non plus l'indifférence. Folâtrant comme un dauphin, il les suivait partout où leurs propos les menaient sans leur mettre des bâtons dans les roues. Il s'amusait, mais avec sérieux. Pour lui c'était aussi important d'aller et venir à leurs côtés que pour eux d'aller de l'avant. Quelques mois plus tôt, Maurice l'eût jugé comme faisait Chapman. À présent, il était persuadé que les êtres ne sont pas qu'apparence, et il se demandait s'il aurait l'occasion de le revoir. Le déjeuner terminé, il fut heureux que Risley l'ait attendu au bas de l'escalier.

— Vous n'avez pas compris, lança-t-il à Maurice. Mon cousin ne s'est pas comporté comme un être humain.

— C'est un type épatant, si vous voulez mon avis, explosa Chapman. Il est absolument charmant.

— Sans doute. Comme tous les impuissants, quoi !

Et il s'en alla.

— Ma parole, quelle espèce !... s'exclama l'autre mais, avec un sang-froid tout britannique, il réussit à se contenir.

Il était profondément choqué. Il n'avait rien contre une certaine verdeur de langage, mais cela passait la mesure. Quel manque d'éducation ! C'était indigne d'un gentleman. Il n'était pas possible que ce type-là sorte d'une public school ! Maurice fut de son avis. On peut traiter son cousin de salaud, pas d'impuissant ! C'était du dernier mauvais goût ! N'empêche, cette idée l'amusait et par la suite, chaque fois que le doyen lui faisait une observation, des pensées malicieuses lui trottaient par la tête.

VI

Le lendemain et le surlendemain, Maurice chercha dans sa tête le moyen de revoir ce curieux personnage. La conjoncture n'était pas très favorable. L'idée de débarquer chez un *ancien* ne lui souriait guère. Par-dessus le marché, ils n'appartenaient pas au même collège. D'après ce qu'il avait cru saisir, Risley allait souvent à l'Union. Il se rendit donc au débat du mardi dans l'espoir de l'y rencontrer : peut-être en public serait-il plus facile à comprendre. Son attirance n'était pas motivée par le désir de s'en faire un ami. Il sentait simplement que le jeune homme pouvait l'aider. Comment, il n'en savait rien. Tout cela était très confus dans son esprit, car les montagnes lui cachaient encore la lumière. Risley, qui caracolait avec assurance sur les plus hauts sommets, lui tendrait peut être une main secourable.

Ne l'ayant pas rencontré à l'Union, il se cabra. Il n'avait besoin de personne ; il était très bien comme ça. D'ailleurs ses amis ne pourraient jamais supporter Risley, et il n'avait pas l'intention de se brouiller avec eux. Mais ses résolutions ne durèrent pas longtemps, et il brûla bientôt plus que jamais de le revoir. Puisque Risley était si singulier, pourquoi ne se montrerait-il pas original, lui aussi ? Pourquoi, faisant fi de toutes les traditions estudiantines, n'irait-il pas le trouver ? Il faut « se comporter en être humain », et quoi de plus humain que d'aller le voir ? Très frappé par cette découverte, Maurice résolut d'être lui aussi « bohème », et de faire son entrée chez Risley avec une petite épigramme dans le style de son hôte. Par exemple : « Ma visite imprévue prouve que vos prévisions étaient justes. » Ce n'était pas très subtil, mais puisque la dernière fois Risley s'était montré si indulgent avec lui, il s'en contenterait s'il ne trouvait pas mieux d'ici là. Et puis on verrait bien…

Car c'était devenu une aventure. Ce garçon qui avait dit : « Il faut parler, parler » avait inexplicablement bouleversé Maurice. Un soir, juste avant 10 heures, il se glissa donc à l'intérieur de Trinity et attendit dans la cour d'honneur que les portes se fussent refermées derrière lui. Levant les yeux, il découvrit la nuit. En règle générale, la beauté le laissait insensible. Cette fois, pourtant, il pensa : « Quel déploiement d'étoiles. » Et il remarqua le clapotis de la fontaine quand les carillons se turent, et qu'on eut, dans tout Cambridge, fermé portes et grilles. Autour de lui allaient et venaient les étudiants de Trinity – tous des cerveaux d'une culture prodigieuse. Le clan de Maurice ricanait en parlant de Trinity, mais ils ne pouvaient feindre d'ignorer son éclat hautain ni lui dénier une supériorité que ses étudiants ne prenaient même plus la peine d'afficher. Il était venu là, à l'insu de ses amis, pour demander humblement une aide. Dans cette atmosphère, sa petite épigramme lui parut fade, et son cœur se mit à battre violemment. Il se sentait honteux et intimidé.

L'appartement de Risley se trouvait au bout d'un petit corridor qui n'était pas éclairé. Les visiteurs tâtonnaient le long du mur jusqu'à ce qu'ils atteignent la porte. Maurice buta dessus plus tôt qu'il ne s'y attendait et lâcha un juron tandis qu'elle tremblait bruyamment dans ses gonds.

— Entrez, fit une voix.

Une déception l'attendait. La pièce n'était occupée que par un étudiant de son propre collège, un certain Durham. Risley était sorti.

— Vous vouliez voir Mr Risley ? Tiens ! Salut, Hall !

— Salut ! Où est Risley ?

— Je ne sais pas.

— Bon, tant pis. Je repasserai.

— Vous rentrez au collège ? interrogea Durham sans lever les yeux.

Il était agenouillé devant une pile de rouleaux de Pianola posés par terre.

— Je suppose, puisqu'il n'est pas là. J'étais passé comme ça.

— Attendez une seconde. Je vous accompagne. J'étais en train de classer la *Symphonie pathétique*.

Maurice examina la chambre de Risley en se demandant quelles paroles ils eussent échangées entre ces murs. Puis il s'assit sur la table et observa Durham. C'était un petit étudiant fluet, aux manières simples, les cheveux et le teint clairs, qui avait rougi quand Maurice avait fait irruption. Au collège, il passait pour très intelligent et extrêmement réservé. La seule chose à peu près que Maurice eût entendue sur son compte, c'était : « Il est toujours fourré dehors », ce que sa présence à Trinity confirmait.

— Désolé, je n'arrive pas à trouver la « Marche », dit-il.

— Ne vous inquiétez pas pour moi.

— Je voudrais les passer sur le Pianola de Fetherstonhaugh.

— Il habite en dessous de chez moi.

— Vous logez au collège, Hall ?

— Oui, je commence ma deuxième année.

— Mais oui, bien sûr ! Moi, je suis en troisième année.

Il parlait sans arrogance et Maurice, oubliant le respect dû à un senior, remarqua :

— À vous voir, on vous prendrait plutôt pour un bizut.

— Possible. Mais j'ai l'impression d'être déjà un B.A. !

Maurice le considéra attentivement.

— Risley est un drôle de type, poursuivit Durham.

Maurice ne répondit pas.

— Bien qu'on en ait assez vite fait le tour.

— Ça ne vous empêche pas de lui emprunter ses affaires.

Durham leva de nouveau les yeux.

— Je ne devrais pas ?

— Mais si, je plaisantais bien sûr, dit Maurice. (Il se laissa glisser en bas de la table.) Vous n'avez toujours pas trouvé ce que vous cherchiez ?

— Non.

— Parce qu'il faut que je m'en aille.

Rien ne le pressait. Mais depuis son arrivée à Trinity, son cœur n'avait cessé de battre à coups redoublés et il n'arrivait plus à en retenir les mouvements désordonnés.

— Bon, j'abandonne.

Ce n'était pas la réaction que Maurice escomptait.

— Qu'est-ce que vous cherchez ? demanda-t-il en s'approchant.

— La « Marche » de la *Pathétique*.

— Connais pas. Vous aimez ce genre de musique ?

— Oui.

— Moi, mon style ce serait plutôt la valse.

— Moi aussi, dit Durham en le regardant droit dans les yeux.

D'ordinaire Maurice se faisait une règle de détourner la tête, mais cette fois il soutint fermement le regard du jeune homme.

— L'autre mouvement est peut-être dans cette pile sous la fenêtre, reprit Durham. Je vais juste y jeter un coup d'œil. Je ne serai pas long.

— Il faut que je parte, annonça Maurice d'un ton résolu.

— Bon, je me dépêche.

Excédé, Maurice partit sans l'attendre. Les étoiles se voilaient. Le temps tournait à la pluie. Mais au moment où le portier approchait de la grille, les clés à la main, il entendit derrière lui des pas rapides.

— Vous avez déniché votre fameuse « Marche » ?

— Non, j'ai pensé que je rentrerais plutôt avec vous.

Ils firent quelques pas en silence. Puis Maurice dit d'un ton brusque :

— Laissez-moi porter ces trucs.

— Mais non, ça va très bien.

— Donnez, dit-il rudement.

Et il arracha les rouleaux à Durham. Ils n'échangèrent plus un mot. En arrivant à leur collège, ils se dirigèrent directement vers la chambre de Fetherstonhaugh. Il leur restait un moment jusqu'à 11 heures pour écouter un peu de musique. Durham s'installa devant le Pianola. Maurice s'agenouilla à côté de lui.

— Je ne vous connaissais pas ce côté esthète, Hall, dit leur hôte avec étonnement.

— Pas du tout. Je veux simplement savoir de quoi il retourne.

Durham mit l'appareil en marche, puis changea d'avis et annonça qu'il allait plutôt commencer par le 5/4.

— Pourquoi ?

— Ça se rapproche davantage de la valse.

— Oh, ne faites pas attention à ça ! Ne commencez pas à changer. On perd du temps.

Mais cette fois, il n'eut pas le dessus. Quand il posa la main sur le rouleau, Durham s'interposa :

— Laissez, dit-il. Vous allez le déchirer.

Et il mit en place le 5/4. Maurice écouta attentivement la musique et y prit un certain plaisir.

— Vous devriez vous installer de ce côté-ci, dit Fetherstonhaugh qui travaillait près du feu. On entend mieux quand on n'est pas trop près.

— C'est aussi mon avis. Cela ne vous ennuierait pas de le passer encore une fois, si Fetherstonhaugh n'y voit pas d'inconvénient ?

— Oui, allez-y, Durham, c'est très chouette.

Mais Durham refusa. Maurice vit qu'il n'était pas malléable.

— Un mouvement ne s'écoute pas comme s'il s'agissait d'un morceau séparé, dit-il. On ne peut pas le répéter.

Argument inintelligible mais apparemment irréfutable. Il passa le largo qui était beaucoup moins emballant, puis 11 heures sonnèrent et Fetherstonhaugh leur fit du thé. Durham et lui préparaient tous deux leur *tripos*[1] et ils se mirent à parler « boutique ». Maurice écoutait. Il était toujours dans le même état de surexcitation. Il s'aperçut que Durham n'était pas seulement intelligent mais qu'il avait un esprit méthodique et ordonné. Il connaissait ses points faibles, il savait les livres qu'il voulait lire et ce qu'il attendait de l'enseignement. Il n'avait pour les tuteurs ni la foi aveugle que professaient Maurice et son clan ni le mépris qu'affichait Fetherstonhaugh. « On peut toujours apprendre quelque chose d'un aîné même s'il n'a pas lu les derniers penseurs allemands. » Ils discutèrent un moment de Sophocle et Durham défendit son point de vue en disant que c'était maintenant devenu une mode « parmi nous autres étudiants » de l'ignorer, et il conseilla à Fetherstonhaugh de relire l'*Ajax* en s'attachant aux personnages plutôt qu'à l'auteur : de la sorte, il en apprendrait davantage à la fois sur la syntaxe grecque et sur la vie.

Maurice était déçu. Il avait vaguement espéré découvrir un garçon moins pondéré. Fetherstonhaugh était un type formidable, aussi bien intellectuellement que physiquement, et il débordait d'énergie et de vitalité. Mais Durham l'écoutait sans s'émouvoir, relevait chacune de ses erreurs, et l'approuvait quand il estimait ses idées justes. Que

1. À Cambridge, examen pour le grade de Bachelor of Arts (B.A.).

pouvait espérer Maurice, lui qui n'était qu'idées fausses ? Dans un sursaut de colère, il se leva d'un bond et leur dit bonsoir, mouvement qu'il regretta dès qu'il fut dehors. Il décida d'attendre que Durham sorte. Pas sur le palier : il se rendait compte que cela paraîtrait ridicule, mais quelque part entre le bas de l'escalier et la chambre de Durham. Passant par la cour, il repéra l'appartement de celui-ci, et alla frapper à sa porte bien qu'il sût pertinemment que son occupant n'était pas là. Coulant un regard à l'intérieur, il examina à la lueur du foyer les meubles et les gravures qui l'ornaient. Puis il alla se poster sur une sorte de pont dans la cour. Malheureusement ce n'était pas un véritable pont : il enjambait simplement une légère dépression du terrain dont l'architecte avait eu l'idée de tirer ainsi parti. Juché là-dessus, Maurice avait l'impression de poser dans le studio d'un photographe et le parapet était trop bas pour lui permettre de s'y accouder. Néanmoins, la pipe entre les dents, Maurice avait l'air assez naturel, et il espérait qu'il ne pleuvrait pas. Toutes les lumières étaient éteintes excepté celles de Fetherstonhaugh. Minuit sonna, puis le quart. Cela faisait bien une heure qu'il attendait. Enfin il y eut un bruit dans l'escalier et une petite silhouette claire apparut, une toge jetée autour du cou, des livres à la main. C'était l'instant qu'il guettait, mais il se retrouva en train de fuir. Derrière lui, Durham se dirigeait vers sa chambre.

— Bonne nuit, cria Maurice d'une voix enrouée qui les surprit tous deux.

— Qui est-ce ? Tiens, bonne nuit, Hall ! Vous faisiez un tour avant d'aller au lit ?

— Oui, j'ai cette habitude. Je suppose que vous n'avez pas envie d'une tasse de thé ?

— De thé ? Non, c'est peut-être un peu tard pour une tasse de thé. (Il ajouta assez mollement :) Je peux vous proposer un petit whisky, si vous y tenez.

— Si vous en avez une goutte, accepta Maurice malgré lui.

— Oui, entrez. J'habite ici. Au rez-de-chaussée.

— Ah bon !

Durham alluma. Le feu était à présent presque éteint. Il offrit un siège à Maurice et approcha une table et des verres.

— Vous m'arrêterez.

— Merci, merci, c'est parfait.

— Soda ou pur ? demanda Durham en bâillant.

— Soda.

Mais il ne pouvait davantage s'attarder. Le jeune homme avait visiblement sommeil et ne l'avait invité que par politesse. Il but, puis passa chez lui se munir de tabac et retourna dans la cour. À présent tout était sombre et calme. Maurice allait et venait sans bruit sur le gazon et son cœur rayonnait. Peu à peu le reste de sa personne s'endormit, à commencer par son cerveau, son organe le plus faible. Son corps suivit, et enfin ses pieds le portèrent jusqu'à sa chambre avant les premières lueurs de l'aurore. Mais dans son cœur une étincelle avait jailli qui plus jamais ne s'éteindrait.

Le lendemain matin, il était plus calme. Pour commencer, il avait attrapé un bon rhume en restant sous la pluie sans y prendre garde. De surcroît, il tombait de sommeil, au point qu'il manqua un office et deux cours. Il n'arrivait plus à retrouver un rythme normal. Après le déjeuner, il se changea pour aller au football. Comme il était en avance, il se jeta sur un sofa et dormit jusqu'à l'heure du thé. Mais il n'avait pas faim. Il refusa une invitation, partit se promener en ville, et passant devant un établissement de bains turcs, il y entra. Le bain guérit son rhume, mais le mit en retard pour le cours suivant. Quand vint l'heure du réfectoire, il se sentit incapable d'affronter le bloc des vieux sunningtoniens et, bien qu'il n'eût pas demandé de dispense, alla dîner seul à l'Union. Là, il aperçut Risley, mais sa vue le laissa indifférent. Une nouvelle soirée commença ; il découvrit avec surprise qu'il avait la tête et les idées parfaitement claires et qu'il pouvait abattre en trois heures un travail qui en temps ordinaire lui en eût demandé six. Il se coucha à son heure habituelle et se réveilla dispos et très heureux. Une sorte d'instinct lui avait conseillé de laisser s'écouler vingt-quatre heures sans s'occuper de Durham.

Ils commencèrent à se voir de temps à autre. Durham l'invita à déjeuner. Maurice lui rendit la politesse, toutefois sans trop de hâte. Il agissait avec une diplomatie inhabituelle. Il avait toujours été d'un naturel prudent, mais dans les petites choses. Cette fois, c'était en grand. Il devint vigilant et chacun de ses mouvements, en ce premier trimestre d'automne, peut se décrire en termes de stratégie. Il ne s'aventurait pas en terrain découvert. Il guettait les points faibles de Durham et étudiait ses défenses. Mais surtout il exerçait ses forces et fourbissait ses armes.

S'il avait eu à se demander : « Pourquoi tant d'efforts ? » il aurait répondu : « Durham me rappelle ces garçons que je mettais sur un piédestal à l'école. » Mais rien ne l'obligeait à se poser la question, et il allait de l'avant, muet et obstiné, sans chercher à comprendre. Chaque jour passé s'enfonçait dans l'oubli, avec ses contradictions, et il savait qu'il avait gagné du terrain. S'il travaillait et se montrait sociable, c'était une conséquence secondaire qu'il n'avait ni cherchée ni voulue. Grimper sur le flanc de la montagne, tendre la main vers la cime jusqu'à ce qu'une autre main prenne la sienne, tel était le seul but de son existence. Il oublia l'exaltation du premier soir, et son étrange guérison. Elles faisaient partie d'un passé qu'il rejetait derrière lui. L'idée de tendresse ou d'affection ne l'effleurait même pas. Il gardait la tête froide. Il savait seulement qu'il ne déplaisait pas à Durham. Il n'en demandait pas plus. Une chose à la fois. Il se gardait fût-ce d'espérer, car l'espoir détourne du but, et il avait besoin de toute sa vigilance.

VII

Le trimestre suivant, ils furent d'emblée intimes.

— J'ai failli vous écrire pendant les vacances, Hall, lui annonça Durham à brûle-pourpoint.

— Ah oui ?

— Une vraie tartine ! J'étais dans un état épouvantable.

Comme il parlait d'un ton léger, Maurice demanda :

— Qu'est-ce qui n'allait pas ? Vous n'arriviez pas à digérer le pudding de Noël ?

Le pudding apparemment était allégorique. Une terrible scène de famille avait éclaté.

— Je ne sais pas ce que vous en penserez. J'aimerais bien avoir votre opinion là-dessus, si ça ne vous ennuie pas.

— Pas le moins du monde.

— Nous avons eu une violente prise de bec à propos de religion…

Il fut interrompu par l'arrivée de Chapman.

— Désolé, nous sommes occupés, lui dit Maurice.

Chapman se retira.

— Vous n'auriez pas dû, protesta Durham. Nous pouvions très bien parler de mes problèmes plus tard !

Il poursuivit plus sérieusement :

— Je ne veux pas vous importuner avec mes croyances, Hall. Ou plutôt avec mon absence de croyances. Mais pour que vous compreniez la situation, il faut que je vous dise que j'ai laissé tomber le christianisme.

Maurice tenait l'irréligion pour une preuve de mauvais goût. Le trimestre dernier, il avait fait observer au cours d'un débat au collège que lorsqu'on avait des doutes, on pouvait au moins avoir l'élégance de les garder pour soi. Mais il se contenta de répondre à Durham que c'était là une question fort délicate.

— Je sais. Il ne s'agit pas de cela. Laissons cet aspect de côté. (Il contempla un moment les flammes.) Il s'agit de la façon dont ma mère a réagi. Il y a six mois, je m'en étais ouvert à elle - c'était l'été dernier - et elle ne s'était nullement formalisée. Elle m'avait vaguement plaisanté, comme à son habitude, un point c'est tout. Nous n'étions plus revenus là-dessus. J'étais soulagé d'un poids terrible parce que cela me turlupinait depuis des années. J'ai cessé de croire quand j'étais encore presque gosse, du jour où j'ai trouvé quelque chose qui me convenait mieux. Lorsque j'ai connu Risley et sa bande, je me suis persuadé qu'il fallait que je parle. Vous savez comme ils insistent sur ce point. Pour eux, rien n'est plus important. J'ai donc parlé franchement. « Bah ! Tu seras plus raisonnable quand tu auras mon âge ! » m'a-t-elle dit. On n'est pas plus conciliant. Et moi de me réjouir. Maintenant tout est remis en question.

— Pourquoi ?

— À cause de Noël. J'ai refusé de communier. Trois fois par an, on est censé…

— S'approcher de la sainte table, je sais.

— … Et à Noël, le cas s'est présenté. J'ai annoncé que je n'irais pas. Mère a d'abord essayé de m'enjôler d'une façon qui ne lui ressemble pas ; elle m'a supplié d'y aller rien qu'une fois pour lui faire plaisir ; puis elle s'est fâchée, elle m'a dit que je nuirais à sa réputation autant qu'à la mienne – nous sommes les squires[1] du coin et les gens là-bas ne sont pas très évolués. Mais ce qui m'a mis hors de moi, c'est la fin. Elle m'a traité d'impie. Si elle avait dit ça six mois plus tôt, j'aurais pu la respecter. Mais maintenant ! Qu'elle me fasse *maintenant* de la morale et se réfère à la notion de Bien et de Mal uniquement pour que je me prête à un simulacre !

1. Nom qu'on donnait aux gentilshommes campagnards non titrés.

Je lui ai déclaré que j'avais mes propres sacrements et que « si je les recevais comme les petites et toi recevez les vôtres, mes dieux me tueraient ».

— Et finalement vous y êtes allé ? questionna Maurice qui n'avait pas très bien saisi.

— Où ça ?

— À l'église.

Durham se leva d'un bond, le visage indigné. Puis il se mordit les lèvres et ébaucha un sourire.

— Non, je ne suis pas allé à l'église, Hall. Je croyais que c'était clair.

— Je suis navré. Je vous en prie, asseyez-vous ! Je suis assez lent à comprendre.

Durham s'accroupit sur le tapis à côté du fauteuil de Maurice.

— Vous connaissez Chapman depuis longtemps ? questionna-t-il après un silence.

— Ça fait bien cinq ans. Nous étions ensemble à Sunnington.

— Ah ! (Il parut réfléchir.) Donnez-moi une cigarette. Mettez-la-moi entre les lèvres. Merci.

Maurice croyait la discussion close, mais après avoir aspiré une bouffée, Durham poursuivit :

— Voyez-vous, vous m'avez raconté incidemment que vous aviez perdu votre père et que vous aviez deux sœurs – exactement comme moi –, et pendant toute cette querelle, je me suis demandé ce que vous auriez fait à ma place.

— Votre mère est sûrement très différente de la mienne.

— Comment est la vôtre ?

— Elle ne me fait jamais de scènes.

— Parce que vous n'avez sans doute jamais rien fait qu'elle désapprouve, et que vous n'êtes pas près de le faire.

— Oh non ! Elle ne se casserait pas tellement la tête !

— On ne peut jamais savoir, Hall. Surtout avec les mères. La mienne me fait horreur. Voilà le terrible. C'est pour ça que j'ai besoin que vous m'aidiez.

— Elle finira par passer l'éponge.

— Sûrement, mon vieux. Mais moi ? Je devais probablement me figurer que je l'aimais. Cette dispute m'a ouvert les yeux. J'ai compris que j'avais cessé de me leurrer. Je méprise ce qu'elle est. Elle me dégoûte. Voilà. Je vous ai dit ce que personne d'autre au monde ne sait.

Maurice donna un petit coup de poing sur la tête de Durham.

— C'est moche, soupira-t-il.

— Parlez-moi de votre famille.

— Il n'y a rien à raconter. Nous nous entendons bien, c'est tout.

— Veinards !

— Peut-être. Mais vous-même, Durham, plaisantiez-vous ou bien avez-vous réellement passé des vacances effroyables ?

— Ça a été un véritable enfer. Un supplice et un enfer !

Maurice ouvrit le poing et le referma sur une touffe de cheveux.

— Aïe ! Ça fait mal ! cria Durham en riant.

— Et vos sœurs, que pensent-elles de la communion ?

— L'aînée est mariée avec un clergyman et… Arrêtez, ça tire !

— Un véritable enfer, hein ?

— Hall, je ne savais pas que vous étiez aussi stupide !… (Il emprisonna dans la sienne la main de Maurice.) Et la cadette est fiancée à Archibald London, *Esquire*[1] le… Aïe ! Ouille ! Arrêtez ou je m'en vais !

Il tomba entre les genoux de Maurice.

— Alors, qu'est-ce que vous attendez pour partir ?

— Je voudrais bien, mais je ne peux pas !

C'était la première fois que Maurice osait taquiner Durham. La religion et la famille disparurent à l'arrière-plan. Il l'entortilla dans le tapis du foyer et lui coinça la tête dans la corbeille à papier. Attiré par le bruit, Fetherstonhaugh vint voir ce qui se passait et lui prêta main-forte. Pendant les jours qui suivirent, ils ne firent plus que chahuter ensemble. Durham devenait aussi gamin que lui. Ils se rencontraient

1. Titre honorifique d'un « gentleman ». Abr. Esq.

partout et partout ils se bagarraient en riant, et faisaient enrager leurs amis. Finalement, Durham se lassa. Étant le plus faible, il prenait parfois de mauvais coups et ses fauteuils étaient en miettes. Maurice sentit aussitôt le changement. Il abandonna ses manières espiègles. Mais pendant cette période, ils avaient pris l'habitude des grandes démonstrations d'amitié. Dès lors, ils marchèrent bras dessus bras dessous ou se tenant par l'épaule. Lorsqu'ils s'asseyaient, c'était toujours dans la même position qu'au premier jour : Maurice dans le fauteuil, Durham à ses pieds, appuyé contre ses genoux. Personne, parmi leurs amis, n'y prêtait attention. Et Maurice, doucement, caressait les cheveux de Durham.

Leurs rapports s'étendirent aussi à d'autres domaines. Pendant le trimestre de Pâques, Maurice afficha un vif attachement pour la religion. Ce n'était pas uniquement une attitude. Il était persuadé qu'il avait la foi. Quand on critiquait les croyances auxquelles il était accoutumé, il en souffrait réellement – sentiment qui, dans les classes moyennes, passe pour la foi. Ce n'était pas la foi : c'était quelque chose de stérile qui ne lui apportait ni réconfort ni enrichissement et n'existait que lorsqu'une opposition se manifestait. Dans ces moments-là, il souffrait comme on souffre d'une rage de dents. Ils avaient tous dans sa famille de ces névralgies et les considéraient comme pieuses, bien que ni la Bible, ni les livres de prières, ni les sacrements, ni les vertus chrétiennes, ni les valeurs spirituelles n'eussent rien signifié pour eux. « Comment peut-on dire des choses pareilles ? » s'exclamaient-ils lorsqu'ils entendaient quelqu'un s'attaquer à la religion et ils adhéraient à des ligues bien-pensantes. Vers la fin de sa vie, le père de Maurice était devenu un pilier de l'Église et de la Société et, si les circonstances avaient été les mêmes, Maurice eût pris le même chemin.

Mais il se trouvait que les circonstances n'étaient pas les mêmes. Il brûlait d'impressionner Durham. Il voulait lui montrer qu'il y avait en lui autre chose que la force physique, et là où son père eût gardé un silence prudent, il se mit à parler, parler. « Vous vous figurez que je n'ai rien dans la cervelle, mais je puis vous affirmer le contraire. »

Durham, généralement, ne répondait rien et Maurice était terrifié à l'idée de le perdre. « Durham vous aime bien tant que vous l'amusez, mais ensuite il vous laissera tomber », disait-on autour de lui et il tremblait qu'en faisant étalage de ses convictions religieuses il ne récoltât ce qu'il voulait éviter. Mais il ne pouvait pas s'en empêcher tant était vif son désir d'être pris en considération. Et donc il parlait, parlait.

— Pourquoi tout ce prêchi-prêcha, Hall ? lui lança un jour Durham.

— Je suis très attaché à la religion, bluffa Maurice. Sous prétexte que je n'étale pas mes opinions, vous croyez que c'est une question qui ne me tient pas à cœur. Vous vous trompez.

— Dans ce cas, venez donc prendre le café chez moi tout à l'heure.

Ils arrivaient au réfectoire. C'était justement au tour de Durham de lire les actions de grâces et il mit dans sa voix une intonation ironique. Pendant le repas, ils se regardèrent de loin. Ils n'étaient pas à la même table, mais Maurice s'était arrangé pour disposer son siège de façon à apercevoir son ami. L'époque des boulettes de pain était bien révolue. Durham, ce soir-là, paraissait songeur et ne parlait pas à ses voisins. Maurice se demandait ce qu'il avait derrière la tête.

— Vous allez avoir ce que vous cherchez, fit Durham en refermant la porte.

Maurice blêmit puis devint écarlate ; mais l'instant d'après, quand il eut un peu retrouvé ses esprits, il s'aperçut que Durham en avait seulement à ses idées sur la Trinité. Il s'imaginait qu'il y tenait vraiment, mais, en comparaison des affres qu'il venait de traverser, elles lui parurent singulièrement dénuées d'importance. Il s'écroula dans un fauteuil, les jambes coupées, le front et les mains moites.

— Je savais que vous accuseriez le coup, poursuivit Durham en préparant le café. Mais vous n'avez qu'à vous en prendre à vous-même. Je ne peux pas me taire indéfiniment. Il faut bien que parfois j'explose.

— Bon, allez-y, balbutia Maurice en s'éclaircissant la gorge.

— Je n'avais pas l'intention de vous prendre à partie. Je respecte trop les opinions d'autrui pour les tourner en dérision. Mais les vôtres, à mon avis, ne méritent pas qu'on les respecte. Ce sont des clichés usés et rebattus.

Maurice, qui reprenait ses esprits, observa qu'il y allait un peu fort.

— Vous ne cessez de répéter : « J'attache beaucoup d'importance. »

— Et de quel droit supposez-vous qu'il n'en est rien ?

— Il y a une chose qui est très importante pour vous, Hall, mais manifestement ce n'est pas la Trinité.

— Et qu'est-ce que c'est ?

— Le rugby.

Maurice pâlit de nouveau. Sa main se mit à trembler et il répandit une partie de son café sur le fauteuil.

— Vous êtes injuste. Vous auriez pu au moins avoir la bonté de dire que j'attache beaucoup d'importance aux gens.

Durham parut ébranlé.

— En tout cas, vous vous fichez pas mal de la Trinité, dit-il.

— Oh ! La barbe avec la Trinité !

Durham éclata de rire.

— Tout juste ! Maintenant, nous pouvons passer au point suivant.

— Je n'en vois pas l'utilité. D'ailleurs, j'ai une migraine effroyable. Et puis, tout ça ne sert à rien. Évidemment que je ne peux pas avancer de preuves – je veux dire pour ce qui est de la présence de Dieu en trois personnes et de trois personnes en une, et tout ça. Mais pour des millions de gens, c'est fondamental et rien de ce que vous pourrez dire n'y changera quoi que ce soit. Nous y croyons très profondément. Dieu est miséricorde. C'est ça l'essentiel. Pourquoi ergoter sur des broutilles ?

— Alors, pourquoi se sentir si concerné par des broutilles ?

— Comment ça ?

Durham dut recommencer pour lui le raisonnement.

— Eh bien, c'est parce que dans ce truc-là, tout se tient.

— Donc si la Trinité ne tenait plus, tout s'écroulerait ?

— Ce n'est pas ce que je veux dire !

Il n'arrivait plus à s'en sortir. Il avait vraiment la migraine et son front était couvert de sueur.

— Évidemment que je n'arrive pas à m'exprimer puisque je ne m'intéresse qu'au rugby.

Durham vint se jucher d'un air amusé sur le dossier de son fauteuil.

— Regardez, vous pataugez dans votre café.

— Sapristi, c'est vrai.

Tout en s'épongeant, Maurice alla ouvrir la porte et regarda dans la cour. Il lui semblait qu'il l'avait quittée depuis des siècles. Il ne tenait pas à prolonger plus avant ce tête-à-tête et il convia quelques étudiants à venir les rejoindre. Ils échangèrent un moment les propos habituels, mais quand ils partirent il ne se sentit pas davantage enclin à quitter les lieux avec eux.

Il se remit à épiloguer sur la Trinité :

— C'est un dogme, argua-t-il.

— Pas pour moi. Mais je respecte quiconque y croit sincèrement.

Maurice se sentit mal à l'aise et contempla ses grosses mains brunes.

Considérait-il réellement la Trinité comme un dogme ? Excepté au moment de sa confirmation, avait-il jamais consacré cinq minutes de réflexion à ce point de doctrine ? L'arrivée des autres étudiants lui avait permis de se ressaisir et il se pencha froidement sur lui-même. Son esprit ressemblait un peu à ses mains : il était solide, épais, pratique, perfectible sans doute, mais peu raffiné. En tout cas, jamais il ne s'était embarrassé de métaphysique.

— Ma position est celle-ci, annonça-t-il. Je ne crois pas en la Trinité. Je veux bien vous le concéder. Mais d'un autre côté, je me trompais quand j'ai dit que tout se tenait. C'est faux. Que je ne croie pas dans la Trinité ne signifie pas pour autant que je ne suis pas chrétien.

— Et en quoi croyez-vous ? questionna Durham, impassible.

— Je crois à... à l'essentiel.

— C'est-à-dire ?

D'une voix étouffée Maurice murmura :

— La Rédemption.

Jamais avant ce jour il n'avait prononcé ce mot ailleurs qu'à l'église et il frissonna d'émotion. Seulement, la Rédemption n'avait pas plus de sens pour lui que la Trinité et il savait que Durham ne serait pas dupe. Il venait d'abattre sa dernière carte, mais il n'avait pas d'atout dans son jeu et un malheureux deux suffisait pour le faire chuter.

Cette fois pourtant, Durham se contenta de répondre :

— Dante, lui, croyait en la Trinité.

Et se dirigeant vers sa bibliothèque il chercha le dernier chant du *Paradis*. Il lut à Maurice le passage sur les trois cercles qui se croisent, et en leur volume apparaît une figure humaine. Maurice n'était pas particulièrement sensible à la poésie. Pourtant, en entendant les derniers vers, il s'écria :

— Mais de quel visage s'agit-il ?

— Celui de Dieu, bien sûr.

— Mais ce poème n'est-il pas censé être un rêve ?

Hall avait souvent les idées confuses et Durham n'essaya pas de comprendre ce qui le troublait. Il ne se doutait pas que Maurice pensait au rêve qu'il avait fait autrefois et à la voix qui lui avait dit : « Voilà ton ami. »

— Dante eût appelé cela un éveil et non un rêve.

— Vous vous intéressez donc à ce genre de trucs ?

— Ce qui est sincère mérite toujours qu'on s'y intéresse, répliqua Durham en rangeant le livre. Toute conviction véritable attire et séduit. Voyez-vous, chaque homme porte en soi quelque idée pour laquelle il est prêt à mourir. N'est-ce point étrange que les vôtres soient justement celles que vos parents et vos tuteurs vous ont inculquées ? Ne devraient-elles pas être plutôt le fruit de votre chair et de votre esprit ? Expliquez-moi un peu cela. Mais de grâce, cessez de brandir des lieux communs comme la « Rédemption » ou la « Trinité ».

— J'ai laissé tomber la Trinité.

— La Rédemption alors.

— Vous êtes dur, dit Maurice. Je sais très bien que je ne suis qu'un imbécile. Vous ne m'apprenez rien de nouveau. Risley et sa bande sont davantage votre genre. C'est avec eux que vous devriez discuter.

Durham parut embarrassé et laissa Maurice quitter la pièce d'un pas lourd sans protester. Le lendemain, ils se retrouvèrent comme d'habitude. Ce n'était pas une brouille mais une brusque ascension, et après cette étape leur progression fut d'autant plus rapide. Ils parlèrent de nouveau religion. Maurice défendait la Rédemption. Il perdit. Il découvrit qu'il ne croyait pas davantage en l'existence du Christ qu'en sa miséricorde et qu'il eût été positivement désolé si un être de ce genre avait existé. Son détachement pour la religion s'accrut et devint profond. En dix jours il laissa tomber la communion. Au bout de trois semaines, il coupait à tous les offices auxquels il pouvait décemment manquer. Durham était stupéfait de cette rapidité. Maurice ne l'était pas moins. Pourtant, bien qu'il eût cédé sur tous les points, il éprouvait le sentiment bizarre de sortir vainqueur et de poursuivre une campagne commencée le trimestre dernier.

Car Durham ne le tenait plus pour quantité négligeable. Durham ne pouvait plus se passer de lui et restait fourré du matin au soir dans sa chambre à discuter. Cela ne lui ressemblait guère, lui qui était si réservé et si peu disert d'habitude. Pour justifier ses attaques, il alléguait : « N'importe qui d'autre ici a des opinions qui tiennent debout, mais celles de Maurice sont tellement pourries... » Était-ce toute la vérité ? N'y avait-il pas autre chose derrière cette nouvelle attitude et cette furieuse rage de faire table rase ? Maurice tendait à le croire. Bien qu'en apparence vaincu, il trouvait que sa Foi était un pion victorieusement perdu parce qu'en le prenant Durham avait imprudemment exposé son cœur.

Vers la fin du trimestre, ils abordèrent un sujet encore plus délicat. Ils assistaient au cours de version du doyen lorsque Mr Cornwallis interrompit l'étudiant qui « débrouillait » le texte et indiqua d'une voix neutre : « Vous pouvez sauter la ligne, il s'agit d'une allusion à l'inqualifiable vice des Grecs. » En sortant Durham déclara qu'il méritait d'être destitué pour une telle hypocrisie.

Maurice se mit à rire.

— Je me place d'un strict point de vue helléniste. Les Grecs, du moins pour la plupart, avaient ce penchant et le passer sous silence c'est ignorer la clé de voûte de la société athénienne.

— Vraiment ?

— Vous n'avez pas lu *Le Banquet* ?

Maurice avoua son ignorance et se garda d'ajouter qu'il avait parcouru Martial.

— Tout est contenu là-dedans. Bien sûr ce n'est pas une lecture pour enfant de chœur, mais vous devriez le lire. Faites-le pendant les vacances.

Rien d'autre ne fut dit ce jour-là. Mais une porte s'était ouverte sur un sujet dont il n'avait jamais touché mot à âme qui vive. Il n'avait jamais pensé qu'on pût en parler, et quand Durham le fit au milieu de la cour ensoleillée, un souffle de liberté l'effleura.

VIII

En arrivant chez lui, il parla de Durham jusqu'à ce que sa famille se mette bien dans la tête qu'il avait un ami. Ada demanda s'il ne serait pas le frère d'une certaine Miss Durham – mais non, bien sûr, puisqu'elle était fille unique – et Mrs Hall le confondit avec un professeur du nom de Cumberland. Maurice fut ulcéré. Un sentiment en appelle un autre et une sourde irritation contre les femmes de sa famille l'envahit. Jusque-là, il avait eu avec elles des relations harmonieuses bien que prosaïques. Mais qu'on puisse galvauder le nom de celui qui, pour lui, comptait plus que tout au monde, cela passait les bornes. La famille gâchait tout.

Il en fut de même pour son athéisme. Personne ne réagit aussi violemment qu'il s'y attendait. Avec la fougue de la jeunesse, il prit sa mère à part et lui annonça qu'il respecterait toujours ses principes religieux et ceux des petites, mais que sa conscience lui interdisait dorénavant d'aller à l'église. Elle répondit que c'était bien malheureux.

— Je savais que tu serais bouleversée, Mère chérie, mais c'est ainsi. N'essaie pas de me convaincre. Rien ne me fera changer d'avis.

— Ton pauvre père allait toujours à l'église.

— Je ne suis pas mon père.

— Morrie, Morrie ! Voyons ! Ce ne sont pas des choses à dire !

— C'est vrai, ça, il n'est pas son père, lança Kitty de sa voix insolente.

— Kitty, que fais-tu ici ! s'écria Mrs Hall qui sentait qu'on attendait d'elle une certaine réprobation et ne désirait pas la faire retomber sur son fils. Nous parlons de choses qui ne sont pas pour toi. De surcroît tu te trompes complètement. Maurice est le portrait tout craché de son père – le Dr Barry lui-même le dit !

— Justement, le Dr Barry ne va pas à l'église, dit Maurice, retombant dans la vieille habitude familiale de tout mélanger.

— C'est un homme très intelligent, répliqua Mrs Hall. Et Mrs Barry aussi.

La bévue de leur mère mit Ada et Kitty en joie. À la pensée que Mrs Barry était un homme très intelligent, elles n'arrêtaient pas de se tordre, et l'athéisme de Maurice fut oublié. Le dimanche de Pâques, il n'alla pas communier et attendit la scène qui, comme pour Durham, n'allait pas manquer d'éclater. Mais personne ne remarqua son absence, car dans la petite bourgeoisie l'assiduité religieuse n'est plus de rigueur. Il en fut indigné, et commença à regarder autour de lui avec un regard neuf. Y avait-il quoi que ce fût qui ne laissât pas indifférente cette société qui se prétendait si à cheval sur la morale ?

Il écrivait souvent à Durham, de longues lettres où il s'efforçait d'exprimer des sentiments subtils. Durham n'en faisait pas grand cas et le lui disait. Ses réponses étaient tout aussi longues. Maurice les gardait toujours sur lui ; il les transférait d'une poche à l'autre quand il changeait de costume, et les épinglait à son pyjama avant de se coucher. La nuit, il s'éveillait pour les toucher et, contemplant les ombres projetées par le réverbère, il se rappelait ses terreurs enfantines.

Épisode de Gladys Olcott.

Miss Olcott était une jeune personne en visite chez eux. Elle avait eu des amabilités pour Mrs Hall et Ada pendant une cure thermale et, en retour, celles-ci lui avaient offert de passer quelques jours à la maison. Elle était délicieuse, du moins au dire de ces dames, et les visiteurs mâles affirmaient au fils de la maison qu'il était un veinard. Ils échangèrent des clins d'œil complices, et après l'avoir ignorée, il commença à lui prêter attention.

Sans le savoir, Maurice était maintenant devenu un jeune homme fort séduisant. La pratique des sports lui avait fait perdre sa gaucherie. Il était un peu massif mais alerte, et son visage avait suivi la même évolution. Mrs Hall mettait ce changement sur le compte de sa moustache : « Avec une telle moustache Maurice ira loin. » Remarque plus juste qu'elle ne l'imaginait. Il était de fait que cette petite ligne sombre mettait en valeur ses traits et son sourire. Ses vêtements aussi convenaient bien à son style : sur les conseils de Durham, il avait adopté les pantalons de flanelle, même le dimanche.

Il sourit à Miss Olcott – c'était apparemment l'attitude qui s'imposait. Elle répondit à ses sourires. Il l'emmena dans son nouveau side-car et s'allongea à ses pieds. Lorsqu'il sut qu'elle fumait, il l'invita à s'attarder avec lui dans la salle à manger. Ils se regardèrent dans les yeux. Les volutes de fumée bleue s'élevaient en tremblant, dressant des murs pâles qui se dissolvaient, et les pensées de Maurice flottaient avec elles et s'évanouirent quand ils ouvrirent la fenêtre pour aérer. Il vit qu'elle avait l'air content et que tout le monde était intrigué ; il résolut d'aller plus loin.

Aussitôt les choses se gâtèrent. Il lui débita des compliments, lui dit que ses cheveux étaient du tonnerre, etc. Elle essaya de l'arrêter, mais il ne se laissa pas décourager et ne vit pas qu'il l'importunait. Il avait lu que les jeunes filles feignent toujours d'être embarrassées par les compliments. Il la poursuivit de ses assiduités. Le dernier jour, comme elle lui refusait une promenade à cheval, il joua les mâles dominateurs. Elle était son invitée, elle céda ; il l'amena dans un site qu'il jugeait romantique et pressa sa petite main entre les siennes.

Ce n'était pas qu'il déplaisait à Miss Olcott qu'on lui prenne la main. D'autres l'avaient fait et si Maurice avait eu la manière, elle n'eût rien trouvé à y redire. Mais son contact la repoussa. On eût dit celui d'un cadavre. Elle bondit en arrière.

— Monsieur Hall, ne soyez pas stupide. *Je vous en prie*, cria-t-elle. Je parle sérieusement. Je ne dis pas cela pour vous inciter à continuer.

— Miss Olcott… Gladys… Je préférerais mourir plutôt que vous offenser. Je…

— Il faut que je parte. J'ai mon train à prendre. (Elle pleurait un peu.) Je suis terriblement confuse…

Elle arriva à la maison avant lui avec une petite histoire d'escarbille dans l'œil et de migraine assez plausible, mais tous comprirent que quelque chose s'était passé.

Mis à part cet incident, les vacances se passèrent agréablement. Il fit quelques lectures en se laissant guider par les conseils de son ami plutôt que par ceux de ses tuteurs et montra à plusieurs occasions qu'il se posait maintenant en adulte.

À son instigation, sa mère renvoya les Howell, qui avaient longtemps paralysé tout un secteur de la maison, et remplaça le cabriolet par une automobile. Tout le monde, y compris les Howell, fut impressionné. Il alla également rendre visite à l'ancien associé de son père. Il avait hérité de quelque argent et d'un certain sens des affaires, et il fut décidé qu'en sortant de Cambridge il irait faire avec lui ses premières armes comme stagiaire : Hill and Hall, agents de change. Maurice se préparait à entrer dans la niche que l'Angleterre lui avait assignée.

IX

Au cours du trimestre précédent, il avait évolué d'une façon étonnante, mais les vacances refirent de lui un parfait sunningtonien. Il était moins ouvert ; de nouveau il se comportait comme il se croyait tenu de le faire, délicate entreprise lorsqu'on manque totalement d'imagination ; son esprit s'était considérablement obscurci ; et, après le départ de Miss Olcott, il conserva ce manque de sincérité qui l'avait poussé vers elle. La faute en revenait surtout à sa famille.

Il avait encore à apprendre que les trois femmes étaient plus fortes que lui et qu'elles l'influençaient terriblement.

Trois semaines en leur compagnie l'avaient rendu brouillon, superficiel et indolent. Vainqueur sur chaque détail de la vie quotidienne, il repartit complètement vaincu. En revenant à Cambridge, non seulement il pensait, mais il parlait comme sa mère ou Ada.

Jusqu'à l'arrivée de Durham, il n'avait pas pris conscience de cette détérioration. Pour des raisons de santé, Durham rentra avec quelques jours de retard. Quand son visage pâli apparut dans l'entrebâillement de la porte, Maurice eut un sursaut de désespoir, et il essaya vainement de se rappeler où ils en étaient le trimestre précédent. Il se sentait veule et mou. Ce qu'il y avait de pire en lui remonta à la surface et le poussa à préférer le confort au bonheur.

— Hello, vieux ! lança-t-il maladroitement.

Durham se glissa sans un mot dans la pièce.

— Qu'est-ce que vous avez ?

— Rien, murmura Durham, et Maurice sut qu'il avait perdu le contact.

Le trimestre dernier, il eût compris cette entrée silencieuse.

— Posez-vous quelque part.

Durham s'assit par terre, loin de lui. C'était la fin de l'après-midi. Les échos du trimestre de mai et les odeurs de Cambridge en fleurs entraient par la fenêtre ouverte et murmuraient à l'oreille de Maurice : « Tu n'es pas digne de nous. » Il savait qu'il était aux trois quarts mort, un étranger, un Barbare à Athènes. Il n'avait rien à faire ici, il n'avait rien à voir avec un tel ami.

— Dites-moi, Durham…

Durham se rapprocha. Maurice allongea la main, et la tête de son ami vint se nicher contre elle.

Il oublia ce qu'il allait dire. Les bruits et les parfums lui murmurèrent : « Tu es des nôtres. Nous sommes la jeunesse. » Très doucement, il caressa les cheveux de Durham et enfonça les doigts dans ses boucles claires.

— Vous êtes content de vos vacances, Durham ?

— Et vous ?

— Non.

— Vous prétendiez le contraire dans vos lettres.

— Ce n'était pas vrai.

Il trembla en prononçant la vérité.

« C'était effroyable, et je ne m'en suis pas rendu compte un seul instant. » Il se demanda combien de temps durerait ce regain de lucidité. Le brouillard reviendrait, il en était sûr.

Avec un soupir malheureux, il attira la tête de Durham contre son genou comme si c'était un talisman qui le protégeait du mensonge et, éperdu de tendresse, il la caressa lentement des tempes jusqu'à la gorge. Puis il laissa retomber sa main et soupira tristement.

— Hall.

Maurice abaissa son regard.

— Qu'est-ce qui ne va pas ?

Sans répondre, Maurice le caressa de nouveau, et de nouveau laissa retomber sa main. Il se sentait perdu, il ne savait plus rien.

— C'est à cause de cette jeune fille, Hall ?

— Non.

— Dans vos lettres, vous disiez qu'elle vous plaisait.

— C'était faux.

Des soupirs plus profonds lui échappèrent et se transformèrent en gémissements. Il renversa la tête en arrière, oublia le contact de Durham contre son genou, oublia que Durham contemplait son visage défait et torturé. La bouche tremblante, les traits crispés, il fixa amèrement le plafond ; il ne comprenait plus rien sinon que l'homme est fait pour souffrir et être seul, et qu'il n'a pas d'aide à attendre du ciel.

Durham tendit la main vers lui et lui caressa les cheveux. Ils s'étreignirent, poitrine contre poitrine ; la tête de Durham reposait sur son épaule, mais juste comme leurs joues se touchaient, quelqu'un dans la cour cria : « Hall ! » et il répondit : il répondait toujours quand on l'appelait.

Tous deux tressaillirent. Durham bondit vers la cheminée et s'appuya contre le manteau, la tête entre ses bras. Des fâcheux montaient bruyamment l'escalier. Ils voulaient du thé. Maurice s'affaira, puis se mêla à leur conversation et il remarqua à peine le départ de son ami. Leur entretien n'avait rien eu que de très banal, se dit-il, mais il avait pris un tour trop sentimental, et il se prépara à montrer plus de désinvolture lors de leur prochaine rencontre.

Elle ne se fit pas attendre. Avec une demi-douzaine d'autres étudiants, il se dirigeait, après le réfectoire, vers l'amphi, lorsque Durham l'appela :

— Je savais que vous liriez *Le Banquet* pendant les vacances, dit-il à voix basse.

Maurice se sentit mal à l'aise.

— Vous me comprenez donc.

— Que voulez-vous dire ?

Durham ne put attendre plus longtemps. Ils étaient entourés de gens, mais ses yeux devinrent d'un bleu intense, tandis qu'il chuchotait : « Je vous aime. »

Maurice fut horrifié, scandalisé. De toute son âme de petit-bourgeois, il était choqué. « Non, mais vous rigolez ! » s'exclama-t-il. Sa réaction, ses mots furent plus prompts que sa pensée. « Durham, dit-il, nous sommes anglais tous les deux, ne dites donc pas de sottises ! Je ne me tiens pas pour offensé parce que je sais que vous n'en pensez pas un mot. Mais tout de même, vous n'ignorez pas que c'est le seul sujet absolument tabou, le seul écart impardonnable, et je vous demande instamment de ne plus jamais y faire allusion. Vraiment, Durham, quel absurde… »

Mais son ami était déjà parti. Il s'était enfui sans un mot, avait traversé la cour comme une flèche, et il entendit sa porte claquer au milieu de la rumeur printanière.

X

Une nature lente comme celle de Maurice peut paraître insensible car il lui faut du temps, fût-ce pour ressentir. Son premier mouvement est de prétendre que rien n'est arrivé, ni de bon ni de mauvais, et de se fortifier dans ses défenses. Une fois émue, elle se révèle frémissante et passionnée, surtout en amour. Si on lui en laisse le temps, elle est capable d'éprouver et de susciter les plus violents transports ; si on lui en laisse le temps, elle est capable de connaître tous les tourments de l'enfer.

Ce fut ainsi qu'il crut d'abord n'éprouver qu'un léger regret ; des nuits sans sommeil et des journées solitaires transformèrent ce chagrin en désespoir, et bientôt sa souffrance ne lui laissa plus de répit. Ce fut un lent travail souterrain jusqu'au moment où sa détresse toucha la racine d'où jaillissent à la fois le corps et l'âme, ce « Moi » qu'il s'était toujours appliqué à étouffer et dont il prenait enfin conscience, alors elle redoubla de puissance et devint intolérable. Car en ce même instant il aurait pu connaître la joie et, devant l'étendue des ruines, il mesurait quel bonheur, quelle communion il avait perdus.

Pendant deux jours ils ne s'adressèrent plus la parole. Durham aurait bien prolongé ce silence, mais ils avaient maintenant les mêmes amis et ils étaient sans cesse amenés à se rencontrer. Durham adressa donc à Maurice un petit mot glacial dans lequel il suggérait que, pour des raisons pratiques, ils se comportent en présence des autres comme si de rien n'était. Il ajoutait : « Je vous saurais gré de bien vouloir ne parler à personne de ma criminelle dépravation. Je suis persuadé que vous respecterez le silence, étant donné la façon mesurée dont vous avez accueilli la nouvelle. » Maurice ne répondit pas, mais il rangea le mot avec les lettres qu'il avait reçues pendant les vacances et, après réflexion, brûla le tout.

Il croyait avoir atteint le fond de la souffrance, mais dans ce domaine, comme en toute chose authentique, il était encore novice. Il lui restait à connaître le pire. L'après-midi du jour suivant, ils se retrouvèrent au tennis dans le même double, et sa souffrance devint intolérable. Il pouvait à peine tenir debout, sa vue se troublait. S'il renvoyait le service de Durham, la balle propageait des ondes douloureuses tout le long de son bras. Puis ils durent jouer comme partenaires. À un moment donné, ils se bousculèrent. Durham tressaillit, mais il parvint à rire comme par le passé.

En outre, il s'avéra plus pratique qu'il rentre au collège dans le side-car de Maurice. Il s'y installa sans élever d'objections. Maurice, qui ne s'était pas couché depuis deux nuits, conduisait la tête vide ; il s'engagea à pleins gaz sur un petit sentier. Devant eux se trouvait une charrette remplie de femmes, et il fonçait droit sur elles. Ce n'est qu'en entendant leurs hurlements qu'il appuya sur les freins, évitant de justesse la catastrophe. Durham ne fit pas de commentaires. Comme il l'avait dit dans son mot, il ne parlait qu'en présence de tiers.

Ce soir-là, Maurice alla se coucher comme d'habitude. Mais au moment où il posait la tête sur l'oreiller, un flot de larmes l'inonda. Il fut horrifié. Un homme en train de pleurer ! Fetherstonhaugh pouvait l'entendre. Il sanglota, caché sous ses draps, se roula sur son lit, couvrit son édredon de baisers, se tapa la tête contre le mur, et brisa son pot de faïence. Des pas montèrent l'escalier. Il se calma aussitôt, et se tint coi lorsqu'ils s'éloignèrent.

Allumant une bougie, il contempla avec surprise son pyjama déchiré et ses membres tremblants. Il pleurait toujours sans pouvoir s'arrêter, mais le plus fort de la crise était passé. Il refit son lit et se recoucha. Quand il ouvrit les yeux, son domestique réparait les dégâts. Cette présence insolite l'étonna, et il se demanda si l'autre soupçonnait quelque chose, puis il se rendormit. Lorsqu'il s'éveilla de nouveau, il trouva des lettres sous sa porte – l'une de Mr Grace, son grand-père, au sujet de la réception qui devait avoir lieu pour sa majorité, une autre de la femme d'un professeur le conviant à déjeuner (« Ne soyez pas timide, Mr Durham sera là également »), une autre de sa sœur Ada mentionnant le nom de Gladys Olcott. Puis il se rendormit.

Le délire n'est pas toujours fécond. Pourtant celui de Maurice fut comme le coup de tonnerre qui disperse les nuages. L'orage n'avait pas couvé pendant trois jours, ainsi qu'il l'imaginait, mais pendant six ans. Il s'était formé dans les tréfonds obscurs de son être et son entourage l'avait épaissi. Il avait éclaté, et Maurice n'en était pas mort. La splendeur du jour l'entourait, il se tenait sur la crête des montagnes qui enténèbrent la jeunesse ; maintenant, il « voyait ».

Il passa la plus grande partie de la journée assis, les yeux ouverts, comme s'il regardait dans la Vallée qu'il venait de quitter. Tout était si clair à présent !

Il avait vécu dans le mensonge. Ou plutôt il avait vécu de mensonges. Les mensonges sont la pâture habituelle de la jeunesse, et il s'en était nourri avidement. Il vivrait loyalement, même si personne désormais n'en avait cure, simplement pour la beauté de la chose. Il essayerait de ne plus se mentir à lui-même. Il ne prétendrait plus – pour commencer – qu'il était attiré par les femmes, alors que seuls les hommes l'attiraient. Il n'aimait et n'avait jamais aimé que les hommes. Maintenant qu'il avait perdu celui qui partageait son amour, il l'admettait enfin.

XI

Après cette crise, Maurice devint un homme. Jusque-là – si tant est qu'on puisse évaluer les êtres humains –, il n'avait jamais été digne d'affection : il était conventionnel, mesquin, déloyal avec les autres parce qu'il l'était avec lui-même. Il avait maintenant à offrir ce qu'il y a de plus précieux. L'idéalisme et la sensualité entre lesquels il se débattait, adolescent, s'étaient finalement fondus en un tout harmonieux et transformés en amour. Personne ne voudrait peut-être d'un tel amour, mais il ne pouvait en avoir honte, parce que cet amour c'était « lui », ni son corps ni son âme, mais tout son être qui s'exprimait à travers l'un et l'autre. Il souffrait encore et pourtant un sentiment de triomphe se faisait lentement jour en lui. La douleur lui avait révélé un lieu au-delà des jugements de la société où trouver un refuge.

Certes, il avait encore beaucoup à apprendre, et des années passèrent avant qu'il explore certains abysses de son être assez effroyables. Mais il avait découvert la méthode et il cessa de s'en tenir aux apparences. Il s'était éveillé trop tard pour le bonheur, mais cette rigueur nouvelle pouvait du moins lui procurer des joies austères comme celles d'un guerrier en armes qui combat loin des siens.

Comme le trimestre s'écoulait, il décida de parler à Durham. Il accordait une haute valeur aux mots pour les avoir si tard découverts. Pourquoi souffrirait-il et ferait-il souffrir son ami quand les mots pouvaient encore tout arranger ? Il se voyait en train de dire : « Je vous aime moi aussi », et Durham s'écrierait : « Bien vrai ? Alors je vous pardonne ! » ; aux yeux d'une jeunesse ardente une telle conversation n'avait rien d'impossible, bien qu'il ne pût concevoir, pour une raison ou une autre, qu'elle menât à la joie. Il fit plusieurs tentatives mais, partie à cause de sa propre timidité, partie à cause de celle de Durham, elles échouèrent. S'il allait le voir, il trouvait porte close, ou bien il y avait du monde chez lui. Entrait-il, Durham s'en allait en même temps que ses invités. S'il le conviait à déjeuner, Durham n'était jamais libre ; il lui offrit de l'emmener de nouveau au tennis dans son side-car, sans succès. Même lorsqu'ils se croisaient dans la cour, Durham affectait d'avoir oublié quelque chose et retournait en courant sur ses pas. Il s'étonnait que leurs amis ne s'aperçoivent pas du changement, mais les étudiants sont rarement observateurs – ils ont trop à découvrir en eux-mêmes –, et ce fut un *don* qui remarqua que la lune de miel entre Durham et le jeune Hall semblait terminée.

L'occasion qu'il cherchait se présenta enfin après une réunion de la Conférence à laquelle tous deux appartenaient. À l'approche de son *tripos*, Durham avait envoyé sa démission de la Conférence, mais il avait demandé que le premier débat eût lieu chez lui afin de ne pas sauter son tour de réception. C'était bien de lui : il détestait être débiteur. Maurice vint et passa une soirée fastidieuse. Quand tout le monde, y compris le maître de maison, sortit prendre l'air, il resta seul dans la place, songeant au premier soir où il était venu dans cette chambre et se demandant si le passé pouvait revenir.

Durham rentra et tout d'abord ne vit pas qui était là. Sans s'occuper de Maurice, il se mit en devoir de remettre la pièce en ordre.

— Vous êtes dur, laissa échapper Maurice. Vous ignorez ce que c'est de ne pas voir clair en soi-même, sans quoi vous ne seriez pas si impitoyable.

Durham secoua la tête comme quelqu'un qui refuse d'écouter. Il avait l'air si malade que Maurice dut réprimer un désir violent de le prendre dans ses bras.

— Vous pourriez au moins me laisser m'expliquer au lieu de me fuir, je veux seulement discuter.

— Nous avons discuté toute la soirée.

— Je veux dire *Le Banquet* et tout ça.

— Ne soyez pas stupide, Hall ! Vous devriez comprendre qu'il m'est pénible d'être seul avec vous. De grâce, ne revenons pas sur ce chapitre. Tout ça est terminé. (Il passa dans l'autre pièce et commença à se préparer pour la nuit.) Pardonnez mon impolitesse, mais c'est au-dessus de mes forces. J'ai les nerfs à bout après trois semaines de ce genre.

— Moi aussi, cria Maurice.

— Mon pauvre ami !

— Durham, je souffre l'enfer !

— Bah, ça s'arrangera. Vous êtes simplement malade de dégoût. Vous n'avez jamais rien fait dont vous ayez honte. Vous ne savez rien de l'enfer.

Maurice eut un cri de douleur si sincère que Durham, qui s'apprêtait à refermer la porte de communication, revint sur ses pas.

— Bon, très bien, dit-il. Discutons si vous voulez. De quoi s'agit-il ? On dirait que vous tenez à me présenter des excuses. Pourquoi, grands dieux ? Vous vous conduisez comme si je vous en voulais. Quel mal avez-vous fait ? Vous avez été formidable du début jusqu'à la fin. (Maurice essaya faiblement de protester.) Tellement chic même que je me suis mépris. En voyant votre gentillesse, surtout ce fameux jour où je suis allé vous trouver, après les vacances de Noël, j'ai cru qu'il y avait autre chose. Je ne sais comment vous dire à quel point je suis navré. Je n'aurais jamais dû sortir de mes livres ni de ma musique. Je sais que vous n'avez que faire de mes excuses, Hall, mais je vous prie très sincèrement de les accepter. Je ne me consolerai jamais de vous avoir offensé.

Il parlait d'une voix faible mais nette, et son visage était comme une épée. Maurice bredouilla quelques phrases inutiles au sujet de l'amour.

— N'en parlons plus, Hall. Mariez-vous vite et oubliez.

— Mais, Durham, je vous aime ! (Il eut un rire amer.) C'est la vérité ! Je vous ai toujours…

— Bonne nuit, Hall.

— Puisque je vous dis que je vous aime ! C'est pour vous le dire que je suis venu ! J'ai toujours été comme les anciens Grecs et je ne le savais pas.

— Expliquez-vous.

Les mots le désertèrent immédiatement. Il n'était capable de parler que lorsqu'on ne lui demandait rien.

— Ne soyez pas grotesque, Hall. (Il fit signe à Maurice qui tentait de protester de ne pas l'interrompre.) Ça vous ressemble, généreux comme vous l'êtes, d'essayer de me réconforter, mais tout a des limites et il y a une ou deux choses que je ne peux quand même pas avaler.

— Ce n'est pas grotesque, je…

— Je n'aurais pas dû dire cela. Vous voyez bien ! Laissez-moi, je vous en supplie. Je devrais remercier le ciel d'être tombé sur quelqu'un comme vous. Un autre m'eût déjà dénoncé au doyen ou à la police.

— Oh, et puis allez au diable, c'est tout ce que vous méritez ! cria Maurice, furieux, en se précipitant hors de la pièce, et il entendit une fois de plus claquer la porte derrière lui.

Ivre de rage, il se tenait sur le petit pont par une nuit qui ressemblait à la première – la bruine brouillait les étoiles pâlissantes. Il oubliait qu'à sa manière Durham venait lui aussi de vivre trois semaines de tortures, et que la souffrance agit différemment sur chacun. Il enrageait de ne pas trouver son ami tel qu'il l'avait quitté. Minuit sonna, puis 1 heure, 3 heures. Il était toujours en train de chercher ce qu'on peut dire quand il n'y a plus rien à dire et que les mots sont impuissants. C'est alors qu'abattu, désespéré et trempé jusqu'aux os il aperçut dans les premières lueurs de l'aube la fenêtre de Durham, et son cœur bondit.

« Tu l'aimes et il t'aime », semblait-elle lui crier. Il regarda la cour autour de lui. Elle lui criait : « Tu es fort, il est seul et malheureux. Vaincs malgré lui. » Épouvanté par ce qu'il allait faire, il s'accrocha au meneau et se hissa lentement.

« Maurice… » Au moment où il atterrissait dans la chambre, il entendit son nom prononcé en rêve par Durham endormi. Tout s'apaisa en lui, et il fut envahi par une pureté telle qu'il n'en avait jamais imaginé. Son ami l'avait appelé ! Il resta un instant extasié et sans voix. Puis, posant très doucement la main sur les oreillers, il murmura : « Clive ! »

XII

Enfant, Clive n'avait guère connu l'incertitude. Sincère avec lui-même, doué d'un sens aigu du bien et du mal, il avait, au contraire, eu très tôt la conviction qu'il était damné. Profondément religieux, animé du désir fervent d'atteindre Dieu et de Lui complaire, il vit très jeune ses aspirations mystiques confrontées avec ses autres tendances manifestement homosexuelles. Jamais il n'eut le moindre doute là-dessus. Ses émotions n'étant pas diffuses comme celles de Maurice, il ne fut pas, comme lui, déchiré entre sa sensualité et son idéalisme, et ne perdit pas non plus des années à concilier les deux. Il avait en lui ce penchant qui entraîna la perte de Sodome : jamais il ne s'y livrerait, mais pourquoi entre tous les chrétiens ce châtiment lui avait-il été infligé, à lui ?

Il pensa d'abord que Dieu voulait l'éprouver et qu'il le récompenserait comme Job s'il ne blasphémait pas. Il courba donc le front, jeûna, et se tint éloigné de tous ceux qui l'attiraient. Sa seizième année fut une torture constante. Il n'en parla à personne, mais finalement il tomba malade et dut quitter l'école. Pendant sa convalescence il devint amoureux d'un cousin qui venait lui tenir compagnie, un jeune marié. C'était sans espoir, il était damné.

Maurice avait connu ces tourments, mais d'une façon confuse. Chez Clive, ils étaient précis, lancinants, et non moins vifs pendant les sacrements. Bien qu'il eût toujours réfréné ses désirs, jamais il ne se méprit sur leur nature. Son corps, il était capable de le maîtriser, mais son âme malade se riait de ses prières.

Il avait toujours eu un esprit tourné vers les lettres, nourri de classiques, et les horreurs que la Bible lui avait fait entrevoir, Platon les balaya. Jamais il n'oublierait son émotion à la première lecture du *Phèdre*. Son mal y était décrit d'une manière exquise et sereine comme une passion que nous pouvons, ainsi que n'importe quelle autre, orienter vers le bien ou vers le mal. Ce n'était pas pour autant une invite au dérèglement des mœurs. Il ne put tout d'abord croire à son bonheur. Il pensa qu'il devait y avoir malentendu, et que Platon et lui ne parlaient pas de la même chose. Puis il comprit que le sobre païen englobait son cas, et qu'en esquivant la Bible plutôt qu'en s'y opposant il lui offrait un nouveau guide de vie. « Autant tirer le meilleur parti de ce qu'on a. » Ne pas le refouler, ne pas souhaiter vainement qu'il soit autre, mais le cultiver d'une manière qui n'offense ni Dieu ni les hommes.

Il fut toutefois contraint de rejeter le christianisme. Tous ceux qui décident de régler leur conduite sur ce qu'ils sont plutôt que sur ce qu'ils devraient être sont, tôt ou tard, amenés à le faire, et de surcroît il y a une hostilité séculaire entre cette religion et les tendances d'un Clive et de ses pareils. « Leur nom, pour citer la formule consacrée, ne sera pas prononcé parmi les chrétiens », et une légende raconte que tous ceux qui s'adonnaient à ces pratiques moururent le matin de la Nativité. Clive regrettait cette incompatibilité : il descendait d'une famille de juristes et de gentilshommes terriens, gens de bien pour la plupart, et il ne souhaitait pas rompre avec leur tradition. Il eût préféré quelque accommodement avec le christianisme et il chercha des arguments dans l'Écriture. Il y avait bien David et Jonathan, et même « le disciple que Jésus aimait », mais l'interprétation de l'Église était contre lui, et il dut donc se résigner à remonter plus loin dans le temps.

À dix-huit ans, il était exceptionnellement mûr, et sa maîtrise de lui-même était telle qu'il pouvait se permettre de fréquenter tous ceux qui lui plaisaient. L'équilibre avait succédé à l'ascétisme. À Cambridge, il cultivait de tendres sentiments pour certains étudiants, et sa vie, jusque-là morose, se teinta de délicates couleurs. Il s'avançait avec précaution, mais cette prudence n'avait rien d'étroit. Il serait allé plus loin s'il l'avait jugé bon.

Durant sa deuxième année, il rencontra Risley, lui aussi « du même bord ». Clive ne paya pas de retour cette confidence qui lui fut faite plutôt librement ; il n'éprouvait pas non plus beaucoup de sympathie pour Risley et sa bande ; mais cet aveu le réconforta. Il y en avait d'autres comme lui, et leur franchise l'incita à confier à sa mère son incroyance : il ne pouvait lui en révéler davantage. Mrs Durham, femme mondaine et superficielle, ne parut pas particulièrement affectée. Ce fut à Noël que les choses se gâtèrent. Étant les seuls notables de la paroisse, les Durham communiaient à part, et, à l'idée de s'agenouiller seule avec ses filles au milieu de cette longue rangée, sous les regards du village rassemblé, elle frémissait de honte et de colère. Ils se querellèrent. Il la vit telle qu'elle était – dure, vaniteuse, bornée –, et dans son amertume, il se mit à penser intensément à Hall.

Hall : il faisait simplement partie de ces garçons qui lui plaisaient bien. Certes, comme lui, il était orphelin de père et avait deux sœurs, mais Clive était trop équilibré pour prétendre que c'était là le seul lien qui les rapprochait. Il avait probablement plus d'affection pour Hall qu'il ne s'imaginait et, dès qu'ils se retrouvèrent face à face, il fut emporté vers lui par un élan qui lui fit quitter sa réserve.

Le garçon était fruste, bourgeois, un peu bêta, il n'aurait pu choisir pire confident. Pourtant, ému au-delà de toute mesure de voir qu'il envoyait promener Chapman, il lui raconta ses ennuis familiaux. Il fut ravi lorsque Hall se mit à le taquiner. Les autres, intimidés par son sérieux, gardaient leurs distances. Il était enchanté de se faire bousculer par un garçon vigoureux et séduisant. Il passait des moments délicieux quand Hall lui caressait les cheveux : leurs visages pâlissaient, il se laissait aller en arrière jusqu'à ce que sa joue effleure la flanelle du pantalon de Hall et il sentait la chaleur monter à travers le tissu. Dans ces moments-là il ne se faisait aucune illusion ; il savait quel genre de plaisir il recevait et il l'acceptait honnêtement, convaincu que cela ne faisait de tort ni à l'un ni à l'autre. Hall était un garçon qui n'aimait que les femmes – cela se voyait au premier coup d'œil.

Vers la fin du trimestre, il remarqua que le visage de Hall prenait par moments une expression particulière, à la fois profonde et belle. Il l'observa pour la première fois lors de leur controverse théologique. C'était une expression pleine de bonté – et, dans cette mesure, naturelle –, mais il s'y mêlait quelque chose qu'il n'avait encore jamais remarqué chez le jeune homme, comme une sorte… d'impudence ? Il n'en était pas très sûr, mais elle lui plaisait. Elle apparaissait lorsqu'ils se rencontraient à l'improviste ou étaient restés longtemps silencieux.

Il avait alors l'impression qu'elle lui adressait un petit signe d'intelligence comme pour lui dire : « Tout ça est bien beau. On sait que tu es futé... *mais décide-toi !* » Elle l'obsédait tellement que, tout en discourant avec aisance, il en venait à la guetter et quand elle réapparaissait, il se prenait à lui répondre mentalement : « Tu as raison... je ne savais pas. »

— Tu ne peux plus t'en empêcher maintenant. Il faut que tu te décides.

— Je ne veux pas m'en empêcher.

— Alors viens.

Et il vint. Il renversa toutes les barrières – pas en un seul jour, car les murs qui l'entouraient n'étaient pas de ceux qu'on peut abattre d'un seul coup. Tout au long du trimestre, et en vacances, par ses lettres, il prépara la voie. Une fois certain que Hall l'aimait, il laissa éclater son amour. Jusque-là ce n'était qu'un jeu entre eux, un plaisir fugace des sens et de l'esprit. Comme il méprisait cela maintenant. L'amour était immense, il était beauté et harmonie. Il se livra tout entier car, pour cette âme sereine, la dignité humaine et le don de soi ne faisaient qu'un. Il n'y avait rien d'humble en Clive. À l'époque où il pensait qu'il lui faudrait passer sa vie sans amour, c'étaient les circonstances qu'il avait incriminées et non lui-même. Hall ne l'avait jamais traité avec condescendance. Le trimestre prochain, ils se retrouveraient sur le même plan.

Mais les livres avaient tellement de valeur pour lui qu'il ne lui vint pas à l'idée qu'ils déconcertent la plupart des gens. S'il avait fait confiance au corps, il n'y aurait pas eu de drame ; mais en rattachant leur amour au passé, il le rapportait au présent et réveillait ainsi le conformisme de son ami et sa peur de la loi. Cette pensée ne l'effleura pas un seul instant. Si Hall parlait de la sorte, c'est qu'il le pensait, sinon pourquoi le dirait-il ? Clive lui faisait horreur, il ne s'en était pas caché. « Non, mais vous rigolez ! », les mots le blessaient plus que n'importe quelle insulte et ils retentirent pendant des jours à son oreille. Hall était le type même du jeune Anglais sain et équilibré. Jamais il n'avait soupçonné ce qui se passait.

Si cruelles que fussent sa douleur et son humiliation, il y avait pire. Clive s'était à ce point identifié avec le bien-aimé qu'il se fit horreur. Toute sa philosophie de l'existence s'écroula et le sens du péché ressuscita sur ses ruines et acheva de le détruire. Hall lui avait dit qu'il était criminel, il devait savoir ce qu'il disait. Il était damné. Jamais plus il n'oserait se lier avec un autre garçon de peur de le corrompre. N'avait-il pas fait perdre à Hall sa foi dans le christianisme et de surcroît attenté à sa pureté ?

Durant ces trois semaines, Clive changea énormément et il était hors d'état d'entendre raison, lorsque Hall, toujours grand cœur, vint dans sa chambre lui prodiguer de bonnes paroles, essaya maladroitement de le réconforter, et disparut dans un mouvement de colère. « Oh, allez au diable, c'est tout ce que vous méritez ! » Jamais parole plus juste n'était sortie de la bouche de son ami. Le désarroi de Clive augmenta. Sa vie avait été anéantie, et il ne se sentait pas la force de la reconstruire ni de l'exorciser. Sa conclusion fut : « Sombre idiot ! Je ne l'ai jamais aimé. C'était seulement un fantasme de mon esprit corrompu. Puisse Dieu m'aider à m'en débarrasser ! »

Ce fut pourtant ce fantasme qui le visita dans son sommeil et lui fit murmurer son nom :

— Maurice…

— Clive…

— Hall ! s'exclama-t-il, stupéfait et bien réveillé.

Une douce chaleur l'enveloppa.

— Maurice, Maurice… Oh Maurice !

— Je sais.

— Maurice, je vous aime.

— Moi aussi, Clive, je vous aime.

Ils s'embrassèrent sans presque le désirer. Puis Maurice disparut, comme il était venu, par la fenêtre.

XIII

— J'ai déjà séché deux cours, constata Maurice qui était en train de prendre son petit déjeuner en pyjama.

— Séchez-les tous. Au pire, vous serez consigné.

— Et si on allait faire un tour en side-car ?

— Bonne idée, mais alors très loin, approuva Clive en allumant une cigarette. Je ne peux pas supporter Cambridge par un temps comme aujourd'hui. Allons nous baigner quelque part, le plus loin possible. Je travaillerai en route... Oh, miséricorde !...

On entendait en effet un pas dans l'escalier. Fetherstonhaugh passa la tête et demanda si l'un d'eux ne voulait pas venir jouer au tennis cet après-midi. Maurice accepta.

— Maurice ! Qu'est-ce qui vous a pris, espèce d'idiot ?

— C'était pour qu'il s'en aille plus vite. Bon, écoutez, Clive, retrouvez-moi au garage dans vingt minutes. Apportez vos satanés bouquins, et tâchez d'emprunter à Joey ses lunettes d'automobiliste. Moi, je m'habille. Apportez aussi de quoi déjeuner.

— Et si on prenait plutôt des chevaux ?

— Pas assez rapide.

Ils se retrouvèrent comme convenu. Clive avait obtenu sans peine les lunettes de Joey, leur propriétaire étant sorti. Mais au moment où ils s'engageaient dans Jesus Lane, le doyen les interpella :

— Hall, vous n'avez pas cours ?

— J'ai dormi trop tard, cria Maurice, désinvolte.

— Hall ! Hall ! Arrêtez-vous quand je vous parle !

Maurice poursuivit son chemin.

— Mieux vaut ne pas discuter, observa-t-il.

— Vous avez raison.

Ils traversèrent le pont et filèrent dans Ely Road à un train d'enfer. « En avant toute ! » cria Maurice. La machine était puissante et lui d'un naturel téméraire. Il s'élança vers les plaines marécageuses et le dôme fuyant du ciel. Ils ne furent plus que nuage de poussière, gaz d'échappement, vrombissement de moteur, mais l'air qu'ils respiraient était pur et le seul bruit qu'ils entendaient était le sifflement joyeux du vent. Ils ne se souciaient plus de rien ni de personne, et la mort, si elle était venue, n'eût fait que prolonger leur course vers un horizon sans cesse recommencé. Ils avaient laissé derrière eux une tour, une ville – c'était Ely. En face d'eux le ciel pâlissait enfin comme pour annoncer la mer.

Ils tournèrent au hasard, tantôt à droite, tantôt à gauche, jusqu'à ce qu'ils aient perdu toute idée de la direction. Il y eut quelques pétarades, puis un grincement. Maurice n'y prêta pas attention. La machine vibra, hoqueta, rien ne se produisit, mais elle s'immobilisa au milieu des champs sombres et silencieux. On entendait le chant de l'alouette. La traînée de poussière qu'ils avaient laissée derrière eux commença à retomber. Ils étaient seuls.

— Déjeunons, proposa Clive.

Ils mangèrent sur un talus herbeux. Au-dessus de leurs têtes, les eaux d'une digue reflétaient, presque immobiles, d'interminables saules. Dans ce paysage créé par l'homme, on n'apercevait nulle part âme qui vive. Après le repas, Clive décida qu'il devait travailler. Il sortit ses livres et, dix minutes plus tard, il dormait. Maurice fumait allongé près de l'eau. La carriole d'un fermier apparut. Il songea un instant à demander dans quel comté ils se trouvaient. Mais il ne bougea pas, et le fermier n'eut pas l'air de le remarquer. Quand Clive s'éveilla, il était 3 heures.

— Il sera bientôt temps de prendre une tasse de thé, énonça-t-il.

— Bonne idée. Vous vous sentez capable de réparer cette foutue moto ?

— Il y a quelque chose qui a dû se bloquer, je suppose.

Il se dirigea en bâillant vers l'engin.

— Non, je n'y connais rien, Maurice, et vous ?

— Moi non plus.

Ils partirent en chœur d'un grand éclat de rire. Cette histoire de panne leur paraissait absolument irrésistible. Le cadeau de Grand-Père, par-dessus le marché ! Il l'avait offert à Maurice pour sa majorité.

— Si on la laissait là et qu'on poursuive à pied ? suggéra Clive.

— Bonne idée. Je ne vois pas ce qui pourrait lui arriver. Laissons également les manteaux et les affaires. Et aussi les binocles de Joey.

— Et mes bouquins ?

— Laissez-les aussi.

— Je n'en aurai pas besoin après le réfectoire ?

— Je ne sais pas. Pour l'instant, ce qui compte, c'est le thé. Selon toute logique… – qu'est-ce que vous avez à pouffer comme ça ? – si on suit la digue assez longtemps, on doit arriver à un pub.

— Pardi ! Ils l'utilisent pour couper leur bière !

Maurice lui bourra joyeusement les côtes, et pendant dix minutes ils se poursuivirent entre les arbres, trop déchaînés pour parler. Puis, de nouveau pensifs, ils se tinrent l'un près de l'autre ; enfin ils cachèrent la moto dans les fourrés et se mirent en route. Clive emporta son carnet de notes, mais celui-ci ne devait pas résister longtemps. En effet, la digue qu'ils suivaient bifurquait brusquement.

— On va passer à gué, décida-t-il. Si on commence à faire le tour, on n'arrivera jamais. Il suffit de se diriger approximativement vers le sud.

— D'accord.

Peu importait ce jour-là qui proposait quoi. L'autre tombait toujours d'accord. Clive retira ses chaussures et ses chaussettes, et roula le bas de son pantalon. Il fit quelques pas dans l'eau et disparut. Il réapparut en nageant.

— Il n'y a pas pied, crachota-t-il en remontant sur la berge. Qu'est-ce qu'on fait, Maurice ? Vous avez une idée ?

— Eh bien, moi, je vais me baigner ! cria Maurice, et il mit son projet à exécution tandis que Clive le suivait en portant ses vêtements.

La lumière devenait resplendissante. Bientôt ils arrivèrent à une ferme.

La femme du fermier était inhospitalière et désagréable, ce qui ne les empêcha pas plus tard de la qualifier d'« absolument épatante ». Elle finit quand même par leur donner du thé et laisser Clive se sécher près de son fourneau. Lorsqu'ils la dédommagèrent avec une excessive générosité pour le « petit dérangement », elle les remercia en grommelant. Mais rien n'altérait leur humeur. Leur bonheur transfigurait tout.

— Merci, nous vous sommes infiniment obligés, dit Clive. Pour le cas où quelqu'un de chez vous repérerait la moto – j'aurais voulu que nous puissions vous expliquer plus en détail où nous l'avons abandonnée –, n'importe, je vous laisse quand même la carte de mon ami. Soyez assez gentille pour l'attacher à la moto, et déposez-la à la gare la plus proche. Enfin, quelque chose dans ce goût-là. Le chef de gare nous télégraphiera.

La gare était à huit kilomètres. Quand ils y arrivèrent le soleil était déjà bas, et ils ne furent pas de retour à Cambridge avant la nuit. Toute cette dernière partie de la journée fut parfaite. Le train était bondé, et assis tout près l'un de l'autre, ils bavardèrent doucement au milieu du brouhaha en se souriant. Au moment de se séparer comme d'habitude, ni l'un ni l'autre n'éprouva le besoin d'ajouter quelque chose. Toute cette journée avait été banale, et pourtant ils n'en avaient jamais connu ni n'en connaîtraient jamais de semblable.

XIV

Maurice fut temporairement exclu de Cambridge.

Mr Cornwallis n'était pas d'un naturel sévère et le jeune homme avait des notes honorables ; toutefois le doyen ne pouvait tolérer un tel manquement à la discipline.

— Mais enfin, Hall, pourquoi ne vous êtes-vous pas arrêté quand je vous ai appelé ?

Hall ne répondit pas. Il ne parut pas même contrit. Son visage était de bois, et Mr Cornwallis, quoique très ennuyé, comprit qu'il avait en face de lui un homme. Il devina même froidement ce qui s'était passé.

— Hier, vous avez manqué l'office, le réfectoire et quatre cours, dont mon cours de version. Ce n'est pas la première fois que vous commettez ce genre d'infraction. Il était inutile d'y ajouter l'impertinence, vous ne croyez pas ? Eh bien ? Vous ne répondez rien ? Dans ce cas, vous allez rentrer chez vous. Vous expliquerez à votre mère le motif de votre renvoi. De mon côté, je l'avertirai. Tant que vous ne m'aurez pas écrit une lettre d'excuse, je ne signerai pas votre réadmission au collège en octobre. Vous partirez par le train de midi.

— Très bien.

Mr Cornwallis lui montra la porte. Aucune sanction ne fut infligée à Durham. Il avait été exempté de cours à l'approche de son *tripos*, et même s'il avait commis quelque négligence, Mr Cornwallis eût fermé les yeux. Le meilleur élève en lettres de son année : il avait bien mérité un traitement de faveur. Une bonne chose que Hall ne fût plus là pour le distraire. Mr Cornwallis suspectait toujours ces sortes d'attachement. Il n'était pas naturel que deux garçons de caractère et de goûts aussi différents fussent inséparables, et bien que, contrairement aux collégiens, les étudiants fussent officiellement tenus pour « normaux », les professeurs exerçaient une certaine surveillance et jugeaient bon d'intervenir dans ces amitiés chaque fois qu'ils le pouvaient.

Clive aida Maurice à boucler ses bagages et l'accompagna à la gare. Il parlait peu pour ne pas attrister son ami qui continuait à plastronner, mais son cœur défaillait. C'était son dernier trimestre ; sa mère ne le laisserait pas revenir une quatrième année, ce qui signifiait que Maurice et lui ne se retrouveraient plus jamais ensemble à Cambridge. Leur amour appartenait à ces lieux et il n'arrivait pas à l'imaginer ailleurs. Il espérait que Maurice n'avait pas adopté une attitude trop rigide avec le doyen – mais de toute façon on n'y pouvait plus rien. Il espérait aussi que le side-car n'était pas perdu. Dans son esprit, le side-car était lié à des moments intenses : sa souffrance le jour de la partie de tennis, leur bonheur de la veille. Emportés dans un même élan, c'était là qu'ils étaient le plus près l'un de l'autre. La machine semblait s'animer d'une vie propre dans laquelle ils réalisaient l'unité platonicienne. La moto était bien loin, et quand le train s'éloigna à son tour, arrachant de la sienne la main de son ami, il s'effondra. Rentré chez lui, il lui écrivit de longues pages débordantes de passion et de désespoir.

Maurice reçut cette lettre le matin suivant. Elle paracheva ce que sa famille avait commencé, et il eut sa première explosion de colère contre le monde.

XV

— Il n'est pas question que je présente des excuses, Mère. Je te l'ai expliqué hier. Je n'ai aucune raison de le faire. Ils n'avaient pas le droit de me renvoyer alors que tout le monde sèche des cours. C'est de la pure malveillance. Tu peux demander à n'importe qui… – Ada, si tu versais le café au lieu de verser des larmes !

— Regarde, Maurice, tu as bouleversé Maman ! sanglota-t-elle. Comment peux-tu être aussi méchant ?

— Ce n'était certainement pas mon intention, et je ne vois pas en quoi je suis si méchant. Eh bien ! Je vais entrer directement dans les affaires, comme Père, sans me soucier de leurs fichus diplômes. Je ne vois rien de mal là-dedans.

— Tu pourrais au moins tenir ton pauvre père en dehors de tout cela. Il ne s'est jamais attiré le moindre désagrément, lui, gémit Mrs Hall. Oh, Morrie, mon chéri !… Et nous qui avions tellement hâte de te voir à Cambridge !

— Cessez donc de vous lamenter ainsi, intervint Kitty qui aspirait à jouer les jeunes personnes raisonnables. Maurice va se croire plus important qu'il n'est. Il écrira au doyen dès qu'il n'y aura plus personne pour le lui demander.

— Certainement pas. Ce serait déplacé, répliqua son frère, inflexible.

— Je ne vois pas pourquoi.

— Il y a beaucoup de choses que les petites filles ne voient pas.

— Je n'en suis pas si sûre !

Il la regarda. Mais elle précisa simplement qu'elle comprenait beaucoup plus de choses que certains petits garçons qui se prennent pour de grandes personnes. Elle faisait seulement son intéressante, et l'inquiétude, mêlée de respect, qui avait traversé Maurice se dissipa. Non, il ne pouvait pas présenter ses excuses. Il n'avait rien fait de mal, et il ne reconnaîtrait pas une faute qu'il n'avait pas commise. C'était la première fois depuis des années qu'il se comportait honnêtement et il y prenait goût. Dans son intransigeance, le jeune homme croyait qu'il lui serait possible de vivre sans faire de concessions et d'ignorer tout ce qui n'était pas leur amour. La lettre de Clive l'avait jeté dans le désespoir. Il se conduisait sans doute comme un idiot – un amant raisonnable irait présenter ses excuses et réconforter son ami –, mais c'est le propre de la passion que de refuser les compromis.

Les trois femmes continuèrent à discuter et à gémir. À la fin il se leva en déclarant qu'il ne pouvait pas manger dans ce vacarme, et il sortit dans le jardin. Sa mère le suivit avec un plateau. Sa faiblesse exaspéra Maurice. Il ne lui en coûtait rien de se traîner derrière son fils avec des mots tendres et des toasts : elle cherchait seulement à l'amollir également.

Elle voulait savoir si elle avait bien entendu : refusait-il réellement de faire des excuses ? Elle se demandait ce que son père aurait dit, et apprit incidemment que le cadeau d'anniversaire gisait dans un fourré du côté de l'Est-Anglie. Cette nouvelle la toucha davantage, car la perte d'un side-car lui était plus accessible que celle d'un diplôme. Les filles partagèrent son émoi. Elles se désolèrent tout le reste de la matinée et, bien qu'il eût toujours la ressource de les faire taire ou de les expédier gémir plus loin, Maurice sentit que leur apparente docilité pouvait de nouveau saper son énergie comme pendant les vacances de Pâques.

L'après-midi, il eut un coup au cœur : il se rappela soudain que Clive et lui n'avaient eu qu'un seul jour ensemble ! Et ils l'avaient passé à courir la campagne comme des idiots au lieu de rester dans les bras l'un de l'autre ! Il ignorait qu'ils l'avaient ainsi porté à sa perfection. Il était trop jeune pour comprendre la vanité de certains plaisirs. Malgré la réserve de son ami, il eût abusé de la passion.

Plus tard, lorsque le temps eut fortifié leur amour, il comprit à quel point le Destin l'avait servi. Cette unique étreinte dans l'obscurité et cette unique journée dans le soleil et le vent étaient comme deux piliers, chacun solidaire de l'autre. Et la douleur de la séparation, loin de l'altérer, magnifiait encore leur amour.

Il essaya de répondre à la lettre de Clive. Déjà, il redoutait que ses mots ne sonnent faux. Le soir, il en reçut une autre qui disait simplement : « Maurice, je vous aime. » Il répondit : « Clive, je vous aime. » Puis ils s'écrivirent tous les jours, mais en dépit de leurs soins ils ne réussissaient qu'à se forger l'un de l'autre une image fausse. Les lettres déforment encore plus vite que le silence. Clive crut que quelque chose n'allait pas ; il s'alarma et, juste avant son examen, obtint l'autorisation de faire un saut en ville. Ils déjeunèrent ensemble. Ce fut horrible. Tous deux étaient fatigués, le restaurant était bruyant, et ils n'entendaient pas un mot de ce qu'ils se disaient.

Au moment de partir, Clive avoua sa déception. Maurice fut soulagé. Il avait essayé de se persuader que cette journée était réussie, ce qui n'avait fait qu'augmenter sa détresse. D'un commun accord, ils décidèrent de s'en tenir aux événements et de ne s'écrire que pour des raisons précises. Leur état de tension se relâcha, et Maurice, qui avait frôlé, sans le savoir, la fièvre cérébrale, passa plusieurs nuits calmes qui le remirent d'aplomb.

Sa vie familiale, en revanche, ne s'était toujours pas améliorée. Chez lui, il était en porte-à-faux. Mrs Hall aurait aimé que quelqu'un décide pour elle quel rôle il devait jouer dans la maison. Il avait l'air d'un homme, et à Pâques il avait congédié les Howell ; mais d'un autre côté il n'avait pas encore vingt et un ans et il s'était fait renvoyer de Cambridge. Comment devait-elle le traiter ? À l'instigation de Kitty, elle essaya d'affirmer son autorité mais, son premier étonnement passé, Maurice se cabra. Mrs Hall balança, malgré son indulgence pour son fils, elle prit le malencontreux parti d'avoir recours au Dr Barry. Un soir Maurice fut prié de se rendre chez leur voisin pour un entretien.

— Eh bien, Maurice, comment marchent ces études ? Pas exactement comme vous l'entendiez, hein ? Ou plutôt, pas exactement comme votre mère l'entendait, ce qui est le point essentiel.

— Pas exactement comme chacun l'entendait, murmura Maurice sans lever les yeux.

Leur terrible voisin lui faisait encore peur.

— Ma foi, c'est aussi bien comme ça, prononça le Dr Barry. Qu'avez-vous à faire d'un diplôme universitaire ? Les études n'ont jamais été destinées aux classes moyennes. Vous n'avez pas l'intention de devenir recteur, avocat ou professeur, que je sache. Vous n'êtes pas gentleman-farmer. Pure perte de temps. Entrez tout de suite dans les affaires. Vous avez bien fait d'être insolent avec le doyen. Votre place est à la Cité. Votre mère (Il s'interrompit pour allumer un cigare sans en offrir au jeune homme.) n'arrive pas à comprendre cela. Elle se fait du souci parce que vous refusez de présenter des excuses. Pour moi, c'est normal : vous vous êtes retrouvé dans un milieu pour lequel vous n'étiez pas fait, et vous avez très judicieusement sauté sur la première occasion d'y échapper.

— Que voulez-vous dire, monsieur ?

— C'est pourtant clair ! Un gentleman eût instinctivement fait amende honorable en s'apercevant qu'il s'était comporté comme un malotru. Il n'y a pas en vous cette tradition.

— Excusez-moi, il faut que je rentre à la maison, dit Maurice non sans dignité.

C'est en effet ce que vous avez de mieux à faire. Je ne vous ai pas convié ici pour votre plaisir, je pense que vous l'avez compris.

— Vous m'avez parlé sans détour. Un jour peut-être, ferai-je de même. Du moins, je l'espère.

Cette remarque mit le docteur hors de lui.

— Comment osez-vous torturer ainsi votre mère ? hurla-t-il. Vous mériteriez le fouet, espèce de petit freluquet ! Et vous plastronnez au lieu de tomber à ses genoux ! Je sais tout. Elle est venue ici, les larmes aux yeux, me supplier de vous parler.

Elle et vos sœurs sont des voisines que je respecte. Et quand une femme a recours à moi, je suis son serviteur. Taisez-vous, monsieur, taisez-vous. Je ne veux pas savoir ce que vous avez à me dire avec ou sans détour ! Vous attentez à l'esprit de chevalerie. Je me demande où va le monde. Je me demande ce que… Vous me décevez et vous me répugnez.

Ayant enfin réussi à s'échapper, Maurice s'épongea le front. En un sens, il avait honte. Il savait qu'il s'était mal conduit envers sa mère, et en lui le snob avait été piqué au vif. Mais en même temps, il ne pouvait ni se rétracter ni revenir en arrière. Maintenant qu'il était sorti des sentiers battus, c'était pour toujours. « Vous attentez à l'esprit de chevalerie. » Il médita l'accusation. Si une femme s'était trouvée dans le side-car et qu'il eût alors refusé d'obéir à l'injonction du doyen, le Dr Barry eût-il exigé qu'il présente des excuses ? Sûrement pas. Il s'efforça péniblement d'aller jusqu'au bout de son raisonnement. Son intelligence était encore lente et il y avait tant d'expressions et d'opinions courantes qu'il devait traduire avant de pouvoir les comprendre.

Sa mère l'attendait, un peu honteuse. Elle sentait, comme lui, qu'elle aurait dû se charger elle-même de la semonce. Maurice a grandi, se plaignit-elle à Kitty. Les enfants vous quittent trop vite. Kitty l'assura que son frère n'était encore qu'un gamin, mais les trois femmes eurent l'impression qu'il n'était plus tout à fait le même depuis qu'il avait affronté le Dr Barry.

XVI

Les Durham habitaient un coin reculé à la lisière du Wiltshire et du Somersetshire. Sans être de vieille souche, ils étaient propriétaires terriens depuis quatre générations et avaient fini par en prendre le style. L'arrière-grand-oncle de Clive avait été président du tribunal du Banc du roi et c'est à lui que la famille devait Penge. Le domaine avait tendance maintenant à battre de l'aile. En cent ans, la fortune s'était écornée, et aucun mariage avantageux n'était venu la renflouer. La maison, comme la propriété, donnait des signes sinon de décrépitude du moins de ce laisser-aller qui la précède.

La demeure s'élevait au milieu de bois. Tout autour s'étendait un parc encore sillonné par des vestiges de haies et dans lequel paissaient des chevaux et des vaches d'Aurigny. Au-delà commençaient les arbres plantés pour la plupart par Sir Edwin au moment où il s'était annexé les vaines pâtures. Le parc possédait deux entrées, l'une tournée vers le village, l'autre vers le chemin argileux qui partait de la gare. L'allée de ce côté-là manquait de majesté, débouchait sur l'arrière-corps des bâtiments et faisait nettement rajoutée.

Maurice arriva le soir, venant directement de chez son grand-père à Birmingham où il avait fêté sans éclat sa majorité. Bien qu'en disgrâce dans la famille, il n'avait pas été frustré de ses cadeaux, mais ils avaient été offerts et reçus sans enthousiasme. Et lui qui avait attendu avec tant d'impatience ses vingt et un ans ! Kitty insinua que c'était le remords qui lui gâtait son plaisir. Pour toute réponse, il lui pinça gentiment l'oreille et l'embrassa, ce qui la contraria considérablement. « Tu n'as aucune sensibilité », dit-elle en colère. Il sourit.

Après Alfrisons Gardens et ses thés copieux avec les cousins, Penge faisait un contraste saisissant. Les familles aristocratiques, même éclairées, ont quelque chose d'intimidant, et Maurice les abordait toujours avec une sainte terreur. Certes Clive était venu le chercher avec le coupé, mais par le même train que lui était arrivée une certaine Mrs Sheepshanks flanquée d'une femme de chambre qui les suivait présentement dans un fiacre avec les bagages, et Maurice se demandait s'il n'aurait pas dû, lui aussi, amener un serviteur. La grille du pavillon de garde était tenue par une petite fille et Mrs Sheepshanks s'étonna que les gardiens en personne ne fussent point venus leur faire la révérence. À ces mots, Clive le poussa du pied, mais peut-être n'était-ce que par mégarde. Il n'était sûr de rien. En arrivant, il confondit l'arrière et le devant de la maison et s'apprêta à ouvrir la porte de service. « Mais voilà qui est très élogieux ! » lança Mrs Sheepshanks. Par-dessus le marché, à l'entrée, il y avait un maître d'hôtel chargé de cette mission.

Un thé très fort les attendait, que Mrs Durham leur servit en regardant d'un côté tandis qu'elle versait de l'autre. L'assistance se composait de gens distingués ou ayant l'air de se trouver là pour quelque raison distinguée. Des gens actifs ou qui s'employaient à rendre les autres actifs. Miss Durham engagea Maurice à aller le lendemain faire campagne avec eux en faveur de la réforme des tarifs douaniers. Politiquement, ils étaient d'accord, mais le cri de joie avec lequel elle accueillit cette découverte lui déplut : « Mère, Mr Hall est des nôtres ! » Le Major Western, un cousin des Durham, également de passage à Penge, le questionna sur Cambridge. Que pouvait penser un militaire de quelqu'un qui s'était fait exclure de l'université ? Non, c'était pire qu'au restaurant. Au moins, là-bas, Clive non plus n'était pas dans son élément.

— Pippa, a-t-on préparé une chambre pour Mr Hall ?

— La *chambre bleue*, maman.

— Celle qui n'a pas de cheminée, cria Clive de loin. Occupez-vous de son installation.

Il raccompagnait quelques visiteurs.

Miss Durham confia Maurice au maître d'hôtel. Ils se dirigèrent vers un escalier latéral à la droite du grand escalier, et Maurice se demanda si on ne le traitait pas avec désinvolture. Sa chambre était petite et modestement meublée. Elle n'avait pas de vue. Son côté sunningtonien lui revint pendant qu'il s'agenouillait pour défaire ses bagages. Il décida de soigner tout particulièrement sa toilette durant son séjour à Penge et d'arborer toutes ses tenues. Il ne s'agissait pas de faire piètre figure. Il s'habillait à la dernière mode ; il valait tout autant que n'importe qui. Mais à peine était-il parvenu à cette conclusion que Clive fit irruption dans la pièce, tout auréolé de soleil :

— Maurice, il faut que je vous embrasse ! s'écria-t-il, et il joignit le geste à la parole.

— Où… Qu'est-ce qu'il y a de l'autre côté du palier ?

— Notre salle d'études.

— Ah ! C'est pour ça que…

— Maurice, vous êtes ici pour de bon ! Vous êtes à Penge ! Cette maison ne sera plus jamais la même désormais. Je vais enfin l'aimer !

— Je suis drôlement content, moi aussi, dit Maurice d'une voix étranglée.

Cette brusque explosion de joie le bouleversait.

— Continuez à défaire vos bagages. Je vous ai installé ici exprès. Il n'y a que nous dans cette aile. Je voulais que ce soit le plus possible comme au collège.

— C'est drôlement mieux.

— Je crois, moi aussi, que ce sera mieux.

On frappa à la porte. Maurice tressaillit, mais Clive, sans bouger de son épaule, cria : « Entrez ! » d'un ton indifférent. Une femme de chambre entra avec de l'eau chaude.

— Sauf à l'heure des repas, nous n'aurons jamais besoin d'être dans le reste de la maison. Nous serons ici ou dehors. Magnifique, non ? Il y a aussi un Pianola ! (Il l'entraîna dans la petite salle d'études.) Regardez cette vue ! On peut tirer les lapins par la fenêtre. Ah ! tant que j'y pense : si ma mère ou Pippa vous proposent tel ou tel projet pour demain, ne vous tracassez pas. Acceptez si ça vous chante. En fait, nous partons tous les deux faire une balade à cheval et elles le savent. C'est seulement leur rituel. Dimanche, quand on n'ira pas à l'église, elles feront ensuite comme si on y était allés.

— Mais je n'ai pas de culotte de cheval !

— Dans ce cas, je ne saurais me commettre avec vous, cria Clive, et il bondit dehors.

Lorsque Maurice retourna au salon, il avait l'impression qu'il était plus fondé que quiconque à être là. Il se dirigea vers Mrs Sheepshanks, lui adressa la parole avant qu'elle ait pu placer un mot, et la traita avec un rien de condescendance. Il prit place dans l'absurde octuor qui se formait pour entrer dans la salle à manger : Clive et Mrs Sheepshanks, le Major Western et une dame, un autre convive et Pippa, lui-même et son hôtesse. Cette dernière le pria d'excuser la modestie de ce groupe. « Ne vous excusez pas », dit Maurice, et il vit que Clive lui jetait un regard malicieux : ce n'était pas la bonne formule. Du coup, Mrs Durham le mit sur la sellette ; mais il se moquait bien dorénavant de lui plaire. Physiquement elle ressemblait à son fils et paraissait tout aussi intelligente, mais elle n'avait pas sa sincérité et il comprit pourquoi Clive en était venu à la mépriser.

Après le dîner, les hommes fumèrent puis rejoignirent les dames. C'était une soirée bourgeoise qui aurait pu se passer chez lui sauf que ces gens avaient un air de ployer sous les responsabilités : d'eux dépendait ou allait bientôt dépendre le destin de l'Angleterre. Et pourtant (il l'avait remarqué en arrivant) les piliers du portail et les routes étaient en mauvais état, les menuiseries avaient besoin de réparations, les fenêtres joignaient mal, les parquets craquaient. Penge l'impressionnait moins qu'il ne s'y était attendu.

— Maurice, vous paraissez fatigué, vous aussi, lança Clive quand les dames se retirèrent.

Maurice saisit la perche, et cinq minutes plus tard, ils se retrouvaient dans leur petite salle d'études avec toute la nuit devant eux pour bavarder. Ils allumèrent leurs pipes. C'était la première fois qu'ils disposaient ensemble d'une telle liberté et ils allaient pouvoir échanger des mots exquis. Ils le savaient et pourtant ne se pressaient pas de commencer.

— Il faut d'abord que je vous dise la nouvelle, fit Clive. En arrivant ici, j'ai eu une grande scène avec ma mère. Je lui ai annoncé que je retournais encore un an à Cambridge…

Maurice poussa un cri.

— Qu'est-ce qui vous prend ? s'étonna Clive.

— Vous oubliez que j'ai été exclu !

— Mais vous revenez en octobre.

— Non. Cornwallis exigeait que je présente des excuses ; j'ai refusé en pensant que vous n'y seriez plus.

— Et moi, j'ai décidé d'y retourner en pensant que vous y seriez. C'est *La Comédie des erreurs.*

Maurice regardait devant lui d'un air sombre.

— Voyons, Maurice, c'est un quiproquo, pas une tragédie. Vous pouvez encore vous excuser.

— Trop tard.

Clive se mit à rire :

— Pourquoi trop tard ? Au contraire, c'est bien plus simple maintenant. Vous ne vouliez pas présenter vos excuses avant que le trimestre en cours ne soit terminé. « Cher Mr Cornwallis, à présent que le trimestre est achevé, je prends la liberté… » Je vous ferai un brouillon demain.

Maurice réfléchit un moment, puis il s'exclama :

— Clive, vous êtes un démon !

— Je suppose que j'ai en effet un petit côté hors-la-loi. Mais ces gens-là ne méritent pas mieux. Tant qu'ils parlent du vice inqualifiable des Grecs, ils ne peuvent pas s'attendre à ce qu'on se comporte loyalement avec eux. Quand je suis monté ici pour vous embrasser avant le dîner, ma mère ne l'avait pas volé, elle non plus. Elle n'aurait eu aucune pitié si elle l'avait su ; elle n'aurait jamais voulu comprendre que j'éprouve pour vous la même chose que Pippa pour son fiancé, en beaucoup plus noble, plus profond, plus absolu, ni sensualité ni « médiévalisme » désincarné, mais une harmonie particulière du corps et de l'âme dont je ne pense pas que les femmes puissent se faire une idée. Enfin, vous savez bien…

— Oui, je présenterai mes excuses.

Il y eut un intermède ; ils discutèrent du side-car dont on n'avait plus jamais entendu parler. Clive fit du café.

— Maintenant, racontez-moi tout, reprit-il. Qu'est-ce qui vous a poussé à venir dans ma chambre cette fameuse nuit après la réunion de la Conférence ? Je veux tout savoir.

— Je cherchais ce que je pourrais bien vous dire et je ne trouvais rien, si bien qu'à la fin je n'arrivais même plus à penser. Alors je suis simplement venu.

— C'est bien de vous !

— Vous me mettez en boîte ? demanda Maurice timidement.

— Grands dieux, non ! (Il y eut un silence.) Et le soir où je suis allé vers vous dans la cour ? Pourquoi nous avez-vous rendus tous les deux si malheureux ?

— Je ne sais pas. Je serais incapable de l'expliquer. Pourquoi m'avez-vous embrouillé les idées avec votre satané Platon ? Je ne savais plus où j'en étais. Depuis, j'ai compris beaucoup de choses…

— Pourtant, pendant des mois, vous avez bien tout mis en œuvre pour me conquérir, non ? En fait, depuis le premier soir de notre rencontre chez Risley.

— Ça, c'est mon affaire !

— Tout cela n'est pas très orthodoxe !

— C'est le mot !

Clive eut un petit rire ravi et se tortilla dans son fauteuil :

— Maurice, plus j'y réfléchis et plus je pense que le plus machiavélique des deux, c'est vous.

— Je veux bien !

— Si vous aviez eu le bon goût de me laisser seul, j'aurais traversé l'existence à demi éveillé. Éveillé intellectuellement, oui, et affectivement, dans un sens, mais le cœur silencieux. Peut-être nous sommes-nous éveillés mutuellement. J'aime à le croire en tout cas.

— Et vous, quand vous êtes-vous aperçu pour la première fois que je vous plaisais ?

— Ça, c'est mon affaire ! fit Clive en l'imitant.

— Non, soyez sérieux pour une fois ! Voyons, qu'est-ce qui vous a d'abord plu en moi ?

— Vous voulez vraiment le savoir ? interrogea Clive qui était dans cette disposition d'esprit que

Maurice adorait, mi-espiègle mi-passionné, l'humeur la plus tendre qui soit.

— Oui.

— Eh bien, c'est votre beauté.

— Ma quoi ?

— Votre beauté. J'ai toujours adoré ce jeune homme sur l'étagère.

— Je dois dire que j'en remontrerais à n'importe quelle œuvre d'art ! fit Maurice après avoir jeté un coup d'œil sur le Michel-Ange. Clive, bougre d'idiot ! Mais puisque vous en parlez, je trouve que vous êtes très beau, vous êtes l'être au monde le plus beau que j'aie jamais rencontré. J'aime votre voix, j'aime votre regard, j'aime tout ce qui se rapporte à vous jusqu'à vos vêtements, jusqu'à la pièce dans laquelle vous vous trouvez. Je vous adore.

Clive devint cramoisi.

— Relevez-vous et parlons d'autre chose, dit-il, redevenu sérieux.

— Je ne voulais pas vous fâcher.

— Je ne suis pas fâché, il fallait que ces choses soient dites une fois pour toutes, sans quoi nous n'aurions jamais su qu'elles étaient dans nos cœurs. Je ne savais pas. Du moins pas que c'était à ce point. Vous avez bien fait, Maurice.

Il ne changea pas de sujet mais le développa sous un angle qui l'avait intéressé récemment : l'influence du désir sur nos jugements esthétiques.

— Prenons, par exemple, ce tableau. Je l'aime parce que comme l'artiste je suis amoureux de son sujet. Je ne le juge pas avec les yeux d'un homme normal. Je crois qu'il y a deux voies pour arriver à la Beauté – l'une est « publique » : c'est celle qu'emprunte le monde entier pour aller vers Michel-Ange. L'autre est « privée » : nous sommes seulement quelques-uns à l'emprunter. Toutes deux nous mènent à lui. D'un autre côté, prenons Greuze. Je déteste le sujet de ses tableaux. Je n'ai donc à ma disposition qu'une seule voie pour l'atteindre. Le reste de l'humanité en a deux.

Maurice l'écoutait sans l'interrompre. Pour lui, tous ces discours n'étaient qu'un charmant fatras d'absurdités.

— Ces « voies privées » sont peut-être une erreur, conclut Clive. Tant qu'on représentera la figure humaine, on ne pourra empêcher qu'on les emprunte. Le paysage est le seul sujet de tout repos. Ou alors quelque chose de géométrique et froid. Je me demande si ce n'est pas cette idée que les mahométans et le vieux Moïse avaient derrière la tête. Toute représentation humaine suscite forcément la répulsion ou le désir, même si le spectateur en est à peine conscient. D'où le commandement « Tu ne te feras aucune image sculptée… », parce qu'il n'y a pas de représentation de la figure humaine qui soit universelle. Maurice, si nous récrivions l'histoire ? *La Théorie esthétique dans le Décalogue*. J'ai toujours été frappé que Dieu ne nous y ait pas damnés, vous et moi. Pendant longtemps j'y ai vu une marque de son équité, mais je suspecte maintenant qu'il ait été mal informé ! N'empêche, j'ai de quoi établir mon argumentation. En ferais-je un sujet de thèse ?

— Vous savez, je n'arrive pas très bien à vous suivre, avoua Maurice, un peu honteux.

Et leur tendre duo se poursuivit avec ce privilège qu'il bénéficiait d'un langage neuf. Aucune tradition ne les limitait. Aucune convention poétique ne les influençait. Ils vivaient un amour que peu d'esprits en Angleterre ont accepté de reconnaître et ils pouvaient donc donner libre cours à leurs facultés créatrices. Les mots les plus quotidiens, les émotions les plus simples les auréolaient de beauté et un sentiment de félicité inoubliable descendit dans leurs cœurs éblouis.

— Clive, ne voulez-vous pas m'embrasser ? demanda Maurice quand les moineaux s'éveillèrent sur les toits, et qu'au loin les ramiers commencèrent à roucouler.

Clive secoua la tête, et en souriant ils se séparèrent, ayant établi la perfection dans leurs vies, tout au moins pour un temps.

XVII

Il peut paraître étrange que Maurice se fût attiré les bonnes grâces de la famille Durham, mais le fait est qu'ils ne le voyaient pas d'un mauvais œil. Ils ne témoignaient d'hostilité qu'à ceux qui désiraient faire partie de leur cercle – c'était une véritable phobie –, et il leur suffisait d'entendre dire de quelqu'un qu'il souhaitait entrer dans la bonne société du comté pour que, aussitôt, ils l'en excluent. À l'intérieur de cette bonne société (lieu d'échanges solennels et de gestes pompeux qui ne signifiaient rien) on trouvait quelques élus – comme Mr Hall – que son destin ou ses arrêts laissaient indifférents et qui se fussent éloignés au besoin sans un soupir. Tout en considérant qu'ils lui accordaient une faveur en le traitant comme un des leurs, les Durham étaient enchantés qu'il ne leur en sache aucun gré, la reconnaissance étant curieusement liée dans leur esprit au manque de savoir-vivre.

Maurice, qui n'attendait d'eux que le gîte et la présence de son ami, n'avait pas remarqué le crédit dont il jouissait, et il fut étonné lorsque, vers la fin de son séjour, Mrs Durham lui réclama un entretien. Elle l'avait questionné sur sa famille et en avait découvert la médiocrité. Cette fois, pourtant, son attitude était pleine de déférence : elle voulait son opinion sur Clive.

— Nous avons besoin de votre aide, monsieur Hall. Clive a pour vous une telle estime ! Jugez-vous sage qu'il retourne encore un an à Cambridge ?

Maurice se demandait quel cheval il allait monter cet après-midi, et son expression préoccupée lui donnait un air profond.

— Après le déplorable spectacle qu'il a donné de lui-même à son *tripos*, est-ce bien raisonnable ?

— Il y tient beaucoup, prononça Maurice.

Mrs Durham approuva gravement :

— Vous avez mis le doigt dessus. Clive y tient beaucoup. Ma foi, il est son propre maître. Le domaine lui appartient. Il vous l'a dit ?

— Non.

— Eh bien, Penge lui revient entièrement, selon les dernières volontés de mon mari. Il me faudra emménager dans la maison du douaire quand il se mariera.

Maurice tressaillit ; elle le regarda et vit qu'il avait rougi. « Ainsi donc il y a une jeune fille en vue », pensa-t-elle. Négligeant provisoirement cette question, elle revint sur celle de Cambridge et fit observer le peu de profit que représentait une quatrième année pour un « croquant ». (Elle prononça le mot avec une joyeuse assurance.) Il était grand temps que Clive prenne sa place dans la région. Il y avait la chasse, il y avait ses fermiers, il y avait enfin la politique.

— Son père représentait la circonscription comme vous le savez sans doute.

— Non.

— Mais de quoi vous parle-t-il donc ? fit-elle en riant. Bref, mon mari a siégé pendant sept ans au Parlement et, bien que ce soient en ce moment les libéraux qui mènent, on sait que cela ne peut pas durer. Tous nos amis comptent sur lui. Encore faut-il qu'il vienne prendre sa place. Il a besoin de se préparer, et à quoi peuvent bien lui servir ces – j'oublie toujours le mot –, toutes ces études supérieures. Il devrait plutôt passer l'année à voyager. Il faudrait qu'il aille en Amérique et si possible aux colonies. C'est devenu absolument indispensable.

— Il parle de voyager après Cambridge. Il aimerait que je l'accompagne.

— Je l'espère bien… Mais pas la Grèce, monsieur Hall ! Ces voyages-là, ce sont des voyages pour s'amuser ! Sortez-lui l'Italie et la Grèce de la tête !

— Je préférerais moi-même l'Amérique.

— Naturellement ! N'importe quel être sensé dirait comme vous. Mais c'est un étudiant, un rêveur, Pippa prétend qu'il écrit des vers. Il ne vous en a jamais montré ?

Maurice avait vu un poème qu'il avait inspiré. Amusé, il garda le silence. Il découvrait chaque jour quelque nouvelle ironie de la vie. Était-ce bien lui qui avait été choqué, huit mois plus tôt, par quelqu'un comme Risley ? D'où lui venait ce regard neuf ? L'une après l'autre, les armées de l'humanité devenaient vivantes. Vivantes mais légèrement absurdes. Elles se méprenaient si profondément sur son compte ! Elles exposaient leurs faiblesses au moment où elles se croyaient le plus perspicaces. Il ne put s'empêcher de sourire.

— Évidemment vous en avez vu… (Puis brusquement :) Mr Hall, y a-t-il quelqu'un dans sa vie ? Une jeune fille de Newnham ? Pippa l'affirme.

— Alors, questionnez plutôt Pippa.

Mrs Durham fut impressionnée. Sa désinvolture avait frisé l'insolence. Il s'était tiré de chaque pas avec une pirouette. Qui se serait attendu à autant d'habileté de la part d'un jeune homme ? Sa victoire même paraissait le laisser indifférent, il était en train de sourire à un des invités qui traversait la pelouse dans leur direction.

— En tout cas, pour l'Amérique, essayez de le convaincre, dit-elle sur le ton qu'elle réservait à un égal. Il a besoin de réalités. J'ai remarqué cela l'année dernière.

Maurice plaida consciencieusement sa cause pendant qu'ils galopaient seuls dans la clairière.

— Vous prenez leur parti ? se rebiffa Clive. Alors qu'ils ne daigneraient même pas jeter un regard sur un type comme Joey !

Il était en pleine révolte contre sa famille. Il haïssait leur mélange de mondanité et de parfaite ignorance du monde.

— Quelle plaie, cette question des enfants ! ajouta-t-il comme il ralentissait le pas.

— Quels enfants ?

— Les miens ! La nécessité d'un héritier pour Penge. Ma mère appelle ça mariage mais je connais le fond de sa pensée !

Maurice resta silencieux. L'idée ne l'avait encore jamais effleuré que ni son ami ni lui ne laisseraient de descendance derrière eux.

— On me harcèlera sans répit. Il y a toujours quelque jeune fille invitée à la maison.

— Il ne nous reste qu'à finir…

— Quoi ?

— Rien, se reprit Maurice.

Il arrêta son cheval. Il avait beau se savoir à l'abri de ces tracasseries familiales, une immense tristesse l'envahissait. Son bien-aimé et lui partiraient de ce monde sans laisser de traces derrière eux. De leur passage sur cette terre rien ne subsisterait. Ils avaient su dépasser les conventions mais la Nature les défiait encore. Mrs Durham et sa mère manquaient peut-être de cœur ou d'intelligence, mais leur vie n'avait pas été entièrement stérile. Elles avaient transmis le flambeau à leurs fils et ils le laisseraient s'éteindre.

Il ne voulait pas chagriner son ami, mais son cœur déborda dès qu'ils furent allongés dans les fougères. Clive ne partageait pas son avis.

— Pourquoi des enfants ? protesta-t-il. Pourquoi faudrait-il nécessairement transmettre la vie ? Que l'amour trouve en soi sa propre fin est infiniment plus beau.

— Oui, mais si tout le monde…

Clive le ramena à eux-mêmes et murmura quelque chose à propos d'Éternité en une heure : Maurice ne comprit pas, mais la voix de son ami l'apaisa.

XVIII

Pendant les deux années qui suivirent, Maurice et Clive eurent autant de bonheur que des hommes peuvent en espérer sous le soleil. Par nature, ils étaient aimants et fidèles, et, grâce à Clive, extrêmement raisonnables. Clive savait que l'exaltation ne peut pas durer éternellement mais qu'elle peut ouvrir la voie à un attachement durable. Si Maurice avait fait jaillir leur amour, ce fut Clive qui le préserva. Il ne pouvait supporter qu'une seule goutte en fût gaspillée, même en amertume, même en sentimentalité, et, avec le temps, ils en vinrent à se passer même d'aveux (« Nous nous sommes tout dit ») et presque de caresses. Leur bonheur était d'être ensemble ; leur sérénité transparaissait dans leurs gestes de sorte qu'ils pouvaient garder leur place dans la société.

Clive s'était jeté dans cette voie dès qu'il avait compris les Grecs. L'amour que Socrate porte à Phèdre, il l'avait maintenant à sa portée, amour passionné, mais chaste et retenu, tel que seules

les natures les plus raffinées sont capables de le comprendre, et il trouvait en Maurice un partenaire dont l'âme n'était sans doute pas si raffinée, mais qui était délicieusement disposé à le suivre. Il entraîna le bien-aimé le long d'une voie étroite et sublime, très loin au-dessus de toutes les contingences. Rien sinon la mort n'interromprait leur course, et quand enfin les ténèbres descendraient sur eux, ils auraient au moins vécu plus pleinement que n'importe quel saint ou sensualiste, et exprimé jusqu'à leur essence toute la noblesse et toute la douceur du monde. Il éleva Maurice, ou plutôt son âme éleva celle de Maurice, car entre eux ils étaient devenus égaux. Ni l'un ni l'autre ne se demandait lequel dirigeait l'autre. L'amour avait arraché Clive à la confusion des sens et Maurice à la confusion des idées afin que deux âmes imparfaites atteignent à la perfection.

Extérieurement, ils vivaient comme tout le monde. La Société les recevait comme elle en recevait des milliers d'autres. Derrière elle sommeillait la Loi. Ils eurent leur dernière année à Cambridge. Ils voyagèrent en Italie. Puis les grilles se refermèrent : Clive préparait le barreau, Maurice prit le chemin de la Cité. Toutefois, ils étaient encore ensemble.

XIX

Entre-temps, leurs familles avaient fait connaissance. « Elles ne s'entendront jamais, avaient-ils prédit, elles appartiennent à des milieux trop différents. » Mais ils durent reconnaître leur erreur, et prirent un malin plaisir à les voir se fréquenter. Tous deux étaient misogynes, Clive surtout. Étant donné leur tempérament, il ne leur était jamais venu à l'idée de se conformer aux usages, fût-ce par devoir, et pendant leur liaison, les femmes leur étaient devenues aussi étrangères que les chevaux et les chats. Elles paraissaient tellement gourdes ! Quand Kitty demandait si elle pouvait tenir le bébé de Pippa, ou quand Mrs Durham et Mrs Hall visitaient de concert l'Académie royale, ils voyaient là une aberration de la nature plutôt qu'une transgression de l'ordre social, et se perdaient en conjectures. L'explication était plus simple. Dans l'une et l'autre famille, leur passion était l'élément dominant, et elle entraînait tout dans son sillage comme la force du courant entraîne un bateau. Mrs Hall et Mrs Durham se lièrent parce que leurs fils étaient liés, « Et maintenant, disait Mrs Hall, nous sommes, nous aussi, des amies ».

Maurice était présent le jour où leur « amitié » commença. Les mères de famille se rencontrèrent dans la maison londonienne de Pippa. Pippa avait épousé un Mr London, coïncidence qui frappa vivement Kitty et elle espérait qu'elle ne pouffe-rait pas de rire pendant le thé. Ada, jugée trop stupide pour une première rencontre, fut laissée à la maison sur les conseils de Maurice. Tout se passa bien. Puis Pippa et sa mère vinrent leur rendre la politesse. Maurice était en ville ce jour-là, mais de nouveau aucun heurt apparemment ne se produisit, si ce n'est que Pippa vanta à Ada l'intelligence de Kitty et à Kitty la beauté d'Ada, vexant ainsi l'une et l'autre, et que Mrs Hall déconseilla fortement à Mrs Durham l'installation du chauffage central à Penge. Il y eut une nouvelle rencontre, et toujours l'harmonie continuait à régner.

Mrs Durham avait bien sûr son idée derrière la tête : elle cherchait un parti pour Clive et les demoiselles Hall figuraient sur ses tablettes. Elle avait une théorie selon laquelle il n'était pas mauvais de procéder parfois à quelques croisements et Ada, bien que simple petite-bourgeoise, était une jeune personne saine. Certes la petite était idiote, mais Mrs Durham, quoi qu'elle pût affirmer, n'avait pas l'intention de se retirer dans son douaire et elle jugeait qu'elle pourrait plus facilement manœuvrer Clive à travers sa femme. Kitty répondait moins bien à ses critères. Elle était moins bête, moins jolie et moins riche. Ada hériterait de la moitié de la fortune de son grand-père et elle avait, d'ores et déjà, hérité de sa bonne humeur. Mrs Durham avait rencontré une fois le vieux Mr Grace et l'avait trouvé plutôt sympathique.

Si elle avait cru sentir que les Hall faisaient également des projets, elle se fût immédiatement ravisée. Comme Maurice, ils la tenaient par leur indifférence. Mrs Hall était trop paresseuse pour calculer, et les petites trop naïves, Mrs Durham se mit donc à considérer Ada comme un parti souhaitable et à l'inviter à Penge. Seule Pippa, sur laquelle un vent de modernité avait soufflé, commençait à trouver un peu étrange la froideur de son frère. « Clive, tu as bien l'intention de te marier un jour ? » lui demanda-t-elle une fois à brûle-pourpoint, mais sa réponse, « Non, tu peux l'annoncer à Mère », classa ses soupçons : c'est le genre de réponse qu'on fait quand on pense exactement le contraire.

Personne n'importunait Maurice. Il avait établi son pouvoir à la maison, et sa mère commençait à lui parler sur le ton qu'elle réservait autrefois à son mari. Il n'était pas seulement l'homme de la famille, il avait pris plus d'ascendant qu'on ne s'y fût attendu. Il tenait les domestiques, s'occupait de la voiture, avait sur toute chose des idées arrêtées, filtrait sévèrement les fréquentations de ses sœurs. À vingt-trois ans, il était un parfait tyran domestique en herbe dont la loi était la plus forte parce qu'elle était suffisamment douce et équitable. Kitty essayait bien de se rebeller, mais elle n'avait ni soutien ni expérience. Finalement elle devait s'excuser et recevait un baiser. Elle n'était pas de taille à lutter avec ce jeune homme enjoué et légèrement hostile et elle ne sut pas exploiter l'avantage que l'escapade de Cambridge lui avait fourni.

Maurice prit des habitudes. Chaque matin, après un copieux petit déjeuner, il attrapait le train de 8 h 36. Dans le train, il lisait le *Daily Telegraph*. Il travaillait à la Cité jusqu'à 1 heure, déjeunait légèrement, et se remettait au travail tout l'après-midi. De retour à la maison, il faisait un peu d'exercice, dînait copieusement, et le soir lisait le journal du soir, ou discourait devant la famille assemblée, ou jouait au billard ou encore au bridge.

Mais tous les mercredis, il allait dormir en ville dans le petit appartement de Clive. Ses week-ends aussi étaient sacrés. À la maison, on disait : « Il ne faut jamais toucher aux mercredis de Maurice ni à ses week-ends. Il serait extrêmement contrarié. »

XX

Clive passa ses examens de droit avec succès, mais juste avant la cérémonie de réception il attrapa la grippe. Maurice vint le voir pendant qu'il gardait le lit, l'attrapa à son tour, et dut également s'aliter. Les deux amis restèrent donc plusieurs semaines sans se voir et, quand ils se retrouvèrent, Clive était encore pâle et nerveux. Il descendit chez les Hall, préférant leur maison à celle de Pippa, dans l'espoir que la bonne nourriture et le calme le remettraient d'aplomb. Le soir de son arrivée il parla peu et tous ses propos tournaient autour de la vanité des choses d'ici-bas.

— Je suis devenu avocat parce que je vais peut-être entrer dans la vie politique, dit-il en réponse à une question d'Ada. Mais pour quoi faire ? Qui veut de *moi* ?

— Le comté vous réclame, d'après votre mère.

— Tout ce que le comté veut, c'est un radical. Seulement j'ai parlé à plus de gens que ma mère : ils en ont assez de nous autres oisifs qui nous trimbalons en voiture à la recherche de quelque chose à faire. Toutes ces solennelles allées et venues entre grandes familles, quelle dérision ! On ne voit cela nulle part ailleurs qu'en Angleterre. – À propos, Maurice, je pars pour la Grèce. Personne ne veut de nous ni de nos idées. Tout ce que les gens demandent, c'est une vie plus confortable.

— Mais rendre la vie plus confortable, c'est justement cela le rôle de la politique, glapit Kitty.

— C'est son rôle ou cela devrait l'être ?

— C'est pareil !

— Est et devrait être, ce n'est pas pareil, intervint sa mère, fière d'avoir saisi la distinction. Tu ne devrais pas être aussi catégorique, quand tu...

— L'es, compléta Ada, et l'éclat de rire général qui salua ce trait d'esprit fit tressaillir Clive.

— Est et devrait être, ce n'est pas du tout la même chose, conclut Mrs Hall.

— Pas toujours, la contredit Clive.

— Pas toujours, répéta-t-elle en écho. Rappelle-toi cela, Kitty.

Elle avait pris un air vaguement sentencieux : d'ordinaire, il ne prêtait pas tant d'attention à ses propos. Kitty s'entêtait bruyamment. Ada disait quelque chose. Maurice se taisait. Il mangeait placidement dans son coin, trop habitué à ce genre de scène pour remarquer la nervosité de son ami. À un moment donné, il raconta une anecdote. Tous firent silence pour l'écouter. Il parlait lentement, platement, sans prendre la peine de choisir ses mots ou d'intéresser son auditoire. « Excusez-moi, coupa soudain Clive, je crois que je vais m'évanouir », et il s'écroula par terre.

— Kitty, vite, un oreiller. Ada, de l'eau de Cologne, cria leur frère. (Il desserra le col de Clive.) Mère, évente-le ; non ; oui, comme ça !

— C'est idiot, murmura Clive.

Comme il disait ces mots, Maurice l'embrassa.

— C'est passé, je me sens bien, maintenant.

Les filles et une domestique entrèrent en courant.

— Je peux marcher, affirma-t-il en reprenant des couleurs.

— Certainement pas, s'écria Mrs Hall. Maurice va vous porter. Mr Durham, mettez les bras autour de Maurice.

— Allez-y, mon vieux. Laissez-vous faire. Un médecin ! Qu'on appelle un médecin !

Il souleva son ami qui était si épuisé qu'il se mit à pleurer.

— Maurice… quel idiot je fais.

— Ne vous cassez pas la tête pour ça, dit Maurice gentiment.

Il le porta jusqu'en haut, le déshabilla et le mit au lit. Mrs Hall frappa à la porte. Il la rejoignit sur le palier.

— Mère, ne raconte pas aux autres que j'ai embrassé Durham.

— Bien sûr que non.

— Il serait fâché. J'étais si bouleversé que je l'ai fait sans réfléchir. Tu sais que nous sommes très amis, c'est presque comme mon frère.

Il n'avait pas besoin d'en dire plus. Elle était ravie d'avoir de petits secrets avec son fils : cela lui rappelait le temps où elle était ce qu'il avait de plus cher. Ada les rejoignit avec une bouillotte qu'il apporta au malade.

— Le médecin va me voir dans cet état, sanglota Clive.

— Je l'espère bien.

— Pourquoi ?

Maurice alluma une cigarette et s'assit sur le bord du lit :

— Nous tenons à ce qu'il vous voie quand vous êtes au plus bas. Pourquoi Pippa vous a-t-elle laissé voyager ?

— Je croyais que j'étais rétabli.

— Grand nigaud !

— On peut entrer ? cria Ada à travers la porte.

— Non, le médecin seulement.

— Il est ici, annonça Kitty.

Un homme, guère plus âgé qu'eux, entra dans la pièce.

— Hello, Jowitt, fit Maurice en se levant. Remettez-moi vite ce gaillard-là sur pied. Il a eu la grippe et il était censé être guéri. Résultat : il s'est évanoui et n'arrête pas de pleurer.

— Je sais, je sais, fit le Dr Jowitt en plaçant un thermomètre dans la bouche de Clive. Il s'est surmené récemment ?

— Oui, et maintenant il parle d'aller en Grèce.

— Il ira. Pour l'instant, filez. Je vous verrai en bas.

Maurice obéit, convaincu que Clive était gravement atteint. Jowitt réapparut au bout d'une dizaine de minutes et annonça à Mrs Hall qu'il n'y avait rien de grave. Il rédigea une ordonnance et promit d'envoyer une infirmière. Maurice le suivit au jardin.

— Maintenant dites-moi tout, fit-il en posant une main sur son bras. Ce n'est pas une simple rechute. Je vous en prie, il faut que je sache.

— Mais il n'a rien, rien du tout, affirma l'autre, vaguement agacé, car il se piquait de dire la vérité. Je pensais que c'était assez clair. Sa crise de nerfs s'est calmée et il va s'endormir. Ce n'est qu'une banale rechute. Il faudra simplement qu'il soit plus prudent que la dernière fois, c'est tout.

— Et combien de temps peut durer cette banale rechute comme vous dites ? Ces effroyables douleurs risquent-elles de revenir ?

— Il est juste un peu patraque, je pense qu'il a dû prendre froid en voiture.

— Jowitt, vous n'osez pas me parler franchement. Voyons, un homme ne pleure pas comme ça sauf s'il va très mal.

— C'est probablement la fatigue.

— Comme vous voudrez, dit Maurice en retirant sa main. Je ne voudrais pas vous retenir.

— Mais pas le moins du monde, mon jeune ami. Je suis ici pour répondre à vos questions.

— Dans ce cas, puisque c'est aussi bénin, pourquoi faire venir une infirmière ?

— Pour le distraire. J'ai cru comprendre qu'il était à l'aise.

— Ne pouvons-nous pas le distraire nous-mêmes ?

— Non, à cause de la contagion. Vous étiez là quand j'ai dit à votre mère que personne ne devait entrer dans sa chambre.

— Je pensais que vous vouliez parler de mes sœurs.

— Cela vous concernait aussi, d'autant plus que vous avez déjà été contaminé une fois.

— Je ne veux pas d'infirmière.

— Votre mère a déjà téléphoné à la clinique.

— Pourquoi toujours cette fichue précipitation ! fit Maurice en élevant la voix. Je le veillerai moi-même.

— Et après, c'est vous qu'on aura sur les bras !

— Je vous demande pardon ?

Jowitt partit en riant.

D'un ton sans réplique, Maurice annonça à sa mère qu'il dormirait dans la chambre du malade. Il refusa qu'on lui dresse un lit pour ne pas le réveiller et, s'allongeant par terre, la tête sur un tabouret, il se mit à lire à la lueur d'un bougeoir. Au bout d'un petit moment Clive commença à s'agiter et émit un juron d'une voix faible.

— Vous avez besoin de quelque chose ? s'empressa Maurice.

— Mal au ventre !

Maurice le souleva du lit et l'installa sur la chaise percée. Quand il fut soulagé, il le porta de nouveau jusqu'à son lit.

— Je peux marcher. Vous ne devez pas faire des choses comme ça.

— Vous feriez pareil pour moi.

Il emporta le pot et alla le nettoyer. De voir son ami si faible et si diminué, il l'en aimait plus que jamais.

— Vous ne devez pas faire des choses comme ça, répéta Clive quand il revint. C'est trop répugnant.

— Ça ne me gêne pas, affirma Maurice en s'allongeant. Rendormez-vous.

— Le docteur m'a dit qu'il enverrait une infirmière.

— Qu'avez-vous besoin d'une infirmière ? C'est seulement un peu de diarrhée. Pour ce qui est de moi, vous pouvez continuer toute la nuit, ça ne me dérange pas. Je ne le dis pas par politesse. C'est la vérité pure et simple.

— Je ne peux pas accepter… Demain, vous travaillez…

— Écoutez, Clive, préférez-vous que ce soit une infirmière professionnelle qui vous veille ou bien moi ? Il y en a une qui doit venir tout à l'heure, mais j'ai donné l'ordre qu'on la renvoie parce que j'aime mieux laisser tomber le bureau pour vous veiller moi-même, et je pensais que vous aussi, vous préféreriez cette solution.

Clive resta si longtemps silencieux que Maurice crut qu'il s'était endormi. À la fin, il soupira :

— Je crois que je préférerais l'infirmière.

— Bon, d'accord. Vous serez plus à l'aise avec elle. Vous avez peut-être raison.

Clive ne répliqua pas.

Ada s'était proposée pour veiller dans la chambre en dessous. Comme ils étaient convenus, Maurice frappa trois coups sur le plancher puis, en attendant sa sœur, il contempla le visage défait de Clive. Le médecin ne l'avait pas convaincu : son ami était au plus mal. Il brûlait de le prendre dans ses bras, mais il se rappela que c'était ce geste qui avait provoqué la crise de nerfs. De plus, Clive se montrait réservé, presque scrupuleux. Comme Ada ne venait pas, il descendit et la trouva endormie. Elle était étendue, l'image même de la santé, dans un gros fauteuil de cuir, les bras pendants, les pieds allongés devant elle. Sa poitrine se soulevait à intervalles réguliers, son épaisse chevelure noire lui faisait un oreiller, et ses lèvres entrouvertes laissaient voir ses dents et une petite langue rose.

— Réveille-toi ! cria-t-il d'un ton irrité.

Ada ouvrit les yeux.

— Si tu crois que c'est ainsi que tu entendras la porte d'entrée quand la garde-malade arrivera !

— Comment va ce pauvre Mr Durham ?

— Très mal. Il est très malade.

— Oh Maurice ! C'est affreux !

— L'infirmière va rester. Je t'ai appelée, mais tu n'as pas bougé. Va te coucher maintenant puisque tu n'es même pas capable de te rendre un tant soit peu utile.

— Mère a dit que je devais attendre l'infirmière parce que ce n'est pas à un homme de la recevoir, ce ne serait pas convenable.

— Je me demande où vous trouvez le temps de penser à ces inepties.

— Nous devons songer à notre réputation.

Il resta un instant silencieux, puis il eut ce petit rire que les filles haïssaient. Au fond de leur cœur, elles détestaient tout en lui, mais elles étaient trop peu lucides pour se l'avouer. Son rire était le seul grief qu'elles reconnaissaient.

— Les infirmières ne sont pas des jeunes filles comme il faut. Une jeune fille comme il faut n'accepterait jamais d'être infirmière. Si elle fait ce métier, c'est qu'elle ne vient pas d'une famille comme il faut, ou alors elle resterait chez elle.

— Ada, qu'as-tu donc appris à l'école ?

— Pour moi, on apprend en restant à la maison.

Il reposa son verre avec un bruit sec et la laissa. Clive avait les yeux ouverts, mais il ne dit rien. Il n'eut pas même l'air de s'apercevoir que Maurice était revenu, et il ne réagit pas davantage à l'arrivée de l'infirmière.

XXI

Très vite, il apparut que le visiteur n'avait rien de grave. Sa grippe, malgré ce début dramatique, était moins sérieuse que la précédente, et bientôt le patient put retourner à Penge. Au physique comme au moral il n'était toujours pas très brillant ; c'était cependant prévisible après une si longue maladie, et Maurice était le seul à s'en inquiéter.

Maurice ne pensait que rarement à la maladie et à la mort, mais toujours avec une vive réprobation : elles n'avaient pas le droit de gâcher sa vie ni celle de son ami. Aussi se précipita-t-il avec toute la fougue de la jeunesse à sa rescousse. Il était sans cesse auprès de lui, se rendant à Penge pour le week-end sans y être convié, et apportant tous ses soins à le distraire plutôt qu'à le sermonner. Ses efforts restaient sans écho. En société, Clive était capable de s'animer, et même d'affecter de l'intérêt pour une question de servitude de passage qui avait surgi entre les Durham et les pouvoirs publics, mais dès qu'ils étaient seuls, il retombait dans son mutisme ou adoptait un ton mi-sérieux mi-railleur qui en disait long sur son désarroi. Il était résolu à aller en Grèce. C'était le seul point sur lequel il demeurait inébranlable. Il irait là-bas, bien que son départ dût tomber en septembre, et il irait seul. « Je dois le faire, arguait-il. C'est un vœu. Tout Barbare doit donner au moins une fois dans sa vie sa chance à l'Acropole. »

Maurice se souciait peu de la Grèce. Il n'avait jamais eu beaucoup de passion pour les classiques et son intérêt pour les textes licencieux s'était évanoui dès qu'il avait connu Clive. Ces histoires de Harmodios et d'Aristogiton, de Phèdre et de toute la clique des Thébains, c'était bon pour ceux dont le cœur était vide, mais cela ne valait pas la vie. Il gardait un bon souvenir de l'Italie – malgré la nourriture et les fresques –, mais s'était toujours refusé à pousser jusqu'à la Terre encore plus sacrée des dieux de l'autre côté de l'Adriatique. « Ça fait trop délabré, arguait-il. Un tas de vieilles pierres qui ont perdu leur peinture. On peut dire ce qu'on voudra, ça au moins (Il indiquait la bibliothèque de la cathédrale de Sienne.) c'est en bon état. » Clive, secoué de rire, sautillait de joie sur les dalles de marbre, et les gardiens riaient aussi au lieu de les gronder. Oui, l'Italie avait été une réussite – ce qu'on peut faire de mieux en matière de tourisme –, mais ces derniers temps, la Grèce était revenue sur le tapis. Maurice haïssait jusqu'à ce nom, et par un curieux retournement l'associait à la maladie et à la mort. Chaque fois qu'il avait un projet en tête, jouer au tennis ou bavarder tranquillement, la Grèce intervenait. Clive s'aperçut vite de son antipathie et commença à le taquiner assez méchamment.

Car Clive, maintenant, se montrait assez méchant : aux yeux de Maurice, c'était le symptôme le plus grave. Il lui lançait constamment des piques et profitait de ce qu'il le connaissait bien pour attaquer ses points sensibles. Il n'y réussit pas. Il connaissait Maurice moins bien qu'il ne croyait ou il aurait su que rien ne pouvait l'atteindre dans son amour. Si Maurice parfois ripostait, c'est seulement qu'il jugeait plus humain de réagir : il avait toujours détesté le précepte de l'Évangile selon lequel il faut tendre l'autre joue. En réalité rien ne l'atteignait. Le plus souvent, il poursuivait tranquillement une conversation parallèle, renvoyant la balle à Clive pour lui manifester sa présence tout en continuant, dans son for intérieur, son propre chemin vers la lumière dans l'espoir que le bien-aimé suivrait.

Leur dernière conversation eut lieu sur ce mode. C'était la veille du départ de Clive et il avait invité, en même temps que d'autres amis, toute la famille Hall à dîner au Savoy pour les remercier de leurs bons soins. « *Cette fois* si vous tombez de votre chaise, nous saurons ce que c'est ! » lança Ada avec un mouvement de tête en direction du champagne.

« À votre santé ! répliqua-t-il. Et à la santé de toutes les dames ! Allons, Maurice ! », il aimait se montrer légèrement vieux jeu. Chacun leva son verre et seul Maurice décela son amertume cachée.

Après la réception, il dit à Maurice :

— Vous rentrez chez vous ?

— Non, non, je vous suis.

— Je pensais que vous aimeriez raccompagner votre famille.

— Sûrement pas, monsieur Durham ! s'exclama Mrs Hall. Rien de ce que je peux dire ou faire ne lui ferait rater un mercredi. Maurice tient à ses habitudes comme un vieux garçon.

— Avec ce départ, l'appartement est sens dessus dessous, fit observer Clive. Je m'en vais demain matin et file directement sur Marseille.

Sans se laisser décourager, Maurice le suivit. Debout, l'un en face de l'autre, ils attendirent en bâillant l'ascenseur, montèrent sans un mot, gravirent un autre étage à pied, et longèrent un couloir qui rappelait celui de Risley à Trinity. Le petit appartement, plongé dans l'obscurité, se trouvait au bout. Comme l'avait annoncé Clive, il était en désordre et encombré de paquets, mais la femme de ménage qui habitait en ville avait, comme d'habitude, dressé un lit pour Maurice et préparé des boissons.

— Tenez, tant que j'y pense (Il tira une fiole de sa poche.), votre chlorodyne. Je savais que vous l'oublieriez.

— Un flacon de chlorodyne ! Votre contribution ! (Maurice acquiesça.) Un flacon de chlorodyne à emporter en Grèce ! Ada m'a dit que vous vous étiez mis dans la tête que j'allais mourir. Pourquoi vous tracassez-vous pour ma santé ? Il n'y a pas de quoi trembler. Je ne connaîtrai jamais d'expérience plus noble ni plus pure que la mort.

— Je sais bien comme tout le monde que je mourrai un jour, mais je n'ai pas envie de mourir ni de vous voir mourir. Si l'un de nous disparaît, il ne reste plus rien à l'autre. C'est cela que vous appelez une expérience pure et noble ?

— Exactement.

— Alors, je préfère l'ignominie, dit Maurice après un silence.

Clive frissonna.

— Vous n'êtes pas d'accord ?

— Tenez ! Vous devenez comme tout le monde. Vous finirez, vous aussi, par avoir des théories. Personne n'est capable de vivre tranquillement. Il faut toujours que chacun y aille de sa petite théorie. La vôtre va devenir « plutôt l'ignominie ». Eh bien ! moi je prétends que cela peut mener trop loin. Évidemment le Léthé – s'il existe – purifie tout. Mais existe-t-il ? Les Grecs se gardaient de trop conjecturer, mais peut-être pas encore assez. Peut-être n'y a-t-il pas d'oubli après la mort. Peut-être cette misérable vie continue-t-elle dans l'au-delà. En d'autres termes, après la mort, c'est peut-être l'enfer.

— Quelle ineptie !

Clive, d'ordinaire, était plutôt porté sur la métaphysique, mais cette fois, il poursuivit :

— Oublier tout, même le bonheur ! Et d'ailleurs le bonheur ! Un vague chatouillement des sens ou de la raison. Plût au ciel que nous ne nous fussions jamais aimés, car alors, au moins, Maurice, nous eussions reposé, l'âme sereine. Nous eussions dormi, paisibles, notre dernier sommeil auprès des Rois et des Grands de ce monde qui se bâtirent ces tombeaux désolés…

— Mais, bon sang, de quoi parlez-vous ?

— … Ou comme ces enfants prématurés qui n'ont jamais vu le jour. Mais puisque hélas… Voyons, ne faites pas cette tête-là !

— Alors cessez de faire le malin, répliqua Maurice, et épargnez-moi vos grands discours. Ils ne m'ont jamais beaucoup impressionné.

— Les mots dissimulent la pensée. C'est une autre théorie ?

— Les mots sonnent creux, et je n'aime pas tellement non plus vos pensées.

— Alors qu'est-ce que vous aimez en moi ?

Maurice sourit. Dès que Clive eut posé cette question, il se sentit heureux et garda le silence.

— Ma beauté ? interrogea Clive ironiquement. Ces charmes quelque peu flétris ? Je perds mes cheveux, vous avez remarqué ?

— Vous serez chauve comme un œuf avant trente ans !

— Encore ! s'exclama Clive. (Maurice aimait boire et supportait bien l'alcool.) Bon, parfait, moi je vais me coucher. Je vois que vous avez ce qu'il vous faut.

— Prenez bien soin de vous. N'abusez pas des ruines.

— Un œuf pourri ! Mais peut-être est-ce mon charmant caractère que vous appréciez ? Pendant et après ma maladie, j'ai dû être un délicieux compagnon !

Maurice le regarda avec tendresse. Il l'étudiait comme aux premiers jours de leur rencontre, sauf qu'en ce temps-là c'était pour essayer de le comprendre. Maintenant pour essayer de comprendre ce qui n'allait plus. La maladie le rongeait encore et affectait son humeur : c'était cela qui le rendait morose et désagréable. Maurice ne lui en voulait pas ; il espérait réussir là où la médecine avait échoué. Il était sûr de ses forces. Tout à l'heure il mettrait son amour dans la balance afin de guérir son ami, mais d'abord il l'étudiait.

— Oui, en fait, je crois que c'est pour mon caractère que vous m'aimez. Pour sa faiblesse. Vous avez toujours su à quoi vous en tenir. Vous êtes la délicatesse même, aimable et conciliant, vous ne me traitez jamais de haut comme vous avez fait avec votre famille au dîner.

On eût dit qu'il cherchait une querelle.

— De temps à autre, vous me rappelez à l'ordre. (Il pinça comme par jeu Maurice, lequel sursauta.) Qu'est-ce qui ne va pas ? Vous en avez assez ?

— Je vais me coucher.

— Donc, vous en avez assez. Pourquoi ne pouvez-vous pas répondre à une question ? Je n'ai pas dit « assez de moi », bien que je l'aurais pu.

— Vous avez retenu un taxi pour demain matin ?

— Non, ni pris mon billet. D'ailleurs je ne partirai peut-être pas. Ce sera sans doute aussi intolérable là-bas qu'ici.

— Bon, eh bien bonne nuit, mon vieux !

Maurice se dirigea, profondément inquiet, vers sa chambre. Pourquoi tout le monde affirmait-il que Clive était en état de voyager ? Clive lui-même savait bien que non. Lui, si méthodique d'ordinaire, il avait remis jusqu'au dernier moment l'achat de son billet. Il pouvait encore ne pas partir, mais exprimer cet espoir, c'était le condamner. Maurice se déshabilla. « Heureusement que je suis en forme », songea-t-il en se voyant dans la glace. Il apercevait un corps souple et bien exercé, et un visage qui ne le déparait plus. La virilité les avait harmonisés et ornés l'un et l'autre d'un duvet sombre. Il enfila son pyjama et se jeta sur son lit, heureux, malgré son anxiété, parce qu'il se sentait assez de vitalité pour deux. Clive l'avait aidé et l'aiderait encore quand le pendule reviendrait ; en attendant, c'était à lui de l'aider, et leur vie durant ils alterneraient ainsi. Tandis qu'il s'endormait, il eut une nouvelle vision de l'amour idéal qui n'était pas loin d'atteindre l'absolu.

Il y eut un coup contre la cloison qui séparait leurs chambres.

— Qu'est-ce qu'il y a ? cria-t-il, mais déjà Clive se tenait sur le seuil de la pièce.

— Je peux venir dans votre lit ?

— Allez-y, fit Maurice en se poussant pour lui faire place.

— Je me sens triste, je ne sais pas pourquoi. Je n'arrive pas à me réchauffer ni à trouver le sommeil.

Maurice ne se méprit pas. Il connaissait les idées de Clive et les partageait. Ils restèrent allongés côte à côte sans se toucher. Au bout d'un moment, Clive soupira : « Ce n'est pas mieux ici. Je vais me recoucher. » Maurice le laissa partir sans regret. Lui non plus n'arrivait pas à trouver le sommeil, mais pour un autre motif, et il craignait que Clive n'entende les battements désordonnés de son cœur et n'en devine la raison.

XXII

Clive était assis dans le théâtre de Dionysos. La scène était vide comme elle l'était depuis de multiples siècles et les gradins déserts ; le soleil s'était couché de l'autre côté de l'Acropole et brûlait encore les pierres. Il voyait des plaines arides qui descendaient vers la mer, et Salamine, et Égine, et les montagnes s'estompant dans un crépuscule violet. C'était là que ses dieux avaient établi leur demeure, et en premier lieu Pallas Athéna. Il pouvait, à son gré, imaginer son temple majestueux et sa statue auréolée par les dernières lueurs du couchant. Bien que vierge et stérile, elle comprenait tous les hommes. Depuis des années il voulait venir la remercier, car elle l'avait arraché à la tourbe.

Mais il voyait seulement une terre qui se mourait dans la lumière d'un jour mourant. Aucune prière ne montait à ses lèvres, il n'éprouvait rien, et il comprit que le passé était aussi dépourvu de sens que le présent, et un refuge pour les lâches.

Ainsi, il avait finalement écrit à Maurice. Sa lettre voguait maintenant sur la mer. Elle passerait au large de Colone et de Cythère, et, d'escale en escale, ferait voile vers l'Angleterre. Maurice la recevrait à l'heure où il partait au bureau. « Je n'y puis rien. Bien malgré moi, je suis devenu normal. » Le mot était lâché.

Il descendit les gradins d'un pas lourd. Qui peut empêcher qui que ce soit ? Pas seulement dans le domaine sexuel mais en toutes choses, les hommes se meuvent aveuglément, limon de la terre retournant à la poussière quand le cours hasardeux de leur existence est achevé. « Heureux par-dessus tout qui n'a pas reçu la vie[1] », soupiraient les acteurs à cette même place deux mille ans plus tôt. Même cette parole, pourtant moins vaine que la plupart, n'était que vanité.

1. Sophocle, *Œdipe à Colone*.

XXIII

Cher Clive,

Je vous supplie de revenir dès que vous aurez reçu ces lignes. J'ai consulté les horaires : en partant immédiatement vous pouvez arriver en Angleterre mardi en huit. Je suis très inquiet à votre sujet, car votre lettre montre à quel point vous êtes malade. Pendant quinze jours, j'ai attendu de vos nouvelles et voilà que je reçois deux lignes qui veulent dire, je suppose, que vous ne pouvez plus aimer quelqu'un de votre sexe. Nous verrons bien si c'est vrai quand vous serez là !

Je suis passé hier chez Pippa. Elle ne parlait que du procès et pense que votre mère a eu tort de fermer le chemin. Votre mère a expliqué au village que cette mesure ne les visait pas. J'étais venu pour avoir de vos nouvelles mais Pippa n'en avait pas non plus. Vous serez amusé d'apprendre que je me suis mis dernièrement à la musique classique, ainsi qu'au golf. Mes affaires au bureau marchent très bien. Ma mère est partie pour Birmingham après avoir pesé le pour et le contre pendant une semaine. Voilà toutes les nouvelles. Télégraphiez-moi tout de suite ainsi qu'en arrivant à Douvres.

Maurice.

Clive reçut cette lettre alors qu'il s'apprêtait à monter sur le Pentélique avec des connaissances nouées à l'hôtel. Arrivé au sommet, il la déchira en morceaux. Il avait cessé d'aimer Maurice et il faudrait qu'il le lui fasse comprendre clairement.

XXIV

Il s'attarda encore une semaine à Athènes pour le cas où il se serait trompé. Le changement avait été si brusque qu'il pensait par moments que Maurice avait raison et qu'il subissait simplement le contrecoup de sa maladie. Il se sentait humilié, car il se flattait de connaître son âme ou plutôt, comme il le disait, de se connaître lui-même depuis l'âge de quinze ans. Mais le corps est plus mystérieux que l'âme et ses secrets sont insondables. Il n'y avait eu aucun signe avant-coureur – juste une imperceptible modification de l'instinct vital, un présage : « Toi qui aimais les hommes, tu aimeras dorénavant les femmes. Comprends-le ou non, peu importe. » Il essaya alors de rationaliser ce changement, de l'analyser afin d'en être moins humilié. Mais c'était un événement du même ordre que la naissance ou la mort, et il échoua.

Cela commença pendant sa maladie – peut-être à cause d'elle – parce qu'il était alité, fiévreux, coupé de la vie quotidienne ; mais toute autre occasion eût aussi bien fait l'affaire. Il remarqua combien son infirmière était charmante et prit plaisir à lui obéir. Le premier jour où il put sortir, son regard s'attarda sur les passantes. Un chapeau, un rire, un parfum, une certaine façon de relever le bas d'une jupe ou de traverser délicatement une flaque – tous ces détails se confondaient en un tout charmant, et il était ravi de découvrir que les femmes souvent répondaient à son regard avec un plaisir égal au sien. Jamais les hommes ne se montraient sensibles à son admiration – ils ne s'en apercevaient pas ou bien alors ils étaient gênés. Mais les femmes trouvaient cet hommage naturel. Qu'elles fussent farouches ou modestes, elles comprenaient et lui ouvraient les portes d'un monde de délicieuse complicité. Pendant toute cette promenade, Clive fut radieux. Que les gens normaux étaient donc heureux ! Quel piètre lot avait été le sien pendant vingt-quatre ans ! Il bavarda avec son infirmière et eut l'impression qu'entre eux se tissaient des liens indestructibles. Il remarqua les statues, les affiches, les quotidiens. Comme il passait devant un cinéma, il y entra. En soi, le film était nul, mais celui qui l'avait fait, les hommes et les femmes qui le regardaient – tous participaient du même univers et il était des leurs.

En aucun cas son exaltation n'eût duré. Il était comme quelqu'un qui a recouvré l'ouïe, et pendant les premières heures, il entendit des sons suprahumains qui s'effacèrent quand il se fut adapté à la normale. Il n'avait pas gagné un sens supplémentaire, il en redécouvrait un, et sa vie ne serait pas longtemps restée un jour de fête. Elle s'assombrit sur-le-champ, car à son retour, Maurice l'attendait ; ce fut comme s'il recevait un coup sur la tête. Il se déroba en prétextant qu'il était trop fatigué pour parler, et la maladie de Maurice lui accorda un sursis durant lequel il se persuada qu'entre eux rien n'était changé et qu'il pouvait, sans trahir son ami, s'intéresser aux femmes. Il lui écrivit affectueusement et accepta sans appréhension l'invitation des Hall.

Il affirma qu'il avait dû prendre froid en voiture, mais au fond de lui il savait que la cause de sa rechute était d'ordre moral. Brusquement la compagnie de Maurice ou de n'importe qui de son entourage le rendait malade. Cette chaleur pendant le dîner ! La voix des Hall ! Leurs rires ! L'anecdote de Maurice ! Tout cela se mélangeait avec la nourriture – devenait nourriture. Incapable de différencier la matière de l'esprit, il s'évanouit.

Mais quand il ouvrit les yeux, ce fut pour connaître que son amour était mort, en sorte qu'il pleura lorsque son ami l'embrassa. De voir la sollicitude de Maurice augmentait encore sa détresse à tel point qu'il demanda à l'infirmière d'interdire sa chambre à Mr Hall. Il put alors se rétablir et s'enfuir à Penge où il se reprit à l'aimer autant que jamais jusqu'à ce qu'il arrive. Il mesurait son dévouement, son héroïsme même, mais son ami l'assommait. Il avait hâte de le voir repartir, et en fait, il alla jusqu'à le lui dire tant il était à bout de nerfs. Maurice hocha la tête et s'incrusta.

Clive ne s'abandonna pas sans lutte à la force de l'instinct. Il croyait à la suprématie de l'esprit et il essaya de se raisonner. Il devait redevenir comme autrefois. Il se détourna des femmes. Toutes ses tentatives ayant échoué, il adopta des expédients violents et puérils. L'un d'eux était son voyage en Grèce. L'autre, il ne pouvait se le rappeler sans dégoût. Pour qu'il réussisse, il eût fallu que tout sentiment entre eux fût mort. Il regrettait profondément d'en être passé par là, car Maurice lui inspirait désormais une répulsion physique qui rendait encore plus délicates leurs futures relations, et il eût souhaité rester ami avec son ancien amoureux et l'aider à surmonter cette épreuve. Tout était si compliqué ! Quand l'amour disparaît, le souvenir qu'il laisse ne lui ressemble pas. Heureux les gens incultes, car ils n'ont pas de mémoire et ne savent pas la folie de leurs désirs anciens ni des longues heures passées à divaguer ensemble !

XXV

Clive ne télégraphia pas. Il ne partit pas non plus tout de suite. Malgré son désir d'être gentil, et bien qu'il s'efforçât de penser à Maurice sans parti pris, il se refusait à lui céder comme autrefois. Il rentra en Angleterre sans se presser et lui envoya finalement de Folkestone un télégramme à son bureau. Il pensait le trouver à Charing Cross et, ne voyant personne, il prit un train pour la banlieue afin de s'expliquer avec lui le plus rapidement possible. Il se sentait calme et débordant de bienveillance.

On était en octobre ; c'était le soir. Les feuilles mortes, le brouillard, le cri d'une chouette l'emplissaient d'une douce mélancolie. Il aimait cette atmosphère du Nord dont la devise n'est pas « absolu » mais « compromis ». Son ami et lui trouveraient bien une solution qui n'exclurait pas les femmes. Assagis et nostalgiques, mais sereins, ils verraient leur amour glisser vers l'amitié comme la nuit succède au soir. Il aimait aussi la nuit. Elle était repos et apaisement. Il ne faisait pas encore tout à fait noir. Juste comme il allait s'égarer en sortant de la gare, il aperçut un réverbère, puis un autre. Il y avait des chaînes le long de chaque rue, et il en suivit une jusqu'à destination.

Kitty entendit sa voix et sortit du salon pour l'accueillir. Il l'avait toujours moins aimée que le reste de la famille – ce n'était pas une vraie femme, comme il le disait maintenant. Elle lui annonça que Maurice était retenu dehors toute la soirée par ses affaires.

— Mère et Ada sont à l'église, ajouta-t-elle. Elles ont dû y aller à pied parce que Maurice tenait absolument à prendre la voiture.

— Où est-il allé ?

— Comment le saurais-je ? Il ne dit jamais rien. Nous en savons encore moins sur lui qu'avant votre départ, si c'est possible. C'est devenu un monsieur très mystérieux.

Elle lui servit du thé en fredonnant. Son manque de charme et de sensibilité opéra sur lui un revirement en faveur de son frère. Elle continua à se plaindre sur ce ton geignard qu'elle avait hérité de Mrs Hall.

— L'église n'est qu'à cinq minutes d'ici, fit observer Clive.

— Oui, mais elles auraient été là pour vous recevoir s'il avait daigné nous prévenir. Il fait des cachotteries, et après ça, il se moque des filles !

— C'est moi qui ne l'ai pas prévenu.

— Comment était la Grèce ?

Il lui raconta. Elle s'ennuyait autant que son frère se fût ennuyé, mais n'avait pas comme lui le don de comprendre au-delà des mots. Clive se rappela combien de fois il avait parlé à Maurice et sentit pour finir que cette conversation les avait rapprochés. Il y avait beaucoup à sauver de la faillite de leur amour. Maurice était un type formidable, et il savait se montrer merveilleux une fois qu'il avait compris.

Kitty, à son tour, se mit à parler d'elle-même non sans finesse. Elle avait demandé à suivre des cours d'économie domestique et sa mère y aurait consenti si Maurice n'avait mis son veto en apprenant que les frais de scolarité s'élevaient à trois guinées par semaine. Les griefs de Kitty étaient surtout d'ordre financier. Elle voulait disposer d'un budget personnel. Ada en avait un. En tant que future héritière, Ada devait « apprendre la valeur de l'argent. Mais moi, je peux bien rester ignorante ». Clive décida qu'il dirait à son ami de mieux traiter la jeune fille. Une fois déjà il était intervenu, et Maurice, avec la meilleure grâce du monde, lui avait fait sentir qu'il pouvait tout dire.

Une voix profonde les interrompit : ces dames revenaient de leurs dévotions. Ada entra, vêtue d'un tricot et d'une jupe grise, un béret sur le front. La brume d'automne avait laissé un délicat halo sur sa chevelure. Elle avait les joues roses et les yeux brillants. Elle était visiblement ravie de le revoir et, bien que ses exclamations de surprise fussent les mêmes que celles de Kitty, elles produisirent sur lui un effet différent.

— Pourquoi ne pas nous avoir averties ? s'écria-t-elle. Nous vous aurions préparé un vrai dîner anglais !

Il affirma qu'il devait bientôt retourner en ville, mais Mrs Hall insista pour qu'il reste coucher et il accepta avec plaisir. La maison maintenant s'emplissait de tendres souvenirs, surtout lorsqu'il entendait parler Ada. Il avait oublié qu'elle était aussi différente de Kitty.

— Je vous ai prise pour Maurice, lui dit-il. C'est extraordinaire comme vos voix se ressemblent.

— C'est parce que je suis enrouée, répliqua-t-elle en riant.

— Non, non, elles se ressemblent, fit Mrs Hall. Ada a la même voix que Maurice. D'ailleurs elle a son nez, sa bouche aussi naturellement, et puis sa bonne humeur et sa solide santé. Je m'en suis souvent fait la réflexion. D'un autre côté, Kitty a son intelligence.

Ils rirent. Visiblement les trois femmes s'aimaient beaucoup. Clive découvrait entre elles des liens qu'il n'avait pas devinés : en l'absence de l'homme de la maison elles s'épanouissaient. D'ordinaire les plantes ont besoin de soleil, mais il en est qui ne s'ouvrent que le soir et les Hall lui rappelaient ces œnothères qui, à Penge, ornaient une allée écartée. Lorsqu'elle se tournait vers sa mère, même Kitty devenait belle et il se promit de chapitrer Maurice à son sujet, sans méchanceté bien sûr, car Maurice aussi était beau et il occupait une grande place dans sa nouvelle vision du monde.

Sur les conseils du Dr Barry, les filles avaient commencé à suivre des cours de secourisme et, après le dîner, Clive se prêta obligeamment à une séance de travaux pratiques. Ada lui banda le cuir chevelu et Kitty la cheville, tandis que Mrs Hall papillonnait autour d'eux, radieuse, en répétant :

— Ma foi, monsieur Durham, j'aime mieux ça comme maladie que la dernière fois !

— Madame Hall, si vous m'appeliez par mon prénom ?

— Volontiers, mais pas vous les enfants.

— Mais si, Kitty et Ada aussi.

— Alors, hello Clive ! crièrent-elles.

— Hello, Kitty, hello, Ada ! (Mais il avait rougi.) C'est mieux ainsi. Je déteste les cérémonies.

— Nous aussi, s'écrièrent-elles en chœur. D'ailleurs nous n'avons jamais attaché d'importance au qu'en-dira-t-on, ajoutèrent ces demoiselles en le fixant avec des yeux candides.

— Maurice, en revanche, observa Mrs Hall, est très à cheval sur les convenances.

— Maurice est un vaurien... Aouh ! vous me tirez les cheveux !

— Aouh ! Aouh ! imita Ada.

Le téléphone sonna.

— Il vient de trouver votre télégramme, annonça Kitty. Il veut savoir si vous êtes ici.

— Oui, je ne bouge pas.

— Dans ce cas, il rentre. Attendez, il voudrait vous parler.

Clive prit le récepteur mais seul un bourdonnement lui parvint. Ils avaient été coupés. Impossible de rappeler puisqu'ils ignoraient d'où Maurice téléphonait. Clive se sentit soulagé. Au fur et à mesure qu'approchait l'instant décisif, il éprouvait une certaine appréhension. Il était si heureux ainsi au milieu de ses bandages. Son ami arriverait toujours assez tôt. Pour l'instant Ada se penchait sur lui. Il voyait des traits qu'il connaissait bien, magnifiés par l'éclairage indirect. Il reconnaissait ces cheveux et ces yeux sombres, et cette bouche familière – sauf que celle de Maurice s'ornait d'une moustache –, puis son regard se posa sur les courbes de son corps. Elle était exactement la transition dont il avait besoin. Il avait déjà vu des femmes plus séduisantes, mais d'aucune n'émanait une telle sérénité. Elle était le compromis entre le souvenir et le désir ; elle était la nuit calme que la Grèce n'avait jamais connue. Aucune controverse ne l'atteignait parce qu'elle était la tendresse qui réconcilie le présent et le passé. Il n'aurait jamais imaginé qu'une telle créature pût exister sur terre et il ne croyait pas au Ciel. Beaucoup de choses soudain devenaient possibles. Il lisait dans ses yeux un peu de son espoir reflété. Il savait qu'il pouvait se faire aimer d'elle et cette certitude l'enchantait modérément. Pour l'instant, la douceur du moment présent lui suffisait Seule la crainte de voir Maurice arriver jetait une ombre sur son bonheur. Le passé devrait rester le passé. À chaque bruit de voiture, les femmes sortaient précipitamment de la pièce pour voir si ce n'était pas Maurice, et il en profitait pour retenir Ada auprès de lui. Bientôt comprenant qu'il le souhaitait, elle resta d'elle-même.

— Si vous saviez comme c'est bon de se retrouver en Angleterre, lui dit-il brusquement.

— Ce n'était pas bien, la Grèce ?

— Abominable.

Elle parut peinée et Clive poussa un soupir. Leurs yeux se rencontrèrent.

— Je suis désolée pour vous, Clive.

— Bah ! C'est passé.

— Qu'est-ce qui au juste…

— Je vais vous le dire, Ada : pendant que j'étais en Grèce, j'ai dû reconsidérer ma vie de fond en comble. Ce n'est pas chose facile, mais je crois que j'y suis arrivé.

— Nous parlions souvent de vous. Maurice disait que vous aimeriez la Grèce.

— Maurice ne sait pas… Personne au monde ne sait. Vous êtes la seule à qui j'en aie tant dit. Vous êtes capable de garder le secret ?

— Bien sûr.

Clive était embarrassé. La conversation avait pris un tour délicat. Mais Ada ne s'attendait jamais à ce qu'on eût de la suite dans les propos. Être seule avec Clive, qu'elle admirait innocemment, lui suffisait. Elle lui dit combien elle était heureuse qu'il fût de retour. Il opina chaleureusement.

— Surtout de retour ici !

— Voilà la voiture ! cria Kitty.

— Ne partez pas, supplia-t-il en lui prenant la main.

— Il le faut… Si Maurice…

— Au diable Maurice !

Il la retint. Il y eut un brouhaha dans le vestibule.

— Où est-il passé ? rugissait son ami. Qu'en avez-vous fait ?

— Ada, allons faire un tour ensemble demain. Il faut que je vous revoie… Promis ?

Son frère fit irruption. En voyant les bandages, il crut à un accident. Ils rirent de sa méprise.

— Enlevez ces chiffons, Clive ! Pourquoi les avez-vous laissées faire ? Ma parole ! C'est qu'il a une mine superbe ! Vous savez que vous avez une mine superbe ! Bravo ! Venez boire un verre. Je vais vous aider à vous débarrasser de tout ça… Non, les filles, pas vous.

Clive le suivit, mais avant de quitter la pièce, il se retourna et vit qu'Ada lui adressait un petit signe d'assentiment.

Dans son manteau de fourrure, Maurice avait l'air d'un immense animal. Il le retira dès qu'ils furent seuls et s'avança en souriant.

— Ainsi vous ne m'aimez plus ? lança-t-il d'un ton de défi.

— Laissons ça pour demain, fit Clive en détournant les yeux.

— D'accord. Buvez un verre.

— Maurice, je ne veux pas de scène.

— Et moi, j'y tiens.

Clive repoussa son verre. L'orage devait éclater.

— Ne parlez pas ainsi, je vous en prie, vous ne me facilitez pas la tâche.

— Je veux une explication et je l'aurai. (Retrouvant ses anciennes manières, il glissa la main dans les cheveux de Clive.) Asseyez-vous et maintenant répondez-moi : pourquoi m'avez-vous écrit cette lettre ?

Clive garda le silence. Il contemplait avec une consternation croissante ce visage qu'il avait un jour aimé. L'horreur de la masculinité lui était revenue et il se demandait ce qui se passerait si Maurice essayait de le serrer dans ses bras.

— Pourquoi cette lettre, hein ? Maintenant que vous êtes rétabli, expliquez-moi.

— Éloignez-vous de ce fauteuil et je vous le dirai.

Il se lança alors dans un petit discours qu'il avait soigneusement préparé. C'était aussi impersonnel et scientifique que possible afin d'épargner Maurice.

— Je suis devenu normal – enfin, je veux dire, comme les autres hommes. Que s'est-il passé, je n'en sais rien. Je suis incapable de l'expliquer, pas plus que je ne saurais dire comment je suis né. Ça n'a rien à voir avec la raison, c'est en dehors de ma volonté. Posez-moi toutes les questions que vous voudrez. Je suis venu ici pour y répondre. Par écrit, je ne pouvais pas entrer dans les détails. Mais j'ai écrit cette lettre, parce que c'était la vérité.

— La vérité, dites-vous ?

— C'était et c'est la vérité.

— Donc vous ne vous intéressez plus qu'aux femmes ?

— J'ai beaucoup d'attachement pour les hommes aussi, mais au vrai sens du terme.

— On parlera de ça tout à l'heure, coupa Maurice.

Lui ausi se montrait impersonnel. Cependant il ne s'était pas éloigné du fauteuil. Sa main reposait toujours sur la tête de Clive dont les bandages étaient entortillés. De la gaieté il était passé à une sollicitude inquiète. Il ne songeait qu'à soigner et Clive, malgré sa répulsion, comprit, devant la perfection de cet amour, l'étendue du gâchis et l'ironie du destin.

— Qui vous a fait changer ?

La formule lui déplut.

— Personne. C'est un changement purement physique qui s'est produit en moi.

Et il commença à raconter comment il en était venu à cette découverte.

— L'infirmière, évidemment, fit Maurice d'un ton méditatif. Vous auriez dû m'en parler plus tôt. Je sentais que quelque chose clochait, et j'ai pensé à tout sauf à ça. On ne devrait jamais garder de secrets pour soi, ou alors ils prennent des proportions énormes. On devrait toujours parler, parler, parler - pourvu qu'on ait quelqu'un à qui parler, comme c'est notre cas. Si vous l'aviez fait, à l'heure qu'il est, vous n'en seriez pas là.

— Pourquoi ?

— J'aurais tout arrangé.

— Comment ?

— Vous verrez, répliqua-t-il en souriant.

— C'est inutile - j'ai changé.

— « Chassez le naturel, il revient au galop. » Clive, vous êtes bouleversé, vous ne savez plus où vous en êtes. Tout ça provient de votre maladie. Je ne suis plus inquiet. Physiquement vous êtes rétabli. Vous paraissez même heureux. Le reste va suivre. Je devine que vous n'osiez pas m'en parler parce que vous aviez peur de me faire de la peine. Mais tous les deux, nous n'en sommes plus à prendre des gants. Vous auriez dû tout me dire. Ne suis-je pas là pour ça ? Je suis le seul à qui vous puissiez vous fier. Nous sommes l'un et l'autre des hors-la-loi. Si les gens savaient, tout ceci (Il indiqua le confortable intérieur bourgeois.) nous serait enlevé.

— Mais puisque je vous dis que j'ai changé ! s'impatienta Clive.

On ne peut comprendre que ce qu'on connaît par expérience. Maurice pouvait admettre qu'on ne sache plus où on en est, mais pas qu'on puisse changer.

— Vous *croyez* seulement avoir changé, répliqua-t-il en souriant. Moi aussi, je croyais avoir changé quand Miss Olcott était là, mais tout a été fini dès que je vous ai retrouvé.

— Mais enfin, je me connais moi-même ! cria Clive qui s'échauffait. (Il se leva de son fauteuil.) Jamais je n'ai été comme vous !

— Vous l'êtes devenu. Rappelez-vous ma réaction quand…

— Bien sûr, je me la rappelle ! Ne soyez pas puéril !

— Nous nous aimons et nous le savons. Alors je ne vois vraiment pas ce qui…

— Pour l'amour du ciel, Maurice, taisez-vous ! Si j'aime quelqu'un, c'est Ada. Je cite ce nom au hasard pour vous donner un exemple.

Mais un exemple, c'était quelque chose que Maurice ne pouvait concevoir.

— Ada ? répéta-t-il en changeant de voix.

— C'était seulement pour que vous compreniez ce que je veux dire.

— Mais vous la connaissez à peine.

— Je ne connaissais pas davantage mon infirmière ni les autres femmes que j'ai pu croiser. Je vous répète qu'il ne s'agit pas d'une personne en particulier, mais d'une attirance en général.

— Qui était à la maison quand vous êtes arrivé ?

— Kitty.

— Pourtant il s'agit d'Ada et non pas de Kitty.

— Oui, mais je ne veux pas dire… Enfin, Maurice, ne soyez pas stupide !

— Alors qu'est-ce que vous voulez dire ?

— Quoi qu'il en soit, maintenant vous avez compris, trancha Clive, pressé de revenir sur un terrain plus impersonnel. (Et reprenant le fil du discours qu'il avait préparé, il en arriva aux mots de réconfort qui devaient le conclure :) J'ai changé. Mais je tiens à ce que vous sachiez que cela ne modifie en rien notre amitié qui est réelle. J'ai énormément d'affection pour vous – plus que pour n'importe quel homme au monde. (En cette minute, il n'en pensait pas un mot.) J'ai pour vous autant de respect que d'admiration. L'estime et non la passion, voilà le véritable lien.

— Vous avez dit quelque chose à Ada avant que je n'entre ? Vous n'avez pas entendu le bruit de la voiture ? Pourquoi Kitty et ma mère sont-elles venues à ma rencontre et pas vous ? Vous avez sûrement dû m'entendre arriver. Vous saviez que je lâchais mon travail pour vous. Vous n'êtes pas venu me parler au téléphone. Vous ne m'avez pas télégraphié. Vous n'êtes pas tout de suite rentré de Grèce. Vous voyiez souvent Ada quand vous veniez ici ?

— Écoutez, mon vieux, je n'ai pas l'intention de répondre à un interrogatoire en règle.

— Vous disiez le contraire tout à l'heure.

— Pas au sujet de votre sœur.

— Et pourquoi pas ?

— Oh ! Cessez à la fin ! Je vous disais donc que c'est l'estime qui constitue le véritable lien entre les êtres. On ne bâtit pas sur du sable, et la passion n'est que sable. Il faut construire sur du roc…

— Ada ! cria brusquement Maurice d'un air résolu.

Clive poussa un cri d'effroi.

— Que lui voulez-vous ?

— Ada ! Ada !

Clive se précipita vers la porte et la ferma à clé.

— Maurice, il ne faut pas que cela se termine ainsi – pas de scène ! implora-t-il.

Mais voyant que Maurice approchait, il retira la clé et la garda dans son poing fermé, car l'esprit chevaleresque s'était finalement éveillé en lui.

— Vous ne pouvez pas compromettre une femme, balbutia-t-il. Je ne le permettrai pas !

— Lâchez cette clé !

— Je n'en ai pas le droit. N'envenimez pas la situation. Non ! Non !

Maurice se précipita vers lui, Clive lui échappa ; ils tournèrent autour du gros fauteuil en se querellant à voix basse.

Ils se colletèrent haineusement, puis se séparèrent pour toujours tandis que la clé tombait entre eux.

— Clive, je vous ai fait mal ?

— Non.

— Mon bien-aimé, je ne voulais pas.

— Ce n'est rien.

Ils se regardèrent un moment avant de partir chacun vers son destin.

— Quelle horrible fin ! C'est affreux ! sanglota Maurice.

— J'ai infiniment d'affection pour elle, soutint Clive, très pâle.

— Qu'est-ce qui va se passer maintenant ? gémit Maurice en se laissant tomber dans le fauteuil. (Il s'essuya les lèvres.) Faites ce que vous voulez. J'ai mon compte.

Comme Ada attendait toujours dans le couloir, Clive sortit lui parler. Il se devait d'abord aux dames. Il lui prodigua quelques vagues paroles d'apaisement, puis retourna vers le fumoir. Mais la porte de communication était maintenant fermée. Il entendit Maurice éteindre la lumière et s'asseoir lourdement.

— Ne faites pas l'idiot, chuchota-t-il nerveusement.

Il n'obtint pas de réponse. Clive ne savait trop quoi faire. De toute façon, il ne pouvait plus rester dans la maison. Usant de ses prérogatives masculines, il annonça qu'il devait, tout compte fait, rentrer en ville et les femmes n'élevèrent pas d'objection.

Il abandonna l'obscurité de la maison pour celle de l'extérieur. Il retrouva les feuilles mortes, le cri de la chouette et le brouillard, mais les réverbères étaient maintenant éteints. Tout était sombre, et une nuit noire qui n'était plus « compromis » l'enveloppait comme elle enveloppait son ami. Lui aussi souffrait et regrettait ce dénouement. Mais il savait que l'aurore viendrait. De nouveau le soleil se lèverait pour lui. De nouveau il aimerait. Il aimerait une femme. Du fond de son chagrin, il le savait. Il n'épouserait pas Ada – elle n'avait été qu'une transition. Il épouserait quelque déesse de son nouvel univers et rien en elle ne lui rappellerait Maurice Hall.

XXVI

Pendant trois ans, Maurice avait été si heureux qu'il continua sur sa lancée un jour de plus. Il s'éveilla le lendemain avec le sentiment que tout allait bientôt s'arranger. Clive reviendrait en lui faisant ou non des excuses, à son choix, et Maurice lui présenterait les siennes. Il fallait que Clive l'aime puisque son existence entière reposait sur cet amour et qu'à la maison la vie continuait comme à l'accoutumée. Quand il revint le soir et ne trouva pas de nouvelles, il laissa sa famille se perdre en conjectures sur le départ de son ami, mais il commença à regarder Ada. Elle paraissait triste. Même sa mère le remarqua. Il l'observa à la dérobée. Si le nom de sa sœur n'était pas intervenu dans la conversation, il eût considéré la scène d'hier comme un des « numéros habituels » de Clive, mais il avait cité Ada à titre d'exemple, et Maurice se demanda pourquoi elle était triste.

— Dis-moi un peu…, lança-t-il lorsqu'ils furent seuls.

Il n'avait aucune idée de ce qu'il allait dire, bien qu'un sentiment soudain de rage eût dû l'avertir.

— Qu'est-ce que tu as ? interrogea-t-il en tremblant.

Elle lui répondit d'une voix indistincte.

— Rien.

— Je vois bien qu'il y a quelque chose. Ne me dis pas le contraire.

— Mais non, je t'assure.

— Qu'est-ce… Qu'est-ce qu'*il* t'a dit ?

— Mais… rien du tout.

— Qui est-ce qui n'a rien dit du tout ? hurla-t-il en abattant le poing sur la table.

Elle s'était laissé prendre.

— Eh bien… mais Clive.

Ce prénom dans sa bouche le mit à la torture. Il souffrait tous les tourments de l'enfer, et avant d'avoir pu se maîtriser, il avait prononcé des mots irréparables. Il accusa sa sœur d'avoir débauché son ami. Il lui laissa croire que Clive s'était plaint de sa conduite et que c'était à cause d'elle qu'il était parti. Elle était si outragée par cette injure qu'elle n'arrivait même pas à se défendre. Elle ne pouvait que sangloter, sangloter, et elle l'implora, comme si elle était coupable, de ne rien dire à leur mère. Il acquiesça ; la jalousie l'avait rendu fou.

— Mais lorsque tu le verras – Mr Durham –, dis-lui bien qu'il n'y a personne au monde que je ne…

— Souhaite davantage corrompre, compléta-t-il avant de se rendre compte de sa propre ignominie.

Se cachant le visage dans les mains, Ada s'effondra.

— Je ne le lui dirai pas, cria Maurice. Je n'en aurai plus jamais l'occasion. Tu peux te féliciter d'avoir brisé cette amitié-là.

— Ça m'est égal, sanglota-t-elle. Tu as toujours été si méchant avec nous !

Il se tut enfin. Kitty lui avait déjà lancé ce genre de remarque, mais jamais Ada. Il comprit que, sous leurs airs dociles, ses sœurs ne l'aimaient pas. Même à la maison, on le rejetait. « Ce n'est pas ma faute », bredouilla-t-il, et il la quitta.

Un être plus raffiné se fût mieux conduit et eût peut-être moins souffert. Maurice n'était ni intellectuel ni mystique. Il n'avait pas non plus cette étrange faculté qu'ont certains de s'apitoyer sur eux-mêmes. Excepté sur un point, il était on ne peut plus ordinaire, et il réagit comme n'importe quel homme ordinaire abandonné, après deux ans de bonheur, par sa femme. Peu lui importait que la Nature eût ramené au bercail une brebis égarée. Tant qu'il aimait, il raisonnait logiquement. À présent, il tenait la « conversion » de Clive pour une trahison dont Ada portait la responsabilité, et en quelques heures il retomba dans l'abîme où il s'était débattu, enfant.

Après cette crise, sa vie reprit son cours habituel. Tous les matins, il prenait son train pour la Cité, lisait ses journaux habituels, et discutait des grèves et des lois sur le divorce avec ses amis. Au début, il fut fier de si bien se dominer. Ne tenait-il pas la réputation de Clive dans le creux de sa main ? Puis il devint plus amer : il regrettait de ne pas avoir hurlé tant qu'il en avait la force et jeté bas cette façade de mensonges. Que lui importait d'être lui aussi compromis ? Sa famille, sa position sociale – pendant des années elles avaient compté pour rien à ses yeux. Il était un hors-la-loi sous son masque. Peut-être, parmi ceux qui jadis s'exilèrent dans les bois[1], y avait-il deux rebelles comme lui. Parfois, il caressait ce rêve. À deux, on peut défier le monde.

Oui, le plus atroce, ce serait la solitude. Toujours lent, il mit du temps à le comprendre. Sa jalousie vis-à-vis de sa sœur, son humiliation, sa rage devant son propre aveuglement pouvaient s'effacer, et, de fait, après l'avoir considérablement torturé, elles s'effacèrent de son cœur. Les souvenirs liés à Clive aussi. Mais la solitude restait. La nuit, il se réveillait en sursaut et s'écriait, oppressé : « Je n'ai plus personne. » Clive commença à hanter ses rêves. Une fois, il rêva qu'il refaisait son vieux rêve, celui du visage et de la voix. Et puis il y avait les

1. Allusion à Robin des Bois et à ses compagnons.

autres, ses rêves troubles d'autrefois qui de nouveau le consumaient. Les jours succédaient aux nuits. Un grand silence semblable à celui de la mort se refermait sur le jeune homme, et un matin qu'il partait pour la Cité, l'idée le frappa qu'il était réellement mort. À quoi lui servait-il de gagner de l'argent, de manger, de se divertir ? Avait-il jamais rien fait d'autre ?

« La vie ne vaut pas d'être vécue ! » s'exclama-t-il en froissant son *Daily Telegraph*.

Ses compagnons de train, qui l'aimaient bien, se mirent à rire.

« Je ne sais pas ce qui me retient de sauter par cette fenêtre ! »

À partir de ce moment, il commença à songer au suicide. Rien ne le retenait. D'instinct, il ne craignait pas la mort. Il ne croyait pas en l'autre monde. Il se moquait bien de déshonorer sa famille. Il savait que sa solitude était un poison qui le corrompait en même temps qu'elle le torturait. Dans ces circonstances, ne devait-il pas mettre un terme à son existence ? Il réfléchit au moyen qu'il choisirait, et il se fût tiré une balle dans la tête si un événement inattendu – la maladie et la mort de son grand-père – n'avait modifié le cours de ses pensées.

Dans l'intervalle, il avait reçu des lettres de Clive mais toutes disaient : « Mieux vaut ne pas nous revoir encore. » Maurice à présent y voyait clair.

Son ami était prêt à faire n'importe quoi pour lui, sauf être avec lui ; il en était ainsi depuis le début de sa première maladie ; et sur ces bases, il lui faisait miroiter sa future amitié. Maurice l'aimait toujours, mais son cœur avait été brisé. Jamais il ne caressa le projet insensé de reconquérir Clive. Une fois qu'il avait compris, il se soumettait à son sort avec une fermeté que les âmes raffinées auraient pu lui envier, et il buvait sa coupe jusqu'à la lie.

Il répondit à ses lettres avec une étrange sincérité. Il continuait à ne rien cacher à son ami. Il lui avoua qu'il connaissait une solitude intolérable et qu'il se ferait sauter la cervelle avant la fin de l'année. Mais c'était dit sur un ton détaché. Cet aveu était plutôt une manière d'hommage à leur passé et Durham le prit bien comme tel. Il lui répondit sur le même ton, et il était clair que, désormais, quelque effort qu'il fît, il n'arrivait plus à lire dans le cœur de Maurice.

XXVII

Le grand-père de Maurice était la preuve vivante qu'on peut s'améliorer avec l'âge. Après avoir été toute son existence le type même de l'homme d'affaires – dur et irascible –, il prit sa retraite suffisamment tôt, et ce nouvel état eut sur lui des effets surprenants. Il se mit à la « lecture », et bien que le bénéfice qu'il en retira fût grotesque, son caractère s'en trouva adouci, et sa personnalité se transforma. Lui qui naguère avait toujours combattu ou ignoré les opinions et les aspirations d'autrui, il se mit à les respecter et à en tenir compte. Ida, sa fille célibataire, qui tenait sa maison, avait toujours redouté le moment où « Père n'aurait plus rien à faire » et, étant elle-même étroite d'esprit, elle ne comprit qu'il avait changé que lorsqu'il fut sur le point de quitter ce monde.

Le vieux Mr Grace occupait son temps à élaborer une nouvelle religion – ou plutôt une nouvelle cosmogonie – car elle ne contredisait pas l'Église. Elle reposait sur l'idée que Dieu réside à l'intérieur du Soleil dont la couronne lumineuse est constituée des âmes des bienheureux. Les taches solaires révèlent Dieu aux hommes de sorte que, lorsqu'elles se produisaient, Mr Grace passait des heures à son télescope à observer le fond des cavités. L'incarnation était une sorte de tache solaire. Il discutait volontiers de sa découverte, mais ne faisait pas de prosélytisme, estimant que chacun est libre de ses convictions. Clive Durham, avec lequel il avait eu un jour une longue conversation, connaissait bien ses idées. C'étaient celles d'un homme pratique qui s'attaque aux problèmes métaphysiques, c'est-à-dire qu'elles étaient absurdes et matérialistes, mais originales. Mr Grace avait rejeté les aimables récits propagés par les religions et, pour cette raison, l'helléniste et lui avaient sympathisé.

À présent, il était mourant. Il avait tourné le dos à un passé d'une honnêteté douteuse, et il attendait avec impatience le moment de rejoindre ceux qu'il aimait en attendant que viennent le rejoindre ceux qu'il laissait ici-bas. Il fit venir ses anciens employés ; il fit venir sa famille qu'il avait toujours bien traitée. Ses derniers jours furent très beaux, et, tandis qu'il se mourait, un parfum de paix et d'affliction flottait doucement sur Alfrisons Gardens.

Les parents arrivèrent par petits groupes de deux ou trois. Tous sauf Maurice furent impressionnés. Il n'y eut pas d'intrigues, car Mr Grace n'avait pas fait mystère de ses dispositions testamentaires et chacun savait à quoi s'en tenir. Ada, sa petite-fille préférée, se partageait la fortune avec sa tante. Le reste de la famille avait des legs. Maurice ne comptait pas recevoir le sien. Il ne faisait rien pour hâter la mort mais elle attendait son heure, probablement à son retour.

Toutefois la vue d'un compagnon de voyage le déconcerta. Son grand-père était prêt pour son départ vers le Soleil et, rendu disert par la maladie, il s'entretint avec lui de ses idées tout un après-midi de décembre. « Maurice, toi qui lis les journaux, tu as entendu parler de la nouvelle théorie. » Il s'agissait d'un nuage météorique qui avait heurté les anneaux de Saturne et dont les fragments étaient tombés sur le Soleil. Mr Grace avait situé les pécheurs sur les planètes qui gravitent à l'extérieur du système solaire et, comme il ne croyait pas à la damnation éternelle, il ne savait plus comment les en extraire. La nouvelle théorie résolvait la question. Ils partaient en éclats et étaient réabsorbés par les Justes. Courtois, le jeune homme l'écoutait gravement jusqu'à ce que la peur le saisisse qu'il n'y eût du vrai dans ces inepties. Sa crainte ne dura pas ; toutefois, elle fut à l'origine d'un de ces bouleversements qui modifient toute la personnalité. Il se convainquit que son grand-père avait des convictions. Un être humain de plus était devenu réel. Il avait fait acte de créateur et pendant qu'il façonnait son ouvrage, la Mort s'était détournée de lui.

— Vous avez de la chance, dit-il tristement. Depuis Cambridge, je ne crois plus en rien – sinon en une sorte de néant.

— Ah ! Quand j'avais ton âge... À présent je vois une lueur éblouissante. Aucune lumière électrique ne peut se comparer à elle...

— Quoi donc, quand vous aviez mon âge, Grand-Père ?

Mais Mr Grace ne répondait jamais aux questions. « Une lueur éblouissante, répéta-t-il. Plus vive qu'un éclair de magnésium... La lumière intérieure. » Puis il établit un stupide parallèle entre Dieu, principe invisible à l'intérieur du Soleil étincelant et l'âme, invisible à l'intérieur du corps. « Le principe invisible – l'âme – libère-la, mais pas avant que vienne le soir. » Il fit une pause. « Maurice, sois bon pour ta mère, pour tes sœurs, pour ta femme, pour tes enfants, pour tes employés. Comme je l'ai été. » Il fit une nouvelle pause. Maurice émit un grognement, mais sans irrespect. « Libère-la, mais pas avant que vienne le soir », cette phrase l'avait vivement frappé. Le vieillard continuait à divaguer doucement. Il prêcha à Maurice la bonté, la vertu, le courage, tous les bons principes. Pourtant ces conseils partaient d'un cœur sincère.

— Mais pour quelle raison, Grand-Papa, pour quelle raison ? l'interrompit Maurice.

— La lumière intérieure…

— Je n'en ai pas. (Il rit pour cacher son trouble.) Ma lumière intérieure s'en est allée il y a six semaines. Je n'ai pas envie d'être bon, ni vertueux ni courageux. Si je continue à vivre, je serai tout sauf ça. Je serai le contraire même. Non, ça non plus. Je n'ai plus envie de rien.

— La lumière intérieure…

Maurice avait été à deux doigts de se confier. Mais ses confidences fussent tombées dans l'oreille d'un sourd. Son grand-père ne pouvait pas comprendre. Il ne sortait pas de sa « lumière intérieure » ni de sa « vertu ». Pourtant cette petite phrase poursuivit en lui son chemin. Pourquoi faudrait-il être bon et vertueux ? Pour l'amour de quelqu'un – pour l'amour de Clive ou l'amour de Dieu, ou l'amour du Soleil… Mais il n'avait personne. Excepté peut-être sa mère, et encore elle comptait si peu. Il était quasiment seul. Alors, pourquoi continuerait-il à vivre ? En fait, il n'avait aucune raison. Et pourtant, il avait le triste sentiment qu'il le devait parce que, tout comme l'Amour, la Mort avait un instant posé les yeux sur lui et s'était détournée. Elle le laissait continuer la partie jusqu'au bout. Et il risquait d'avoir à jouer le jeu aussi longtemps que son grand-père, et d'en terminer aussi absurdement.

XXVIII

On ne saurait qualifier de conversion le changement qui s'opéra en lui à dater de ce jour car il n'avait rien d'édifiant. Lorsqu'en rentrant chez lui il examina le pistolet qu'il n'utiliserait jamais, il fut saisi de dégoût ; en revoyant sa mère, il ne fut pas envahi d'un amour débordant. Il continua à vivre comme par le passé, malheureux et incompris, dans une solitude de plus en plus grande.

Pourtant un changement s'était produit : il prit la décision de contracter de nouvelles habitudes, et en particulier de cultiver ces arts mineurs qu'il avait négligés du temps de son amour pour Clive, tels que la ponctualité, la courtoisie, le patriotisme, la galanterie même. Il dut s'imposer une sévère discipline, car il lui fallait apprendre non seulement l'art mais la manière. Au début, tout n'alla pas sans mal : sa famille et son entourage étaient habitués à son ancienne façon d'être et le moindre changement les désarçonnait. Il s'en rendit compte très nettement au cours d'une conversation avec Ada.

Ada s'était fiancée avec son vieux copain Chapman, et l'odieuse jalousie de Maurice n'avait plus de raison d'être. Même après la mort de son grand-père, il avait tremblé qu'elle n'épouse Clive. Cette pensée le rendait fou. Clive se marierait un jour, mais l'imaginer avec Ada, c'était plus qu'il n'en pouvait supporter et, jusqu'à ce que tout risque fût écarté, il avait eu du mal à se dominer.

Chapman était un excellent parti et, ayant approuvé publiquement cette union, Maurice prit Ada à part afin de soulager sa conscience.

— Ada, ma chérie, lui dit-il, je me suis mal conduit avec toi après la visite de Clive. Je tiens maintenant à te le dire et à te demander pardon. Nous en avons beaucoup souffert et je te prie d'accepter mes excuses.

Elle parut surprise et assez peu touchée de son repentir. Il comprit qu'elle lui en voulait toujours.

— N'en parlons plus, murmura-t-elle. J'aime Arthur à présent.

— Je regrette de m'être mis dans cet état, mais ce soir-là j'avais quelque chose qui me tracassait énormément. Clive n'a jamais dit ce que j'ai laissé entendre. Il n'a jamais blâmé ta conduite.

— N'en parlons plus, te dis-je. Ça n'a plus aucune importance.

Il était si rare que son frère s'excuse qu'elle en profita pour l'enfoncer.

— Quand l'as-tu vu pour la dernière fois ? interrogea-t-elle d'un air innocent.

Kitty avait suggéré qu'ils étaient brouillés.

— Il y a un certain temps.

— On dirait que tu as renoncé à tes mercredis et à tes week-ends.

— Je te souhaite d'être très heureuse. Ce vieux Chappie est un type épatant. Je trouve que c'est magnifique de se marier quand on s'aime !

— Merci de tes bons vœux, Maurice. J'espère que je serai heureuse, qu'on me souhaite du bonheur ou pas. (Réplique qui fut rapportée par la suite à Chapman comme une « repartie ».) Et moi, je te souhaite exactement la même chose que tu m'as toujours souhaitée.

Elle rougit en disant ces mots. Elle avait beaucoup souffert. Clive était loin de lui être indifférent et son départ l'avait blessée.

Maurice devina tout cela et la contempla mélancoliquement, puis il changea de sujet et, comme elle oubliait vite, elle recouvra son calme. Mais au fond d'elle-même, elle ne pouvait pardonner à son frère. C'était impossible en effet à une nature comme la sienne, car il l'avait outragée et avait saccagé un amour naissant.

Avec Kitty, il rencontra les mêmes difficultés. Vis-à-vis d'elle aussi, il éprouvait des remords, mais elle était furieuse chaque fois qu'il tentait de réparer ses torts. Il offrit de lui payer ses fameux cours à l'Institut domestique. Finalement, elle accepta mais de mauvaise grâce. « Je suppose que je suis trop vieille maintenant pour apprendre quoi que ce soit », remarqua-t-elle aigrement. Ada et elle s'incitaient mutuellement à l'asticoter. Au début, Mrs Hall fut choquée et les reprit vertement. Puis, voyant que son fils ne prenait pas la peine de se défendre, elle cessa à son tour de protester. Elle l'adorait, mais ne lutterait pas davantage pour lui qu'elle n'avait lutté contre lui quand il s'était montré impertinent avec le doyen. Et ainsi, peu à peu, on cessa à la maison de le considérer ; de sorte que durant l'hiver il perdit la position qu'il s'était faite après Cambridge. Ce fut d'abord : « Bah ! Maurice n'y verra pas d'inconvénient... Il ira à pied... Il peut dormir sur le lit de camp... Il n'a pas besoin de feu dans le fumoir... » Il ne protestait pas – il était maintenant résigné à ce genre de choses –, mais il nota le subtil changement et comment il coïncidait avec le début de sa solitude.

Son attitude intriguait également son entourage. Il s'engagea dans la territoriale – jusque-là il s'y était refusé en partant du principe que le pays ne pouvait être sauvé que par la conscription. Il ouvrait sa bourse à des œuvres de bienfaisance même confessionnelles. Il renonça au golf le samedi afin de jouer au football avec les garçons d'un centre de jeunes, et consacra ses mercredis soir à leur enseigner l'arithmétique et la boxe. Ses compagnons de train étaient un peu sceptiques. Hall était devenu bien sérieux. Il réduisit ses dépenses afin de pouvoir multiplier ses générosités. Entre ses bonnes œuvres et son bureau, il ne chômait pas.

Et ainsi, lui qui ne croyait ni à la Terre ni au Ciel, sans amour et sans Dieu, il s'astreignait à mener une vie exemplaire, faite de sacrifices et d'abnégation. Rien ne l'y incitait, rien ne le soutenait, mais par simple souci de la dignité humaine, il continuait à lutter.

Ses efforts ne devaient pas être récompensés. Comme beaucoup de celles qui l'avaient précédée, cette tentative finit par échouer, mais les forces qu'il s'était ainsi forgées allaient lui rester pour plus tard.

XXIX

Tout ce bel édifice s'écroula par une magnifique journée de printemps. Ils se tenaient autour de la table du petit déjeuner, habillés en deuil à cause de Grand-Papa, mais à part cela très intéressés des choses de ce monde. À côté de sa mère et de ses sœurs, il y avait l'impossible Tante Ida qui vivait désormais avec eux, et une certaine Miss Tonks, une amie que Kitty s'était faite à l'Institut domestique et qui constituait apparemment le seul profit tangible qu'elle en eût retiré. Entre Ada et lui se trouvait une chaise vide.

— Oh ! Mr Durham est fiancé ! s'exclama Mrs Hall qui lisait une lettre. Comme c'est aimable à sa mère d'avoir tenu à me l'annoncer ! Penge est un grand domaine seigneurial, précisa-t-elle à l'intention de Miss Tonks.

— Ça n'impressionnera pas Violet, Maman. Elle est socialiste.

— Moi socialiste ? Première nouvelle !

— Mauvaise nouvelle, vous voulez dire, Miss Tonks, lança Tante Ida.

— Et « contre qui », Maman ?

— Perds l'habitude d'employer cette vilaine expression.

— Oh, Maman, allons ! Qui est-ce ? supplia Ada en étouffant un regret.

— Il épouse Lady Anne Woods. Vous pouvez lire la lettre. Il l'a rencontrée en Grèce ! Lady Anne Woods, fille de Sir H. Woods.

Il y eut un concert d'exclamations parmi les dames informées. Il apparut par la suite que la phrase de Mrs Durham disait : « Je vais maintenant vous révéler le nom de la jeune Lady : Anne Woods, fille de Sir H. Woods. » Mais c'était quand même magnifique, et si romantique à cause de la Grèce.

— Maurice ! s'impatienta Tante au milieu du brouhaha.

— Mmm mmm.

— Ce garçon est en retard !

Renversant la tête en arrière, il cria : « Dickie ! » en direction du plafond. (Ils hébergeaient obligeamment le jeune neveu du Dr Barry pour le week-end.)

— Ça ne sert à rien, il ne dort pas au-dessus, observa Kitty.

— Je vais monter.

Il alla tirer quelques bouffées dans le jardin et revint. La nouvelle lui avait quand même fait un choc. Elle avait été si brutale ! Et, ce qui l'avait blessé tout autant, personne ne s'était comporté comme si elle le concernait. À juste titre, sans doute. Mrs Durham et sa mère tenaient maintenant le devant de la scène. Leur amitié avait survécu à la rupture.

« Clive aurait tout de même pu m'écrire, songea-t-il. Ne fût-ce qu'en souvenir du passé… » La voix de sa tante l'arracha à ses réflexions.

— Ce garçon n'est toujours pas descendu !

— C'est ma faute ! J'ai oublié !

— Oublié ! (Tous les regards convergèrent vers lui.) Tu as oublié, alors que tu es sorti tout exprès ! Vraiment, Morrie, tu es incorrigible !

Il quitta la pièce sous le regard ironique et méprisant de l'assemblée et faillit oublier de nouveau. « Voilà mon ouvrage ! » songea-t-il, et une immense lassitude l'envahit.

Il monta l'escalier d'un pas pesant. Arrivé en haut, il reprit son souffle et s'étira. Il faisait un temps exquis – pour les autres. Pour eux, les feuilles bruissaient et le soleil entrait à flots dans la maison. Il frappa à la porte et, comme il n'obtenait pas de réponse, il entra. Le jeune garçon, qui avait été à un bal la veille, dormait encore. Il était couché, les jambes découvertes, dans la douce caresse du soleil. Sa bouche était entrouverte, le bas de sa lèvre supérieure nimbé d'or, ses cheveux traversés de mille rayons, son corps : couleur d'ambre délicat. N'importe qui l'eût trouvé beau, mais pour Maurice, que deux voies menaient à lui, comme l'eût dit Clive, il devint l'incarnation du Désir.

— Il est 9 heures passées ! cria-t-il dès qu'il put parler. (Dickie gémit et remonta les draps jusqu'à son menton.) Petit déjeuner ! Réveillez-vous !

— Vous êtes là depuis longtemps ? questionna l'autre en ouvrant les yeux – la seule partie de sa personne qui demeurât visible – et les plongeant dans ceux de Maurice.

— Un moment, répondit celui-ci après un silence.

— Je suis confus !

— Vous pouvez descendre aussi tard qu'il vous plaira. Simplement je ne voulais pas que vous ratiez cette splendide journée.

En bas, ces dames se gargarisaient de la nouvelle. Kitty lui demanda s'il avait déjà entendu parler de Miss Woods. Il répondit « Oui », un mensonge qui ferait époque. Puis ce fut au tour de sa tante : est-ce que ce garçon allait enfin se décider à descendre ?

— Je lui ai dit de ne pas se presser, annonça Maurice dont le cœur battait à tout rompre.

— Maurice, mon chéri, tu n'as aucun sens pratique ! soupira Mrs Hall.

— C'est notre hôte.

Tante Ida observa que le premier devoir d'un invité est de se conformer aux règles de la maison.

Jusque-là, il ne l'avait jamais contrariée, mais cette fois pourtant il répliqua :

— La règle de cette maison est que chacun fasse ce qu'il lui plaît.

— Le petit déjeuner est à huit heures et demie.

— Pour ceux à qui ça convient. Ceux qui ont sommeil préfèrent déjeuner plus tard.

— Aucune maison n'y résisterait, Maurice. À ce train-là, aucun domestique ne voudrait rester, comme tu t'en apercevrais bientôt.

— Je préfère voir partir mes domestiques plutôt que de traiter mes invités comme des collégiens.

— Justement, c'est un collégien !

— Mr Barry est maintenant à Woolwich, répliqua Maurice sèchement.

Tante Ida ricana, mais Miss Tonks lui jeta un regard chargé de respect. Les autres n'avaient pas écouté, toutes au sort de cette pauvre Mrs Durham qui allait être obligée de se retirer dans son douaire. Il était enchanté de son mouvement d'humeur. Dickie les rejoignit quelques minutes plus tard et il se leva pour accueillir son jeune dieu. Les cheveux du garçon étaient à présent aplatis par le bain, des vêtements cachaient son corps gracieux, mais il restait extraordinairement beau. Il se dégageait de lui une impression de fraîcheur – on l'imaginait les bras chargés de fleurs – et en même temps, il semblait déborder de modestie et de bonne volonté. Quand il présenta ses excuses à Mrs Hall, le son de sa voix fit frissonner Maurice. C'était donc là le jeune garçon qu'il avait refusé de protéger à Sunnington ! C'était là l'invité dont l'arrivée, la veille, lui avait semblé une corvée !

Aussi longtemps qu'elle dura, sa passion fut si vive qu'il se crut à un tournant de son existence. Comme jadis, il annula tous ses rendez-vous. Après le petit déjeuner, il accompagna Dickie chez son oncle, le prit par le bras, lui extorqua une promesse pour le thé. Elle fut tenue. Maurice s'abandonna à la joie. Son sang bouillonnait. Il ne prêtait pas attention à la conversation et sa distraction même le servit car, comme il disait « Je vous demande pardon ? », Dickie vint vers le sofa. Il passa un bras autour de lui… L'entrée de Tante Ida avait peut-être évité une catastrophe. Pourtant, il croyait avoir lu un aveu dans les yeux candides.

Ils se rencontrèrent encore une fois – à minuit. Maurice avait perdu son euphorie car, durant ses heures d'attente, son émotion était devenue physique.

— J'ai une clé de la maison, observa Dickie, surpris de trouver son hôte debout.

— Je sais.

Il y eut un silence. Aussi embarrassés l'un que l'autre, ils n'osaient se regarder en face.

— Il fait froid ce soir ?

— Non.

— Vous n'avez besoin de rien avant que je monte ?

— Non, merci.

Maurice se dirigea vers les interrupteurs et alluma sur le palier. Puis il éteignit dans le vestibule et monta derrière Dickie qu'il rejoignit sans bruit.

— C'est ma chambre, chuchota-t-il. Je veux dire d'habitude. On m'a chassé pour vous y installer. Je dors seul, ajouta-t-il, conscient que les mots lui échappaient malgré lui.

Ayant retiré son pardessus à Dickie, il se tint debout, le vêtement dans les mains, sans dire un mot. Le silence était si profond qu'on entendait la respiration des femmes dans les chambres voisines.

Le garçon ne disait rien non plus. Chacun évolue à sa façon, et il se trouvait qu'il comprenait parfaitement la situation. Si Hall insistait, il ne ferait pas d'histoires, mais il n'y tenait pas : c'était ainsi qu'il voyait les choses.

— Je couche à l'étage supérieur, souffla Maurice sans oser se décider. Dans le grenier, juste au-dessus… Si vous avez besoin de quelque chose, je suis seul toute la nuit. Toujours.

La première impulsion de Dickie fut de verrouiller la porte derrière lui, mais il repoussa cette idée comme peu martiale et se réveilla le lendemain au tintement de la cloche, du soleil plein les yeux, l'esprit frais et dispos.

XXX

Cet épisode réduisit en miettes la vie de Maurice. L'interprétant à la lumière du passé, il prit à tort Dickie pour un second Clive. Mais on ne vit pas trois années en un jour, et sa flamme s'éteignit aussi vite qu'elle s'était allumée, ne laissant derrière elle que quelques cendres suspectes. Dickie partit le lundi, et le vendredi déjà son image s'était effacée. C'est alors qu'un client entra dans son bureau, un jeune Français énergique et séduisant qui supplia « Monsieur 'All » de ne pas l'escroquer. Pendant qu'ils plaisantaient, un sentiment familier s'éveilla ; mais cette fois, il renifla les odeurs de soufre. « Dans mon métier, hélas, on ne peut guère se permettre de dételer ! » répliqua-t-il quand le Français voulut l'inviter à déjeuner, et son intonation était si britannique qu'elle suscita chez l'autre une mimique amusée.

Le jeune homme parti, il affronta la vérité. Son attirance pour Dickie portait un nom bien précis. Jadis, il l'eût idéalisée et appelée « adoration ».

Mais l'habitude de l'honnêteté était devenue trop forte. Quel salaud il avait été ! Pauvre petit Dickie ! Il imagina le garçon s'échappant de ses bras pour se précipiter par la fenêtre et s'écraser en hurlant comme un possédé. Il imagina l'arrivée des secours, l'irruption de la police.

« Lubricité. » Il prononça le mot tout haut.

À tête reposée la lubricité paraît bien peu de chose. Et dans le calme de son bureau, Maurice ne doutait pas d'en triompher maintenant qu'il avait mis un nom dessus. Avec son solide bon sens, il s'attela à cette tâche sans se perdre en considérations métaphysiques. Étant prévenu, il était prémuni : il lui suffisait d'éviter désormais les garçons et les jeunes gens. Certaines obscurités des six derniers mois s'éclaircirent : par exemple tel garçon du centre de jeunes... Il fronça le nez comme quelqu'un qui n'a pas besoin de preuves supplémentaires. Le sentiment qui pousse un gentleman vers un individu d'une classe inférieure porte en lui-même sa propre condamnation.

Il ne voyait pas d'autre issue : il allait vers un état qui ne se terminerait qu'avec l'impuissance ou la mort. Clive avait reculé ce moment. Clive l'avait influencé, comme toujours. Entre eux, il était entendu que leur amour, bien qu'il inclût le corps, ne le satisferait pas. Clive en avait décidé ainsi, accord tacite qu'il avait été le plus près de formuler le premier soir à Penge, lorsqu'il avait refusé le baiser de Maurice, ou ce fameux après-midi là-bas quand ils étaient allongés dans les épaisses fougères. Ainsi s'était forgée cette règle qui instaurait l'âge d'or et dont ils se fussent contentés jusqu'à la mort. Malgré tout ce qu'elle impliquait, Maurice s'était laissé hypnotiser. Mais elle correspondait à la personnalité de Clive, pas à la sienne ; et à présent qu'il était seul, il craquait ignoblement comme autrefois au collège. Et ce n'était pas Clive qui le guérirait. D'ailleurs, quand bien même Clive volerait à son secours, son influence cette fois serait inutile, car un lien comme celui qui les unissait ne peut se dénouer sans transformer à jamais les deux partenaires.

Cela, cependant, il n'en était pas conscient. Leur amour platonique l'avait aveuglé et il ne pouvait concevoir d'autre bonheur que de retourner à son ancien état de grâce. Aussi, tandis qu'il travaillait dans son bureau, était-il incapable de voir la vaste courbe de sa vie, et encore moins le fantôme de son père assis en face de lui. Mr Hall senior n'avait jamais lutté ni réfléchi ; jamais il n'en avait eu l'occasion. Il avait accepté les conventions et était passé sans fracas de l'amour illicite à l'amour licite. À présent, face à son fils, il sent le regret, la seule souffrance qui subsiste au royaume des ombres, le dévorer, car il découvre que la chair peut éduquer l'esprit et mûrir malgré lui l'esprit même le plus lourd et le plus rebelle.

Bientôt le téléphone sonna. Maurice prit le récepteur et, après six mois de silence, entendit la voix de son unique ami.

— Hello, Maurice ! Vous avez dû apprendre la nouvelle.

— En effet, mais comme vous n'avez pas écrit, je ne l'ai pas fait non plus.

— Je comprends très bien.

— Où êtes-vous en ce moment ?

— En route vers un restaurant. Vous pouvez nous y rejoindre ?

— Je crains que ce ne soit impossible. Je viens à l'instant de refuser une invitation à déjeuner.

— Nous pouvons parler un moment ou bien vous êtes trop pris ?

— Non, non, j'ai le temps.

— Ma fiancée est avec moi, poursuivit Clive, manifestement soulagé par l'atmosphère. Dans un instant elle va vous parler aussi.

— Ah ! Parfait. Racontez-moi tous vos projets.

— Mariage le mois prochain.

— Tous mes vœux.

Ni l'un ni l'autre ne trouvèrent rien à ajouter.

— Je vous passe Anne.

— Je suis Anne Woods, fit une voix féminine.

— Je m'appelle Hall.

— Pardon ?

— Maurice Christopher Hall.

— Moi, c'est Anne Clare Wilbraham Woods, mais je ne trouve rien à dire.

— Moi non plus.

— Depuis ce matin, vous êtes le huitième ami de Clive à qui je parle !

— Le huitième ?

— Allô, je n'entends pas !

— J'ai dit : le huitième !

— Ah ! Bon, maintenant, je vous repasse Clive.

— Dites-moi, reprit Clive, pouvez-vous venir à Penge le week-end prochain ? Je m'y prends un peu tard, mais après ce sera le branle-bas général.

— Je crains que ça ne me soit difficile. Mr Hill se marie également et je risque d'être un peu débordé.

— Quoi ! Votre vieil associé ?

— Oui, et après ce sera le tour d'Ada et Chapman.

— J'ai appris ça. Et en août ? Pas en septembre, car nous serons alors en pleine élection municipale. Mais venez donc en août : vous nous donnerez un coup de main pour cet abominable match de cricket « Parc contre Village ».

— Merci. Je pourrai sûrement arranger ça. Mais écrivez-moi quand même vers cette époque pour me le rappeler.

— Bien sûr ! À propos, Anne dispose d'une centaine de livres. Pouvez-vous les placer pour elle ?

— Certainement. Elle a une idée ?

— Vous avez quartier libre. Mais il vaudrait mieux qu'elle se contente de quatre pour cent.

Maurice cita quelques valeurs.

— Celle-là me plaît bien, fit la voix d'Anne, mais je n'ai pas bien saisi le nom.

— Vous le verrez sur l'obligation. Je peux vous demander votre adresse ?

Elle la lui donna.

— Parfait. Envoyez le chèque quand nous vous ferons signe. Je ferais peut-être mieux de raccrocher pour acheter tout de suite.

Ce qu'il fit. Tel était le tour que ses relations avec Clive et sa femme allaient toujours garder. Si charmants qu'ils fussent avec lui, il avait toujours l'impression qu'ils lui parlaient à l'autre bout d'un téléphone. Après le déjeuner, il alla choisir leur présent de mariage. Son premier mouvement fut de choisir quelque chose de somptueux, mais il était seulement le huitième sur la liste. Cela paraîtrait déplacé. En déposant les trois guinées sur le comptoir, il aperçut son image dans la glace. Un jeune bourgeois rassurant, respectable, prospère, distingué. Le genre de citoyen qui fait la force de l'Angleterre. Qui aurait pu soupçonner que dimanche dernier il avait presque violé un jeune garçon ?

XXXI

Comme le printemps tirait à sa fin, il décida de consulter un médecin. Cette décision – parfaitement étrangère à son caractère – s'imposa à lui après une affreuse aventure qui lui était arrivée dans le train. Il broyait maladivement du noir dans un coin de son compartiment quand son expression bizarre éveilla la curiosité et les espoirs de l'unique voyageur présent dans la voiture, un personnage corpulent au teint huileux qui lui adressa un signe équivoque. Maurice, l'esprit ailleurs, y répondit par distraction. L'instant d'après, tous deux bondissaient sur leurs pieds. Le type sourit cependant que Maurice lui expédiait son poing dans la figure. Rude épreuve pour l'homme qui était d'un certain âge et qui se mit à saigner du nez sur les coussins de la banquette, mais surtout à trembler de peur car il redoutait que Maurice ne tire la sonnette d'alarme. Il bredouilla des excuses, offrit de l'argent. Penché sur lui, Maurice l'observait de près, le visage courroucé, et il crut voir dans cette vieillesse honteuse et révoltante la préfiguration de la sienne.

L'idée de consulter un médecin ne lui souriait guère ; néanmoins, sans aide, tous ses efforts pour tordre le cou à la luxure étaient demeurés vains. Aussi précise et encore plus violente que dans son adolescence, elle ravageait son âme vide. Il avait beau « fuir les jeunes gens », ainsi qu'il en avait naïvement décidé, il ne pouvait s'empêcher d'être obsédé par leur image et il commettait continuellement le péché en esprit. N'importe quel châtiment lui semblait préférable. Car il ne doutait pas que le médecin le châtierait. Il était prêt à suivre n'importe quel traitement ; d'ailleurs, même si elle ne le guérissait pas, du moins cette cure l'arracherait-elle quelques instants à ses idées noires.

Seulement qui consulter ? Le jeune Jowitt était le seul médecin qu'il connût bien, et le lendemain de son aventure dans le train, il s'arrangea pour lui lancer d'un ton dégagé : « Dites-moi, Jowitt, est-ce qu'il vous arrive parfois dans vos tournées de tomber sur des brebis galeuses... du genre Oscar Wilde ? » Mais Jowitt répliqua : « Non, Dieu merci, ça, c'est du ressort de l'hôpital psychiatrique », ce qui n'était pas pour l'encourager. Peut-être, d'ailleurs, ferait-il mieux de consulter quelqu'un qu'il ne reverrait jamais. Un spécialiste plutôt. Mais y en avait-il pour sa maladie et comment se fier à lui ? N'allait-il pas le dénoncer ? Dans n'importe quel autre domaine, les avis autorisés ne manquaient pas, mais sur cette question qui le touchait quotidiennement, la société faisait le silence.

Finalement il risqua une visite au Dr Barry. Il savait qu'il passerait un mauvais moment, mais le vieux docteur, quoique désagréable et querelleur, était parfaitement digne de confiance et beaucoup mieux disposé à son égard depuis l'accueil chaleureux qu'il avait réservé à Dickie. De surcroît, ils n'étaient pas liés, ce qui facilitait les choses, et il venait si rarement chez les Barry que cela ferait peu de différence s'il lui condamnait à jamais sa porte.

Il se mit en route par une froide soirée de mai. Le printemps tournait à l'aigre, et l'été promettait d'être pourri. Cela faisait exactement trois ans qu'il était venu sous des cieux embaumés se faire chapitrer au sujet de Cambridge, et son cœur battit plus vite lorsqu'il se rappela la sévérité du vieillard ce jour-là. Il le trouva d'excellente humeur, installé devant une table de bridge avec sa femme et sa fille. Le vieux docteur le pressa vivement de faire le quatrième.

— Je suis désolé, monsieur, mais je voudrais vous parler, dit-il avec une émotion si intense qu'il crut qu'il n'arriverait jamais à trouver ses mots.

— Eh bien, allez-y !

— Je veux dire, professionnellement.

— Sapristi, jeune homme, ça fait six ans que j'ai cessé de pratiquer ! Allez voir Jowitt ou qui vous voudrez ! En attendant, asseyez-vous, Maurice.

Content de vous voir. Vous ne me paraissez pas à l'article de la mort. Polly ! Un whisky pour cette fleur languissante !

Maurice resta debout, puis il fit demi-tour d'un air si bizarre que le Dr Barry le suivit dans l'entrée.

— Hé, Maurice ! Sérieusement, puis-je faire quelque chose pour vous ?

— Je le pense.

— Je n'ai même pas de cabinet de consultation !

— C'est quelque chose de trop intime pour que je m'adresse à Jowitt – j'ai préféré venir vous voir –, vous êtes le seul médecin au monde à qui j'oserais en parler. Je vous ai dit une fois que j'espérais bien avoir un jour le courage d'être franc avec vous. C'est à ce sujet.

— Hum ! Une maladie honteuse, eh ? Allons, suivez-moi.

Ils passèrent dans la salle à manger où on n'avait pas encore fini de desservir le couvert. Une Vénus de Médicis en bronze trônait sur la cheminée, des copies de Greuze ornaient les murs. Maurice essaya vainement de parler, se versa un peu d'eau, échoua de nouveau, et éclata en sanglots.

— Prenez votre temps, dit le vieil homme avec bonté. Je vous promets que votre mère n'en saura rien.

Maurice fut submergé par la laideur de l'entretien. C'était comme de se trouver de nouveau dans le train. Il pleura d'être tombé si bas, lui qui avait cru que personne sauf Clive ne saurait jamais rien. Incapable d'être plus précis, il bredouilla : « C'est à propos des femmes… »

Le Dr Barry en tira immédiatement des conclusions. À vrai dire, sa conviction était faite depuis leur tête-à-tête dans le vestibule. Lui-même dans sa jeunesse avait eu quelques ennuis de cet ordre, ce qui le rendait fort compréhensif sur ce chapitre. « Nous allons arranger ça en vitesse », assura-t-il. Maurice cessa de pleurer, mais il gardait une barre douloureuse au-dessus des yeux.

— Oh ! guérissez-moi, de grâce ! gémit-il, et il s'affala dans un fauteuil, les bras pendants. Je suis fichu.

— Ah ! Les femmes, les femmes ! Tenez, je vous revois encore en train de pérorer sur l'estrade, le jour de la distribution des prix. C'était l'année où mon pauvre frère est mort. Vous dévoriez des yeux la femme d'un professeur. Je me rappelle avoir pensé : il a encore beaucoup à apprendre, et la vie est une rude école. Seules les femmes peuvent nous apprendre la vie, et il y a de mauvaises femmes comme il y en a de bonnes. Eh oui ! (Il s'éclaircit la gorge.) Allons, mon garçon, n'ayez pas peur de moi. Dites-moi simplement la vérité et je vous tirerai de ce mauvais pas. Quand avez-vous attrapé cette saloperie ? À l'université ?

Tout d'abord Maurice ne saisit pas, puis son front devint moite.

— Quelle horreur ! Ce n'est rien d'aussi ignoble que ça ! À ma façon, je suis resté propre.

Le Dr Barry parut froissé. Il alla verrouiller la porte.

— Impuissant, hein ? dit-il, assez méprisant. Voyons voir ça.

Maurice se déshabilla rageusement. Il était offensé comme il avait offensé Ada.

— Vous n'avez rien, conclut-il.

— Qu'entendez-vous par là, monsieur ?

— Ce que je dis. Vous êtes parfaitement sain. Rien à craindre de ce côté-là.

Maurice s'assit près du feu, si dénué de sensibilité qu'il fût, le Dr Barry remarqua sa pose. Elle n'avait rien d'artistique et pourtant on aurait pu la qualifier de superbe. Il était assis dans sa position habituelle, et son visage aussi bien que son corps semblaient défier indomptablement les flammes.

— Vous êtes parfaitement sain, répéta l'autre. Vous pouvez vous marier demain si ça vous chante. Et si vous voulez le conseil d'un vieil homme, c'est ce que vous ferez. Couvrez-vous maintenant, il y a des courants d'air. Où êtes-vous allé chercher ça ?

— Vous n'avez donc rien compris ! fit Maurice, un peu méprisant malgré son effroi. Je suis un misérable… du genre Oscar Wilde.

Il ferma les yeux, s'enfouit la tête dans les mains et s'immobilisa, s'en remettant à César.

Le verdict tomba enfin. Il n'en crut pas ses oreilles :

— Balivernes !

Il s'était attendu à tout sauf à ça. S'il en était ainsi, alors sa vie n'était qu'un rêve !

— Je me suis mal fait comprendre, docteur Barry…

— Taisez-vous, Maurice, et maintenant écoutez-moi. Oubliez cette lubie. Ne vous laissez pas séduire par cette tentation du Malin.

Le ton l'impressionna. N'était-ce pas la Science qui parlait ?

— Qui vous a fourré ces idioties en tête ? Vous que je tiens à juste titre pour un brave et honnête garçon ! Nous ne reviendrons plus jamais là-dessus. Non ! Plus un mot. Le pire service que je puisse vous rendre serait d'en discuter.

— J'ai besoin d'un conseil, supplia Maurice, essayant de lutter contre les manières tranchantes du Dr Barry. Pour moi, ce ne sont pas des balivernes. Il s'agit de ma vie.

— Balivernes, laissa tomber l'autre, implacable.

— Je suis comme ça depuis que je suis né. Qu'est-ce que c'est ? Suis-je malade ? Si je le suis, je veux être soigné. Je ne peux plus supporter davantage la solitude. Ces six derniers mois surtout. Je ferai tout ce que vous me direz. Tout. Vous devez m'aider !

Il se remit à contempler le feu d'un air farouche.

— Allons ! Rhabillez-vous !

— Pardonnez-moi, dit Maurice, et il obéit.

Le Dr Barry alla déverrouiller la porte. « Polly ! Du whisky ! » cria-t-il. La consultation était terminée.

XXXII

Le Dr Barry avait fait de son mieux. Il n'avait pas lu d'ouvrages scientifiques sur la question. Il n'en existait pas du temps où il fréquentait les hôpitaux, et ceux qui avaient paru depuis étaient en allemand, donc suspects. Opposé par tempérament à ces mœurs, il faisait sien le verdict de la société, c'est-à-dire que sa condamnation était d'ordre religieux. Il faut être complètement dépravé, estimait-il, pour se tourner vers Sodome, et quand un individu, moralement et physiquement sain, lui confessait ce penchant : « Balivernes », tranchait-il spontanément. Il était parfaitement sincère. Pour lui, Maurice avait dû entendre par hasard une réflexion qui avait éveillé en lui des idées morbides, et le silence méprisant d'un homme de l'art ne pouvait que les dissiper sur-le-champ.

De fait, Maurice repartit assez ébranlé. À la maison, le Dr Barry faisait figure de sommité. Il avait sauvé deux fois Kitty, prodigué ses soins à Mr Hall pendant sa dernière maladie ; son honnêteté et son indépendance ne faisaient aucun doute, et il ne disait jamais rien qu'il ne pensât. Pendant presque vingt ans, ses avis avaient fait autorité dans la famille – on ne les sollicitait que dans les grandes occasions mais on savait qu'on pouvait toujours recourir à lui pour trancher équitablement, et puisqu'il avait dit « Balivernes », Maurice se demandait s'il n'était pas dans le vrai, quoique chaque fibre de son être protestât. Il haïssait les conceptions du Dr Barry. Il trouvait révoltant qu'on tolérât la prostitution. Pourtant il s'inclina et s'en alla prêt à lutter une fois de plus contre son destin.

Il avait surtout pour le croire une raison qu'il ne pouvait confier au médecin. Clive s'était tourné vers les femmes peu après vingt-quatre ans. Lui-même aurait vingt-quatre ans en août. Serait-il possible que lui aussi… Maurice avait cette incapacité très britannique à concevoir la diversité. Peu à peu, il avait fini par apprendre que les autres existent mais pas encore que chacun est différent, et il s'efforça de considérer l'évolution de Clive comme une préfiguration de la sienne.

Ne serait-ce pas magnifique d'être marié et en ordre avec la société et la loi ! « Allons Maurice, lui avait dit un autre jour, en le rencontrant, le Dr Barry, dénichez-vous la jeune fille qu'il vous faut, et tout s'arrangera. » Il se souvint alors de Gladys Olcott. Maintenant il n'était plus un blanc-bec. Il avait souffert, il avait appris à se connaître et découvert qu'il était anormal. Cependant, était-ce donc sans espoir ? Pourquoi ne rencontrerait-il pas une femme qui lui plairait d'une autre manière ? Il avait envie d'avoir des enfants. Il en était capable, le Dr Barry l'avait dit. Après tout, pourquoi ne se marierait-il pas ? À la maison, grâce au mariage de sa sœur Ada, le sujet était à l'ordre du jour, et sa mère suggérait souvent qu'il devrait trouver quelqu'un pour Kitty et Kitty quelqu'un pour lui. Mrs Hall faisait preuve dans ce domaine d'un détachement étonnant. Depuis son veuvage, les mots « mariage », « amour », « famille » avaient perdu tout sens pour elle. Une place de concert, envoyée à Kitty par Miss Tonks, ouvrit à Maurice des perspectives nouvelles. Kitty ne pouvait pas l'utiliser, et à table elle offrit à quelqu'un d'en profiter. Maurice se proposa. Elle lui rappela que c'était le soir de son club, mais il dit qu'il se libérerait. Il y alla et le hasard fit qu'on jouait justement la *Symphonie* de Tchaïkovski que Clive lui avait fait aimer. Il en apprécia les éclats, les accents déchirants, l'accalmie – la musique ne signifiait pas davantage pour lui –, et son plaisir lui fit considérer Miss Tonks sous un jour plus favorable. Malheureusement, après le concert, il tomba sur Risley.

— Symphonie pathologique, lança Risley gaiement.

— *Symphonie pathétique*, corrigea le philistin.

— Symphonie incestueuse et pathologique ! (Et il apprit à son jeune ami que Tchaïkovski était tombé amoureux de son propre neveu et lui avait dédié son chef-d'œuvre.) Je suis venu voir accourir le Tout-Londres bien-pensant. C'est *dément*, non !

— Vous en savez de drôles de choses, fit Maurice d'un air pincé.

Comme par hasard, chaque fois qu'il trouvait un confident, il n'en voulait pas. Il se précipita, cependant, dans une bibliothèque pour dénicher une biographie de Tchaïkovski. En général, l'épisode du mariage du compositeur ne frappe guère le lecteur ordinaire, lequel suppose qu'il s'agit d'une vague mésentente conjugale, mais il passionna Maurice. Il comprit le sens de cet échec et quel désastre il avait frôlé à la suite de sa visite au Dr Barry. Poursuivant sa lecture, il fit la connaissance de « Bob », le merveilleux neveu auprès duquel se réfugie Tchaïkovski après la crise et qui est son rédempteur spirituel et musical. Le livre balaya la poussière accumulée, et il le chérit comme l'unique ouvrage littéraire qui l'eût jamais aidé. Mais il l'aidait seulement à faire marche arrière. Il se retrouvait au même point que lors de son aventure dans le train. Tout ce qu'il avait gagné, c'était d'avoir appris que les médecins sont des ânes.

À présent chaque avenue semblait bloquée et, dans son désespoir, il en revint aux pratiques qu'il avait abandonnées enfant. Il découvrit qu'elles lui apportaient à tout le moins une forme dégradée de paix et calmaient la torture physique lancinante qui le rendait incapable de travailler. Il était un être ordinaire et il aurait pu sortir vainqueur d'un combat ordinaire. Mais la Nature l'avait mis aux prises avec un destin exceptionnel et comme il n'était pas un saint, il commença à perdre pied. Peu avant son départ pour Penge, une faible et morne lueur d'espoir avait percé. L'hypnotisme. D'après ce que lui avait raconté Risley, Mr Cornwallis s'était fait hypnotiser. Un médecin lui avait dit : « Allons, allons, vous n'êtes pas impuissant » et hop ! il avait cessé de l'être.

Sans trop se faire d'illusions, Maurice se procura l'adresse du médecin. Son premier contact avec la science l'avait échaudé et il avait toujours trouvé que Risley en rajoutait. Sa voix, quand il lui donna l'adresse, était amicale mais légèrement amusée.

XXXIII

Maintenant que Clive Durham n'avait plus à craindre une trop grande intimité, il souhaitait ardemment aider son ami qui avait dû passer par une période difficile depuis leur séparation dans le fumoir. Leur correspondance avait cessé plusieurs mois auparavant. La dernière lettre de Maurice datait de son retour de Birmingham et annonçait qu'il ne se tuerait pas. Clive n'avait jamais cru qu'il le ferait et il se réjouit que le mélodrame fût terminé. Lorsqu'ils se parlèrent au téléphone, il entendit à l'autre bout du fil quelqu'un qu'il pouvait respecter – un garçon qui semblait désireux d'enterrer le passé et de voir une amitié de bon ton succéder à la passion. Maurice n'avait pas affecté une fausse désinvolture. Le pauvre semblait timide, un peu froissé même, exactement l'état d'esprit que Clive jugeait normal en la circonstance et qu'il pensait être en mesure d'améliorer.

Il était prêt à faire tout ce qui était en son pouvoir. Bien que la qualité du passé lui échappât, il se rappelait son importance et reconnaissait que Maurice l'avait jadis arraché à l'esthétisme pour l'entraîner vers le soleil, le vent, l'amour. Sans Maurice, jamais il n'aurait pu se hisser jusqu'à Anne. Son ami l'avait aidé pendant trois années arides et il aurait été un ingrat de ne pas l'aider en retour. Clive n'aimait pas la gratitude. Il eût préféré agir par pure amitié. Mais il lui fallait bien utiliser l'unique outil dont il disposât, et si tout allait bien – si Maurice restait détaché, s'il gardait ses distances, s'il s'entendait avec Anne, s'il n'était pas amer, ni trop sérieux, ni trop agressif –, alors ils pourraient redevenir amis, bien que sur un autre terrain et d'une façon différente. Maurice avait d'admirables qualités – Clive le savait, et le temps reviendrait peut-être où il y serait de nouveau sensible.

Ce genre de pensées ne l'effleurait que rarement. Toute sa vie était centrée sur Anne. Anne s'entendrait-elle avec sa mère ? Anne aimerait-elle Penge, elle qui avait été élevée dans le Sussex, au bord de la mer ? Ne regretterait-elle pas le manque d'activités religieuses ? Ne se lasserait-elle pas de la politique ? Obnubilé par l'amour, il se donnait à sa femme corps et âme, il déposait à ses pieds tout ce que lui avait appris une passion précédente dont il avait du mal à se rappeler l'objet.

Dans le premier enthousiasme de ses fiançailles, quand elle était pour lui le monde entier, l'Acropole incluse, il avait failli se confesser à elle au sujet de Maurice. Elle-même lui avait avoué une peccadille. Mais par loyauté envers son ami il garda le silence, et par la suite s'en félicita car, toute déesse immortelle qu'elle était, Anne n'était pas Pallas Athéna et il y avait beaucoup de sujets qu'il ne pouvait aborder avec elle. Le principal devait d'ailleurs être leur propre union. Quand il arriva dans la chambre de sa femme après le mariage, elle ne savait pas ce qu'il lui voulait. Malgré une éducation poussée, personne ne lui avait parlé des problèmes sexuels. Clive se montra aussi délicat que possible, mais il la terrifia et partit convaincu qu'elle le haïssait. Il n'en était rien. Les nuits suivantes, elle lui fit bon accueil. Mais ils n'échangèrent jamais aucun mot. Ils s'unissaient dans un monde sans point commun avec celui de la réalité quotidienne et ce silence prude se répercuta dans leur vie. Ils avaient tellement de tabous ! Jamais ils ne se virent nus. Jamais ils ne faisaient allusion aux fonctions digestives ni reproductives. Il n'était donc pas question qu'il évoquât devant elle cet épisode de sa jeunesse.

Cela faisait partie de ces choses dont on ne parle pas. Le passé ne se dressait pas entre eux : c'était Anne qui se dressait entre le passé et lui, et, tout compte fait, Clive s'en réjouissait car, bien que leur amitié n'eût rien eu de déshonorant, elle avait eu un côté sentimental et ne méritait que l'oubli.

La pudibonderie n'était pas pour lui déplaire, du moins l'adopta-t-il sans regret. Il ne s'était jamais fait un point d'honneur d'appeler un chat un chat et, bien qu'il prisât le corps humain, l'acte sexuel proprement dit lui semblait prosaïque, et il aimait autant qu'il restât enveloppé du voile de la nuit. Entre hommes c'était inadmissible ; entre un homme et une femme on peut le pratiquer puisque la nature et la société le tolèrent du moment qu'on n'en parle pas et qu'on ne l'étale pas au grand jour. Son idéal du mariage était mesuré et élégant comme tous ses idéaux et il trouva en Anne une partenaire parfaite. Comme lui, elle était raffinée et appréciait le raffinement chez les autres. Tous deux s'aimaient tendrement. De belles conventions les soutenaient – tandis que de l'autre côté de la barrière Maurice errait, avec sur les lèvres des mots interdits, dans le cœur des désirs interdits, et ses bras n'étreignaient que du vent.

XXXIV

Maurice prit une semaine de vacances en août et partit pour Penge, ainsi qu'il y avait été convié, trois jours avant le match de cricket « Parc contre Village ». Il arriva d'humeur bizarre et amère. Il avait réfléchi à l'hypnotiseur de Risley et inclinait de plus en plus à le consulter. Sa vie était un tel enfer ! En ce moment, par exemple, tandis qu'il traversait le parc en voiture, il apercevait un garde-chasse qui batifolait avec deux servantes et son cœur se serra d'envie. Les filles étaient de vrais laiderons, l'homme par contre était loin d'être vilain garçon ; sans qu'il sût pourquoi cela augmentait encore son malaise. Amer et respectable, il contempla le trio. Les filles se sauvèrent en gloussant, l'homme lui rendit furtivement son regard, puis jugea plus prudent de toucher sa casquette. Il avait gâché ce petit jeu. Mais ils recommenceraient dès qu'il aurait tourné le dos et partout dans le monde filles et garçons se retrouvaient ainsi. Ne ferait-il pas mieux de transformer sa nature pour se conformer à l'usage ? Il prendrait une décision après sa visite – car, contre tout espoir, il espérait encore quelque chose de Clive.

— Clive est sorti, lui annonça sa jeune hôtesse. Il m'a chargée de vous transmettre ses amitiés ou quelque chose dans ce goût-là. Il sera de retour pour le dîner. Archie London s'occupera de vous, mais je suppose que vous n'en avez pas besoin.

Maurice sourit et accepta une tasse de thé. Le salon avait toujours le même air. Les petits groupes habituels se tenaient çà et là avec leurs mines importantes. Ce n'était plus la mère de Clive qui présidait mais, prétextant que la tuyauterie de la maison du douaire était défectueuse, elle en avait profité pour continuer à habiter Penge. L'impression de laisser-aller avait encore augmenté. À travers la pluie battante, il avait remarqué que les piliers de la grille penchaient. À l'intérieur de la maison, quelques somptueux présents de mariage faisaient tache comme des rapiéçages sur un vêtement élimé. Miss Woods n'avait pas renfloué Penge. Elle était accomplie et délicieuse, mais, comme les Durham, elle appartenait à cette classe que chaque année l'Angleterre rechigne davantage à entretenir grassement.

— Clive est parti faire sa tournée électorale, poursuivit la jeune femme. Il y aura une élection partielle en automne. Il les a finalement persuadés de le persuader de se présenter. (Elle avait ce talent des aristocrates pour devancer la critique.) Je plaisante mais, sérieusement, pour les pauvres, ce sera une chose merveilleuse s'il passe. Il est leur ami le plus sûr, si seulement ils le savaient !

Maurice acquiesça. Il se sentait assez enclin à parler des problèmes sociaux.

— Ils ont besoin d'être un peu éduqués, dit-il.

— Oui, ils ont besoin d'un chef, fit une voix douce mais distinguée, et tant qu'ils ne l'auront pas trouvé, ils souffriront.

Anne présenta à Maurice le nouveau recteur, Mr Borenius, une importation de son cru. Clive n'était pas très regardant sur le choix du pasteur pourvu que le candidat fût un gentleman et qu'il fût dévoué au village. Mr Borenius remplissait ces deux conditions, et il était High Church, ce qui compenserait l'influence de son prédécesseur qui avait été Low Church.

— Oh ! monsieur Borenius ! Comme c'est intéressant ! s'écria la vieille Mrs Durham de l'autre bout de la pièce. D'ailleurs, je suppose que, selon vous, nous avons tous besoin d'un chef. C'est bien aussi mon avis. (Elle jeta un regard à la ronde.) Nous avons tous besoin d'un chef, répéta-t-elle avec intention.

Les yeux de Mr Borenius suivirent les siens, cherchant peut-être quelque chose qu'il ne trouva pas car il ne tarda pas à s'éclipser.

— Il ne peut avoir à faire au rectorat, fit Anne songeusement. Mais il se conduit toujours ainsi.

Il vient chapitrer Clive au sujet des logements du village, et il ne reste pas pour dîner. Il est trop sensible, voyez-vous. Il se tourmente pour les pauvres.

— Je connais les pauvres, moi aussi, dit Maurice en prenant une tranche de gâteau. Mais je n'arrive pas à m'apitoyer. Il faut leur donner un petit coup de main par civisme, c'est tout. Ils n'ont pas le cuir très sensible. Ils ne souffrent pas comme nous à leur place.

Anne parut choquée, mais elle eut l'impression que ses cent livres étaient entre de bonnes mains.

— Mes caddies et un centre de jeunes des bas quartiers, c'est tout ce que je connais. Cependant j'ai appris un peu à y voir clair. Les pauvres n'ont pas besoin de pitié. Ils ne m'aiment jamais autant que lorsque je mets les gants et que je leur tape dessus.

— Ah ! Vous leur apprenez la boxe.

— Oui, et le football. Ce sont des sportifs minables.

— Je veux bien le croire. Mr Borenius dit qu'ils ont besoin d'amour.

— Je n'en doute pas, mais il ne faut pas qu'ils y comptent.

— Monsieur Hall !

Maurice essuya sa moustache et sourit.

— Vous êtes atroce ! s'écria-t-elle.

— Je ne me rendais pas compte. Je suppose que c'est sans doute l'impression que je donne.

— Et cela vous plaît ?

— On s'habitue à tout, dit-il en se tournant brusquement car la porte s'était ouverte derrière lui.

— Et moi qui reproche à Clive son cynisme ! Vous le battez largement.

— Je me suis habitué à être atroce, exactement comme les pauvres s'habituent à leurs taudis. Simple question de temps. (Il parlait avec aisance. Depuis son arrivée, il éprouvait une sorte de détachement ironique. Clive ne s'était pas donné la peine d'être là pour l'accueillir.) Parfait ! D'abord, on se débat un peu, et puis on s'habitue à sa niche. Au début, on jappe tous plaintivement comme une portée de chiots, ouah ! ouah ! (Son imitation inattendue la fit rire.) Et puis on s'aperçoit que les autres sont bien trop occupés pour y prêter attention, alors on cesse de japper. C'est comme ça.

— Un point de vue bien masculin, dit-elle en secouant la tête. Je ne laisserai jamais Clive l'adopter. Je crois en la solidarité. On doit s'entraider. Mais je suis probablement vieux jeu. Vous êtes un disciple de Nietzsche ?

— Connais pas !

Anne aimait bien ce Mr Hall dont Clive lui avait dit qu'elle risquait de le trouver d'un abord froid. C'était vrai, mais il avait manifestement de la personnalité. Elle comprenait pourquoi son mari l'avait choisi comme compagnon de voyage en Italie.

— Et pourquoi donc n'aimez-vous pas les pauvres ? interrogea-t-elle brusquement.

— Je ne les déteste pas. Simplement, je ne pense à eux que lorsque j'y suis obligé. Les taudis, le syndicalisme et tout ça représentent un danger public, et il faut faire un petit effort pour y remédier. Mais pas par amour ! Votre Mr Borenius refuse de voir les choses en face.

Elle resta silencieuse puis lui demanda son âge.

— Vingt-quatre ans demain.

— Ma foi, vous êtes très dur pour votre âge.

— Tout à l'heure vous me trouviez atroce. Vous n'êtes pas très indulgente avec moi, madame Durham.

— Peut-être, mais vous, vous avez des idées arrêtées, ce qui est pire.

Voyant qu'il fronçait les sourcils, elle craignit de s'être montrée insolente et amena la conversation sur Clive. Elle avait espéré qu'il serait déjà de retour. C'était fort contrariant, parce que, le lendemain, il devait s'absenter toute la journée. Le régisseur qui connaissait bien la circonscription l'emmenait en tournée électorale. Il fallait que Mr Hall les excuse et les aide pour le match de cricket.

— Cela va dépendre d'un certain projet… Il me faudra peut-être…

Elle le dévisagea avec une soudaine curiosité.

— Vous ne voulez pas monter voir votre chambre ? proposa-t-elle. (Et se tournant vers Archie :) Conduisez donc Mr Hall à la *chambre fauve.*

— Merci. Y a-t-il un courrier qui parte ce soir ?

— Non, mais vous pouvez télégraphier. Télégraphiez donc que vous restez, si je ne suis pas indiscrète.

— J'aurai peut-être un télégramme à envoyer. Je ne sais pas encore. Merci infiniment.

Puis il suivit Mr London en pensant : « Clive aurait pu être là pour m'accueillir, ne fût-ce qu'en souvenir du passé. Il aurait dû deviner combien je me sentirais malheureux. » Il n'aimait plus Clive, mais il pouvait encore souffrir à cause de lui. La pluie tombait à verse sur le parc, les bois étaient silencieux. Comme le crépuscule venait, il entra dans un nouveau cercle de tourments.

Il resta jusqu'au dîner dans sa chambre, luttant contre les fantômes d'autrefois. Si ce nouveau médecin pouvait modifier sa personnalité, n'était-il pas de son devoir d'aller le trouver, dussent son corps et son âme en être violés ? Le monde étant ce qu'il était, il fallait se marier ou pourrir. Il n'était pas encore détaché de Clive et il ne le serait pas tant qu'une influence plus forte ne se serait pas manifestée.

— Mr Durham est-il de retour ? demanda-t-il lorsque la femme de chambre lui apporta de l'eau chaude.

— Oui, monsieur.

— Il vient d'arriver ?

— Non, monsieur, il est rentré depuis une demi-heure.

Elle tira les rideaux, masquant ainsi la vue mais non le bruit de la pluie. Pendant ce temps,

Maurice griffonnait un télégramme. « Lasker Jones, 6 Wigmore Place, W. Veuillez m'accorder un rendez-vous jeudi, Hall. C/O Durham, Penge. Wiltshire. »

Il lui tendit la feuille.

— Je l'envoie tout de suite, monsieur.

— Merci mille fois, dit-il courtoisement, et il lui fit une grimace dès qu'elle eut tourné le dos.

Il y avait désormais un fossé entre son comportement public et son comportement privé. En descendant au salon il salua Clive sans un tressaillement. Ils se serrèrent la main cordialement.

— Vous avez l'air en pleine forme ! s'exclama Clive. Vous a-t-on présenté votre cavalière ?

Clive était devenu le parfait squire. Tous ses griefs contre la société s'étaient envolés depuis son mariage. Partageant les mêmes idées politiques, Maurice et lui avaient largement de quoi parler.

Pour sa part, Clive était enchanté de son visiteur. Anne l'avait trouvé « un peu bourru, mais très gentil », un jugement très favorable. En outre, Maurice avait l'air de bien s'entendre avec Archie London – important, cela, car Archie assommait Anne et il était du genre collant. Clive les confia l'un à l'autre pour la durée de leur séjour.

Dans le salon, ils parlèrent de nouveau politique et tombèrent d'accord pour dire que les radicaux sont des faux jetons et les socialistes des cinglés. La pluie dégringolait, monotone et interminable.

Quand la conversation tombait, son crépitement envahissait la pièce et vers la fin de la soirée, il y eut un ploc, ploc, sur le couvercle du piano.

— Voilà le fantôme de la famille qui revient ! annonça Mrs Durham avec un sourire radieux.

— Il y a un adorable petit trou dans le plafond, s'écria Anne. Clive, ne peut-on pas le laisser ?

— Il le faudra bien, observa-t-il en agitant la clochette. Déplaçons quand même le piano, ou il ne résistera plus très longtemps.

— Et si on mettait une soucoupe, suggéra Mr London. Dites-moi, Clive, si on mettait une soucoupe ? Un jour, au club, la pluie a traversé le plafond. J'ai sonné et le domestique a apporté une soucoupe.

— Ici, on sonne et personne n'apporte rien, fit Clive en carillonnant de nouveau. D'accord, on mettra une soucoupe, Archie, mais il faut également déplacer le piano. L'adorable petit trou dans le plafond peut s'agrandir pendant la nuit. Il n'y a qu'un appentis au-dessus.

— Pauvre Penge, soupira sa mère.

Tous s'étaient mis debout et contemplaient la fuite. Anne fourragea à l'intérieur du piano avec un buvard. La réunion s'était animée ; ils étaient tous ravis que la pluie ait créé cette agréable diversion.

— Apportez une bassine et un chiffon, voulez-vous, dit Clive quand la servante eut répondu à son appel. Et allez chercher un homme pour déplacer le piano et rouler le tapis. La pluie recommence à s'infiltrer.

— Nous avons dû sonner deux fois ! protesta sa mère. *Le délai s'explique*[1], ajouta-t-elle, car quand la bonne revint, il y avait avec elle, outre le valet, le garde-chasse. *C'est toujours comme ça quand*[2]... Nous avons aussi nos petites idylles à l'office, vous savez.

— Qu'est-ce qui vous tente pour demain, les hommes ? interrogea Clive en se tournant vers ses invités. Moi, j'ai ma tournée électorale. Je ne vous propose pas de m'accompagner. C'est d'un sinistre achevé ! Que diriez-vous d'un tour à la chasse ?

— Excellente idée, firent Maurice et Archie.

— Vous entendez, Scudder ?

— *Le bonhomme est distrait*[3], dit sa mère.

Le piano avait accroché un tapis au passage, et les domestiques, gênés de parler devant des gens « comme il faut », se lançaient des ordres contradictoires et se chuchotaient des « Quoi ? » étouffés.

— Scudder, ces messieurs iront chasser demain – je ne sais pas quoi d'ailleurs, mais soyez là à 10 heures. Si nous nous retirions à présent ?

— On se couche tôt à Penge, comme vous le savez, monsieur Hall, dit Anne.

---

1. En français dans le texte.
2. En français dans le texte.
3. En français dans le texte.

Puis elle souhaita une bonne nuit aux trois domestiques et ouvrit la marche vers les chambres. Maurice s'attarda pour choisir un livre. *L'Histoire du rationalisme* de Lecky l'aiderait peut-être à tuer le temps. La pluie tombait goutte à goutte dans la bassine, dans la galerie les hommes chuchotaient, agenouillés autour du tapis, comme s'ils lui rendaient les derniers devoirs.

— Mon Dieu, n'y a-t-il donc rien ici ! laissa échapper Maurice.

— J'espère que c'est pas à nous qu'il parle, dit le valet au garde-chasse.

Il emporta le Lecky, mais il n'arrivait pas à se concentrer et, au bout de quelques minutes, il le jeta sur le lit et médita sur son télégramme. L'atmosphère sinistre de Penge le fortifiait dans sa résolution. Il était dans une impasse effroyable, il fallait absolument qu'il fasse marche arrière et prenne un nouveau départ. D'après Risley, on pouvait être complètement métamorphosé pourvu qu'on liquide le passé. Adieu beauté, chaleur, amitié. Ouvrant les rideaux, il contempla longuement la pluie, et se frappa le visage en se mordant les lèvres.

XXXV

Le jour suivant fut encore plus lugubre. La seule chose qu'on puisse dire en sa faveur, c'est qu'il eut l'irréalité d'un cauchemar. Archie London pérorait, la pluie tombait à grosses gouttes, et au nom sacré de la chasse on leur fit sillonner la propriété en tous sens à la poursuite des lapins. Parfois ils en tuaient, parfois ils en rataient, parfois ils posaient des collets, parfois ils les chassaient au furet. Il fallait empêcher les lapins de proliférer et c'était peut-être pourquoi ce passe-temps leur avait été infligé : Clive était d'un naturel avisé. Lorsqu'ils rentrèrent déjeuner, Maurice eut une émotion : un télégramme de Mr Lasker Jones l'attendait. Il lui fixait un rendez-vous pour le lendemain. Mais son émotion fut de courte durée. Archie estimait qu'ils feraient mieux de repartir à l'assaut des lapins, et il était trop abattu pour refuser. La pluie tombait moins dru, en revanche le brouillard s'était épaissi, et vers l'heure du thé ils perdirent un furet. Le garde-chasse prétendit que c'était leur faute, Archie soutenait le contraire, ce qu'il entreprit de démontrer à Maurice à l'aide de croquis. À 8 heures, ils dînèrent et ce furent les conversations sur la politique, la fuite d'eau, les bassines et les soucoupes, et quand il eut regagné la *chambre fauve*, le bruit de la pluie derrière les rideaux, la même solitude, le même désespoir, et le fait que Clive fût assis maintenant sur son lit, seul avec lui, n'y changeait rien. Ce tête-à-tête aurait pu le toucher s'il s'était produit plus tôt. Mais Maurice avait été si peiné par la froideur de l'accueil, il s'était senti tellement rejeté, il avait passé une journée si solitaire et si stupide, que le passé ne trouvait plus d'écho en lui. Toutes ses pensées allaient vers Mr Lasker Jones, et il avait hâte d'être seul pour rédiger un compte rendu de son cas.

Clive sentait que le séjour de Maurice était un échec ; néanmoins, ainsi qu'il le lui fit observer, « la politique ne peut pas attendre et il se trouve que votre visite tombe au beau milieu de la campagne ». Il était également vexé d'avoir oublié que c'était aujourd'hui l'anniversaire de Maurice et il pressa leur invité de rester jusqu'après le match. Maurice dit qu'il était désolé : il venait d'apprendre qu'un rendez-vous urgent et imprévu l'appelait en ville.

— Pourquoi ne pas revenir ensuite ? Nous sommes de piètres hôtes, mais c'est un tel plaisir de vous avoir ! Considérez la maison comme un hôtel. Ne vous gênez pas avec nous et nous ferons de même avec vous.

— Le fait est que je songe à me marier, lança Maurice sans savoir pourquoi.

Les mots lui avaient échappé comme s'ils avaient une vie indépendante.

— J'en suis très heureux, dit Clive en baissant les yeux. J'en suis vraiment très heureux, mon cher Maurice. Il n'y a rien de plus magnifique au monde. C'est peut-être la seule chose…

— Je sais.

Il se demandait pourquoi il avait dit ça. Sa phrase s'était envolée vers la pluie : il avait sans cesse présents à l'esprit la pluie et les toits délabrés de Penge.

— Je ne veux pas vous ennuyer avec des phrases, mais je dois reconnaître qu'Anne l'avait deviné. Les femmes sont vraiment extraordinaires ! Depuis le début, elle me soutenait qu'il y avait anguille sous roche. J'ai ri, et maintenant il va falloir que je fasse amende honorable. Vous êtes très chic de me l'avoir annoncé. C'était mon vœu le plus cher.

— Je sais.

Il y eut un silence. Clive avait retrouvé ses anciennes manières. Il était généreux, charmant.

— Oh ! C'est formidable, n'est-ce pas ? Je… je suis si content ! Je n'arrive pas à trouver d'autres mots. Cela vous ennuierait que je le dise – rien qu'à Anne ?

— Pas du tout. Dites-le à tout le monde, s'écria Maurice avec une brutalité qui passa inaperçue. Vous pouvez même le proclamer sur les toits. Et si celle-là ne veut pas de moi, il y en a des tas d'autres.

Clive sourit un peu à cette remarque. Toutefois il était trop ravi pour la relever. Il était ravi en partie pour Maurice mais aussi en partie parce que ça l'arrangeait personnellement. Il détestait les situations équivoques, Cambridge, la *chambre bleue* ; certaines clairières dans le parc étaient chargées de souvenirs non pas gênants – il ne s'y était rien passé de déshonorant – mais légèrement ridicules. Tout récemment il était tombé sur des vers écrits par lui lors du premier séjour de Maurice à Penge, un poème morbide et aberrant de puérilité. « Fantômes des vieilles trirèmes grecques ». Comment avait-il pu invoquer en ces termes son robuste condisciple ? Cependant que Maurice eût également surmonté cette sentimentalité la purifiait à ses yeux, et les mots lui échappèrent à lui aussi comme s'ils étaient doués d'une vie indépendante.

— J'ai pensé à vous plus souvent que vous ne l'imaginiez, mon cher Maurice. Comme je vous l'ai dit l'automne dernier, j'ai pour vous énormément d'affection – au bon sens du terme –, et j'en aurai toujours. Nous étions de jeunes idiots, vous ne croyez pas ? Mais on peut tirer profit même de ces idioties. Elles nous ont mûris. Non, plus que ça. Elles ont tissé entre nous un lien indéfectible.

Vous et moi, nous nous connaissons, et nous avons confiance l'un en l'autre simplement parce qu'une fois nous avons été des idiots. Le mariage n'y change rien. Oh ! c'est formidable ! Je crois vraiment que…

— Alors, vous me donnez votre bénédiction ?

— Et comment !

— Merci.

Le regard de Clive s'adoucit. Il eut brusquement envie de céder à un élan chaleureux. Oserait-il emprunter un geste au passé ?

— Pensez à moi demain, dit Maurice. Et Anne aussi.

Une si gracieuse mention balaya ses derniers scrupules : délicatement il posa les lèvres sur la grosse main brune de son ami.

Maurice tressaillit.

— Ça ne vous ennuie pas ?

— Mais non.

— Je voulais seulement vous montrer, mon cher Maurice, que je n'avais pas oublié le passé. Je suis tout à fait de votre avis : nous ne devons plus jamais y faire allusion. Mais je tenais une dernière fois à vous le prouver.

— Très bien.

— N'êtes-vous pas heureux que tout cela finisse bien ?

— Comment ça ?

— Au lieu de l'imbroglio de l'année dernière.

— Oh, assez !

— Allons, à votre tour, et nous serons quittes.

Maurice posa froidement les lèvres sur le poignet amidonné d'une chemise du soir. Son geste accompli, il se redressa, tandis que Clive, charmé et plus amical que jamais, insistait pour qu'il revienne à Penge dès que les circonstances le lui permettraient.

Quand il fut parti, Maurice tira les rideaux et tomba à genoux, le menton contre l'appui de la fenêtre, la tête sous la pluie.

— Viens ! cria-t-il soudain, étonné lui-même.

Qui avait-il appelé ? Il n'avait pensé à rien. Les mots lui avaient échappé. Il se dépêcha de refermer la fenêtre sur le grand air et la nuit, réintégrant sa prison fauve. Puis il rédigea son compte rendu. La rédaction lui prit un certain temps, et bien qu'il n'eût rien d'un imaginatif, il alla se coucher l'esprit agité. Il aurait juré que quelqu'un lisait pardessus son épaule. Il n'était pas seul dans la pièce. Ou encore ce n'était pas vraiment lui qui écrivait. Depuis son arrivée à Penge, il avait l'impression de n'être plus lui-même mais un ensemble de voix se querellant en lui. Aucune cependant n'appartenait à Clive : il en était arrivé là !

XXXVI

Archie London rentrait lui aussi en ville et, très tôt le lendemain matin, ils attendaient ensemble dans le vestibule l'arrivée du coupé quand l'homme qui les avait traînés à la poursuite des lapins vint se poster dehors dans l'espoir d'un pourboire.

— Dites-lui d'aller se faire cuire un œuf, grommela Maurice. Il a refusé les cinq shillings que je lui offrais. Quel toupet !

Mr London fut scandalisé. Où allait-on si les domestiques commençaient à faire des manières ! Que voulaient-ils donc ? De l'or ? Dans ce cas, autant fermer boutique tout de suite. Il se lança dans une histoire où il était question de la garde-malade qui avait assisté sa femme après son accouchement. Pippa avait traité cette fille mieux que si elle eût été son égale. Mais que peut-on attendre de gens mal éduqués ? Mieux vaut pas d'éducation du tout qu'un semblant d'éducation.

— Ça, c'est bien vrai ! fit Maurice en bâillant.

N'empêche, Mr London pensait que malgré tout noblesse oblige.

— Oh ! Essayez si vous y tenez.

Archie London allongea une main sous la pluie.

— Hall ! Il a accepté, vous savez !

— Il a accepté, le bougre ! s'exclama Maurice. Alors, pourquoi n'a-t-il pas pris mon argent ? Je suppose que vous lui avez donné davantage.

Un peu gêné, Mr London confessa qu'il s'était montré plus large. Indéniablement le gaillard passait les bornes. Néanmoins, Mr London ne trouvait pas de très bon goût que Hall prenne la chose tellement à cœur. Quand les domestiques se montrent insolents, on les ignore, un point c'est tout.

Mais Maurice était tout à la fois furieux, fatigué, énervé à l'idée de son rendez-vous en ville, et il ressentit cet incident comme un affront personnel qui venait s'ajouter à la longue liste de rebuffades qu'il avait essuyées à Penge. Ce fut donc dans un esprit de vengeance qu'il s'approcha de la porte et lança de sa façon familière et un peu inquiétante :

— Hé ! Vous là-bas ! Alors, cinq shillings, ça ne vous suffit pas ? Monsieur n'accepte que de l'or !

Il fut interrompu par l'arrivée d'Anne qui était descendue leur dire au revoir.

— Bonne chance ! dit-elle à Maurice avec un sourire suave. (Elle marqua un temps d'arrêt comme pour l'inviter à des confidences. Comme aucune ne venait, elle ajouta :) Je suis contente que vous ne soyez pas si atroce.

— Vraiment ?

— Les hommes aiment bien jouer les cyniques. Clive est ainsi. N'est-ce pas, Clive ? Les hommes sont de drôles d'oiseaux, monsieur Hall. (Elle se mit à jouer avec son sautoir en souriant.) De drôles d'oiseaux... Bonne chance !

À présent Maurice l'enchantait. Sa situation et sa façon de se conduire lui paraissaient typiquement masculines.

— Une femme amoureuse, voyez-vous, expliqua-t-elle à Clive sur le perron tandis qu'ils regardaient leurs invités descendre, une femme amoureuse, au contraire, ne bluffe jamais. Je voudrais bien connaître le nom de la jeune fille.

Devançant les domestiques de la maison, le garde-chasse, manifestement honteux, porta lui-même dans le coupé la valise de Maurice. « Posez-la ici », dit celui-ci froidement. La voiture s'ébranla. Anne, Clive et Mrs Durham agitèrent la main et Mr London recommença le récit des malheurs de Pippa avec sa garde-malade.

— Si on aérait un peu ? suggéra la victime.

Il baissa la vitre et contempla le parc ruisselant de pluie. Quelle absurdité que toute cette pluie ! Qu'avait-elle donc à dégringoler comme ça ? Ah ! l'indifférence de l'univers envers l'homme ! Le coupé peinait en traversant les bois. On avait l'impression qu'il n'arriverait jamais à la gare et que les malheurs de Pippa n'en finiraient jamais.

Non loin du pavillon d'entrée montait un méchant petit raidillon toujours mal entretenu et bordé d'églantiers qui éraflèrent la carrosserie. L'une après l'autre, les fleurs ployaient à leur passage, les pétales maculés de boue. Certaines étaient rongées par les chenilles, d'autres ne s'ouvriraient jamais. Çà et là, la beauté triomphait, mais désespérément, fragile lueur dans la grisaille du monde. Maurice les examinait l'une après l'autre. Il se moquait bien des fleurs, mais ce fiasco l'irritait. Presque aucune ne parvenait à sa perfection. Sur telle branche, les fleurs alourdies penchaient trop, telle autre grouillait de chenilles, ou des galles la boursouflaient. Ah ! L'indifférence de la nature ! Et son incompétence ! Il se pencha par la portière pour voir s'il n'y en avait pas une qu'elle ait réussi à mener à bien et son regard rencontra deux grands yeux noirs.

— Bon sang ! Qu'est-ce que ce sacré garde-chasse fiche encore ici ?

— Impossible ! Nous l'avons laissé devant la maison !

— En courant, ce serait faisable.

— Pourquoi aurait-il couru ?

— C'est vrai, pourquoi ?

Il souleva le rideau à l'arrière du coupé et scruta les buissons de roses qu'un voile de brume lui dérobait déjà.

— C'était lui ?

— Je ne peux pas voir.

Son compagnon reprit aussitôt son récit et ne tarit plus jusqu'à ce qu'ils se séparent devant Waterloo Station.

Dans le taxi, Maurice relut son compte rendu et il fut alarmé par sa franchise. Lui qui n'avait pas osé aller trouver Jowitt, il allait de son propre chef se confier à un charlatan. En dépit des assertions de Risley, il mettait dans le même sac l'hypnotisme, le spiritisme et le chantage. Combien de fois n'avait-il pas maugréé contre ces pratiques en parcourant son *Daily Telegraph* ? Ne ferait-il pas mieux de battre en retraite ?

La maison, toutefois, lui fit bonne impression. Quand le docteur lui ouvrit, les petits Lasker Jones étaient en train de jouer dans l'escalier, des bambins charmants qui le prirent pour « Oncle Peter » et se pendirent à ses basques. Et quand il se retrouva dans la salle d'attente, un numéro de *Punch* sur les genoux, il se sentit pleinement rassuré. Il allait vers son destin calmement. Il désirait une femme afin de se mettre en ordre avec la société, d'apaiser ses ardeurs et d'avoir des enfants. Il n'envisageait pas le mariage comme une source de joie – au pis-aller Dickie avait incarné cette forme de félicité – car, durant son long combat, il avait oublié ce qu'était l'Amour, et il n'attendait pas de Mr Lasker Jones le bonheur mais la paix.

Ce gentleman acheva de le mettre en confiance en répondant à l'idée qu'il se faisait de l'homme de science éclairé. Blême et inexpressif, il était assis derrière un bureau à cylindre dans une vaste pièce aux murs nus. « Monsieur Hall ? », dit-il en tendant une main glacée. Il parlait avec un accent légèrement américain. « Eh bien, monsieur Hall, qu'est-ce qui ne va pas ? » Maurice à son tour devint détaché. C'était comme s'ils s'entretenaient d'un tiers. « J'ai tout consigné ici, dit-il en tendant son compte rendu. J'ai consulté un médecin sans succès. Je ne sais pas si vous pouvez quelque chose. »

Mr Lasker Jones lut le compte rendu.

— Je n'ai pas eu tort de venir vous voir, j'espère ?

— Nullement, monsieur Hall. Soixante-quinze pour cent de mes patients sont dans le même cas que vous. Ce compte rendu est-il récent ?

— Je l'ai écrit la nuit dernière.

— Et fidèle ?

— C'est-à-dire que, naturellement, j'ai modifié le nom des personnes et des lieux.

Mr Lasker Jones n'eut pas l'air de considérer que ce fût tellement naturel. Il posa plusieurs questions sur ce Mr Cumberland, le pseudonyme que Maurice avait donné à Clive, et demanda s'ils avaient eu des rapports. Dans sa bouche cette question paraissait curieusement anodine. Il n'était ni approbateur, ni désapprobateur, ni compatissant ; il ne prit pas garde non plus à une soudaine explosion de Maurice contre la société. Et bien que celui-ci eût soif de sympathie – depuis un an personne ne lui en avait témoigné la moindre –, cette froideur convenait à son humeur présente. Une attitude bienveillante l'eût ébranlé dans sa résolution.

— De quoi suis-je donc atteint ? demanda-t-il. Est-ce que ça porte un nom ?

— Homosexualité congénitale.

— Congénitale jusqu'à quel point ? Peut-on y remédier ?

— Certainement, si vous y êtes disposé.

— Le fait est que j'ai à l'égard de l'hypnotisme un préjugé dépassé.

— Je crains fort que vous ne le conserviez après avoir essayé, monsieur Hall. Je ne puis vous promettre la guérison. Je vous ai dit que soixante-quinze pour cent de mes patients étaient dans votre cas. Toutefois je n'ai réussi que pour cinquante pour cent d'entre eux.

Cet aveu inspira confiance à Maurice. Un charlatan n'eût pas été si sincère.

— Tentons le coup, dit-il en souriant. Que dois-je faire ?

— Rester simplement où vous êtes. Je vais faire une expérience pour voir à quel point la tendance est enracinée. Ensuite vous reviendrez – si vous le souhaitez – pour un traitement régulier. Je vais essayer de vous endormir, monsieur Hall. Si je réussis, je vous suggestionnerai, et quand vous vous réveillerez, mes suggestions hypnotiques se seront intégrées, je l'espère, à votre personnalité. N'essayez pas de résister.

— Très bien. Allez-y.

Mr Lasker Jones se leva alors de son bureau et vint s'asseoir sur le bras du fauteuil de Maurice. Maurice avait l'impression qu'il allait lui arracher une dent. Pendant un petit moment, rien ne se passa, mais bientôt son regard fixa une tache lumineuse sur les chenets et le reste de la pièce s'assombrit. Il ne pouvait presque plus distinguer que la tache, il n'entendait plus que la voix du médecin et la sienne ; manifestement il entrait en état hypnotique. Ce succès l'emplit de fierté.

— Vous n'êtes pas encore tout à fait endormi, je pense.

— Non, pas tout à fait.

Le médecin fit encore quelques passes.

— Et maintenant ?

— C'est mieux.

— Vous êtes tout à fait endormi ?

Maurice acquiesça, mais il n'en était pas absolument sûr.

— Maintenant que vous dormez, comment trouvez-vous ma salle de consultation ?

— C'est une pièce agréable.

— Pas trop sombre ?

— Un peu sombre.

— Cependant vous pouvez voir le tableau qui est accroché là, n'est-ce pas ?

Aussitôt Maurice distingua un tableau sur le mur opposé, et pourtant il savait qu'il n'y en avait pas.

— Allez y jeter un coup d'œil, monsieur Hall. Approchez-vous. En passant, attention à la déchirure dans le tapis.

— Est-elle large ?

— Vous pouvez l'enjamber.

Maurice décela immédiatement une déchirure qu'il franchit d'un bond, mais il n'était pas convaincu que ce fût nécessaire.

— Fort bien. Maintenant qui représente ce portrait, à votre avis ?

— Qui représente ce portrait ?

— Edna May.

— Mr Edna May.

— Non, monsieur Hall, Miss Edna May.

— Mr Edna May.

— N'est-elle pas ravissante ?

— Je veux retourner chez Maman.

Tous deux rirent de cette remarque, le médecin le premier.

— Miss Edna May n'est pas seulement belle, elle est très séduisante.

— Elle ne me séduit pas, fit Maurice avec humeur.

— Voyons, monsieur Hall, vous n'êtes pas très galant ! Regardez sa magnifique chevelure.

— Je préfère les cheveux courts.

— Pourquoi donc ?

— Parce que je peux les caresser…

Il éclata en sanglots et revint à lui dans le fauteuil. Ses joues étaient humides de larmes, mais il se sentait dans son état habituel et se mit aussitôt à parler :

— J'ai fait un rêve quand vous m'avez réveillé. Il vaut mieux que je vous le raconte. Il me semble avoir vu un visage, et une voix me disait « Voilà ton ami ». Est-ce bon signe ? J'ai souvent cette impression… Je ne peux pas l'expliquer. Comme si quelque chose venait vers moi dans mon sommeil et pourtant je n'arrive jamais à bien m'en souvenir.

— Et cette fois, vous vous en souvenez ?

— Presque. C'est mauvais signe ?

— Non, non… Vous êtes réceptif à la suggestion. Je vous ai fait voir un tableau sur le mur.

Maurice hocha la tête : il avait tout à fait oublié. Il y eut un silence durant lequel il tira de sa poche deux guinées et demanda un second rendez-vous. Il fut entendu qu'il téléphonerait la semaine suivante. Entre-temps, Mr Lasker Jones tenait à ce qu'il retourne tranquillement se reposer à la campagne.

Maurice ne doutait ni de l'accueil chaleureux de Clive et de sa femme ni de leur influence bénéfique. Penge était un antidote parfait. Il l'aidait à rejeter ce passé empoisonné qui lui avait paru si doux. Il le guérissait de la tendresse et de l'humanité. Très bien, il retournerait à Penge, dit-il. Il télégraphierait à ses amis et partirait par l'express de cet après-midi.

— Prenez un peu d'exercice, mais sans excès, monsieur Hall. Une partie de tennis, un tour à la chasse.

— Toute réflexion faite, se ravisa Maurice, peut-être ne retournerai-je pas là-bas.

— Et pourquoi donc ?

— Ma foi… c'est un peu idiot de faire ce long voyage deux fois dans la journée.

— Vous préférez donc rentrer chez vous ?

— Oui… Non, c'est-à-dire que… Bon, très bien, je retournerai à Penge.

XXXVII

À son retour, il fut amusé d'apprendre que le jeune couple partait justement pour vingt-quatre heures en tournée électorale. À présent, il tenait moins à Clive que ce dernier ne tenait à lui. Ce baiser sur la main lui avait ouvert les yeux. C'était un baiser si sottement prude et hélas ! si révélateur. À en croire Clive, la rareté faisait le prix. Non seulement la moitié valait plus que le tout – à Cambridge, Maurice l'avait volontiers admis –, mais on lui offrait maintenant le quart en soutenant que c'était plus précieux que la moitié. Le bonhomme se figurait-il qu'il était de bois ?

Clive lui expliqua qu'il n'eût jamais pris cet engagement si Maurice lui avait laissé espérer qu'il comptait revenir. De toute façon, ils seraient de retour pour le match. Anne chuchota : « Ça a marché ? » Maurice répondit : « Couci-couça », sur quoi elle le prit sous son aile protectrice et offrit d'inviter la jeune dame à Penge. « Est-elle très séduisante, monsieur Hall ? Je suis sûre qu'elle a de grands yeux noirs. » Là-dessus Clive l'appela et ils abandonnèrent Maurice à la compagnie de Mrs Durham et de Mr Borenius.

Il était en proie à une agitation inaccoutumée qui lui rappelait cette fameuse nuit à Cambridge où il s'était rendu dans l'appartement de Risley. Pendant son bref voyage en ville, la pluie avait cessé. Il eut envie de se promener au crépuscule, de regarder le coucher de soleil, d'écouter les arbres ruisseler. Fantomatiques mais parfaits, les œnothères s'ouvraient avec le soir et l'émurent par leur odeur. Clive les lui avait montrés jadis, mais il n'avait jamais parlé de leur odeur. Il se sentait bien dehors parmi les rouges-gorges et les oiseaux de nuit. Il allait et venait doucement, tête nue, en attendant que le gong l'invite à monter s'habiller pour le dîner et que les rideaux de la chambre fauve se ferment de nouveau sur la nuit. Non, il n'était plus le même. Un profond changement s'opérait en lui aussi sûrement qu'à Birmingham quand la mort s'était détournée de lui. Grâces en soient rendues à Mr Lasker Jones ! Un changement plus profond que s'il avait été le fruit d'un effort conscient et qui pouvait l'amener victorieusement dans les bras de Miss Tonks.

Tandis qu'il flânait ainsi, l'homme qu'il avait, le matin, vertement tancé s'approcha, toucha sa casquette et lui demanda s'il comptait aller chasser le lendemain. Il ne pouvait évidemment en être question puisque c'était le jour du match : il avait saisi ce prétexte afin de se ménager une occasion de présenter des excuses : « Pour sûr, je regrette de ne pas vous avoir donné satisfaction à Mr London et à vous, monsieur », dit-il. Maurice, dont la colère était tombée, répliqua : « C'est bon, Scudder, n'en parlons plus. » Scudder faisait partie des innovations qui avaient marqué à Penge les débuts d'un style de vie plus large depuis que la politique et Anne y avaient fait leur entrée. Il était plus futé que le vieux Mr Ayres, le premier garde-chasse, et le savait. Il laissa entendre qu'il avait refusé les cinq shillings parce que c'était trop, mais n'expliqua pas pourquoi il avait accepté les dix ! Il ajouta : « Content de vous voir déjà de retour, monsieur », réflexion qui parut à Maurice légèrement déplacée. « C'est bon, c'est bon, Scudder », répéta-t-il, et il rentra dans la maison.

C'était un dîner en smoking et non en habit puisqu'ils ne seraient que trois, et, bien qu'il eût pendant des années accepté ces conventions, il les trouva brusquement ridicules. Qu'importait la tenue pourvu que la chère fût bonne et les convives agréables ? Un sentiment de honte l'envahit pendant qu'il boutonnait sa chemise bien amidonnée. Il n'avait aucun droit, songea-t-il, à critiquer ceux qui vivaient au grand air. Que Mrs Durham paraissait donc sèche ! C'était Clive avec la jeunesse en moins. Et Mr Borenius, quel raseur ! Il fallait pourtant lui rendre cette justice : il réservait des surprises. Maurice faisait peu de cas des clergymen en général et il avait prêté peu d'attention à celui-là. Aussi fut-il stupéfait de l'entendre se prononcer avec vigueur après le dessert. Il aurait cru qu'en tant que recteur de la paroisse Mr Borenius soutiendrait la candidature de Clive. Mais l'autre déclara, péremptoire :

— Je ne vote pas pour qui se refuse à communier, et Mr Durham le sait fort bien.

— Les radicaux sont les ennemis de l'Église, ne l'oubliez pas, fut tout ce que Maurice trouva à répliquer.

— C'est pourquoi je ne vote pas pour le candidat radical, bien qu'il soit pratiquant.

— Vous êtes bien pointilleux, monsieur, si je puis me permettre. Clive fera tout ce que vous pouvez souhaiter. Vous devriez plutôt vous réjouir qu'il ne soit pas athée. C'est monnaie courante de nos jours, vous savez.

Mr Borenius répliqua en souriant :

— L'athée est plus près du royaume des cieux que l'helléniste. « Si vous ne retournez à l'état des enfants, vous ne pourrez entrer dans le royaume des Cieux. » Et qu'est-ce qu'un athée sinon un enfant ?

Maurice réfléchit, mais avant qu'il ait pu trouver une réponse le valet entra et lui demanda s'il avait des ordres pour le garde-chasse.

— Non, merci, Simcox. Je l'ai vu avant le dîner. Demain c'est le match. Je le lui ai déjà dit.

— Oui, mais il se demande si vous n'aimeriez pas descendre vous baigner dans l'étang pendant une pause, maintenant que le temps s'est mis au beau. Il a écopé le bateau.

— C'est très gentil de sa part.

— Si c'est de Mr Scudder qu'il s'agit, j'aimerais lui parler, intervint Mr Borenius.

— Pouvez-vous lui faire la commission, Simcox ? Dites-lui aussi que je n'irai pas me baigner.

Quand le valet fut sorti, il ajouta :

— Préférez-vous lui parler ici ? Surtout ne vous gênez pas à cause de moi.

— Merci, monsieur Hall, mais il vaut mieux que j'aille le trouver en bas. Il se sentira plus à l'aise à l'office.

— Ça, je n'en doute pas. Il y a par là-bas quelques jupons...

— Ah ! Ah ! (Mr Borenius avait l'air de quelqu'un que la question du sexe effleurait pour la première fois.) Vous ne sauriez pas, par hasard, s'il fréquente quelqu'un sérieusement ?

— Je crains de ne pas pouvoir vous renseigner. Le jour de mon arrivée, je l'ai vu lutiner deux filles à la fois, si ce détail peut vous être de quelque utilité.

— Il arrive parfois que ce genre d'hommes se laisse aller plus facilement à des confidences pendant une partie de chasse. Le grand air, l'esprit de camaraderie…

— Pas avec moi, monsieur. Pour tout dire, Archie London et moi, nous étions assez montés contre lui. Il veut faire son intéressant et nous avons trouvé qu'il se conduisait plutôt comme un porc.

— Pardonnez mon indiscrétion.

— Pas de quoi, fit Maurice, furieux au fond de lui-même que le recteur eût pris ce ton méprisant pour parler de la camaraderie au grand air.

— Pour être franc, j'aimerais bien voir ce jeune homme établi avec une compagne sérieuse, avant son départ. Lui et tous les jeunes gens, ajouta Mr Borenius en souriant.

— Parce qu'il part ?

— Oui, il a l'intention d'émigrer.

Il prononça « émigrer » d'une façon particulièrement irritante et se dirigea vers les cuisines.

Maurice flâna cinq minutes dans le massif. La nourriture et le vin l'avaient échauffé et il songea avec quelque inconséquence que même ce vieux Chapman avait fait des fredaines. Lui seul, sous l'égide de Clive, avait trouvé le moyen d'allier une libre pensée avec la vertu d'un enfant de chœur. Mais quoi ! Il n'était pas Mathusalem. Il avait droit à prendre du bon temps. Oh, ces odeurs enivrantes ! Ces taillis pleins de recoins, et ce ciel aussi sombre que les fourrés. Ils le rejetaient. Sa place était dans la maison. C'était là qu'il moisirait, pilier respectable de la société, sans avoir eu jamais l'occasion de jeter sa gourme. L'allée qu'il suivait débouchait sur un portillon qui donnait accès au parc, mais l'herbe mouillée risquait d'abîmer ses chaussures et il dut rebrousser chemin. Ce faisant, il se heurta à un costume de velours côtelé et quelqu'un le retint un instant par les coudes. C'était Scudder qui fuyait Mr Borenius. Une fois libéré, Maurice reprit sa rêverie. La partie de chasse de la veille qui, sur le moment, ne lui avait pas fait grande impression commença doucement à prendre du relief. Brusquement il se rendait compte que malgré son ennui quelque chose s'était passé en lui. Dans sa mémoire défilèrent alors tous les événements qui s'étaient succédé depuis son arrivée, le déménagement du piano, par exemple, les cinq shillings de pourboire ce matin, et maintenant… Quand il arriva à « maintenant », ce fut comme si un courant électrique passait à travers cette chaîne d'événements insignifiants, si bien qu'il préféra renoncer et la laisser retomber dans l'oubli. « Sapristi, quelle nuit ! » songea-t-il. Il aspira quelques bouffées d'air pur, puis le portillon qui avait un moment tinté dans le lointain parut se refermer avec un bruit sec sur la liberté, et il rentra dans la maison.

— Oh, monsieur Hall, quelle charmante coiffure ! s'écria la vieille dame.

— Coiffure ?

Il s'aperçut que ses cheveux étaient tout jaunes du pollen des œnothères.

— Ne les brossez pas surtout ! C'est exquis sur vos cheveux sombres. Monsieur Borenius, notre ami n'est-il pas tout à fait bachique ?

Le clergyman leva un regard aveugle. L'entrée de Maurice l'avait dérangé au milieu d'une conversation sérieuse.

— Voyons, madame Durham, insista-t-il, vous m'aviez pourtant bien dit que tout votre personnel avait été confirmé !

— Je le croyais, monsieur Borenius, je le croyais.

— Et voilà que je vais à l'office et que je surprends trois domestiques en défaut : Simcox, Scudder et Mrs Wetherhall. Pour Simcox et Mrs Wetherhall, je peux prendre des dispositions. Mais pour Scudder, le problème est plus épineux. Même si on arrachait son consentement à l'évêque, je n'aurais pas le temps de le préparer convenablement avant son départ.

Mrs Durham essayait de prendre un air soucieux. Maurice, lui, s'amusait ouvertement. Elle suggéra que Mr Borenius remette à Scudder une lettre d'introduction pour un clergyman de là-bas. Il devait bien y en avoir un.

— Certes, mais la présentera-t-il ? Ce n'est pas qu'il soit hostile à la religion, mais il risque de pécher par négligence. Si seulement on m'avait dit lesquels de vos domestiques n'ont pas reçu la confirmation, le mal eût été évité.

— Les domestiques sont si écervelés ! soupira la vieille dame. Ils ne me disent rien. Tenez, c'est comme pour Scudder. De but en blanc, il a demandé son congé à Clive. Son frère lui paie son voyage, alors il s'en va ! Voyons, monsieur Hall, donnez-nous votre avis sur cette affaire. Que feriez-vous à notre place ?

— Notre jeune ami condamne l'Église tout entière, militante et triomphante.

Maurice fit un effort pour sortir de sa torpeur. Si le pasteur n'avait pas eu ce vilain museau, la question l'eût laissé indifférent. Mais il ne pouvait supporter ce visage cauteleux qui se riait de la jeunesse. Scudder nettoyait des fusils, portait des bagages, écopait un bateau, émigrait, bref, il faisait quelque chose au moins, tandis que les gens comme il faut, affalés dans leurs fauteuils, lui cherchaient des chicanes à propos de son âme. S'il courait après un pourboire, c'était assez naturel, et si ce n'était pas le cas, c'était un garçon bien. De toute façon, Maurice ne les laisserait pas se payer de mots.

— Comment savez-vous s'il communiera une fois confirmé ? dit-il. Moi, je ne communie pas.

Mrs Durham toussota ; cette fois le jeune homme allait trop loin.

— Mais du moins on vous en a donné la possibilité. Le prêtre a fait pour vous tout ce qui était en son pouvoir. Scudder, lui, n'a pas reçu cette chance. C'est donc l'Église qui est coupable. Voilà pourquoi j'attache tant d'importance à une formalité qui doit vous paraître bien futile.

— Je suis peut-être très stupide, mais je crois comprendre. Vous voulez être sûr que désormais la faute retombe sur lui et non plus sur l'Église. Eh bien, monsieur, si c'est là votre conception de la religion, ce n'est pas la mienne, et ce n'était pas non plus celle du Christ.

C'était le discours le plus subtil qu'il eût jamais tenu. Depuis sa séance d'hypnotisme, il avait de ces lueurs d'intelligence inhabituelles. Mais Mr Borenius ne se laissait pas facilement démonter. Il répliqua, affable :

— L'incroyant se fait toujours une idée si claire de la foi ! J'aimerais bien être à moitié aussi sûr de moi.

Sur ce il se leva et partit. Maurice l'accompagna par le raccourci à travers le verger. Contre le mur était appuyé l'objet de leurs discussions, attendant probablement l'une des servantes. Cette nuit, il semblait hanter les lieux. Maurice ne l'eût jamais distingué tant était profonde l'obscurité. Ce fut Mr Borenius qui lui arracha un faible « Bonsoir, monsieur » qui ne s'adressait à personne en particulier. Une délicate odeur de fruit embaumait l'air : il était fort à craindre que le jeune homme n'eût volé un abricot. Partout flottaient des odeurs délicieuses et, malgré le froid, Maurice s'en retourna à travers le massif afin de s'imprégner encore du parfum des œnothères.

De nouveau il entendit le prudent « Bonsoir, monsieur » et dans un élan de sympathie pour le réprouvé, il répondit :

— Bonne nuit, Scudder, il paraît que vous allez émigrer.

— C'est dans mon idée, monsieur, dit la voix.

— Eh bien, bonne chance !

— Merci, monsieur. Ça me fait tout drôle.

— Canada ou Australie, je présume.

— Non, monsieur, Argentine.

— Ah ! Ah ! Un beau pays.

— Vous y êtes déjà allé, monsieur ?

— Ma foi, non. L'Angleterre me suffit, dit Maurice en s'éloignant.

De nouveau, il buta contre un costume de velours côtelé, puis reprit sa promenade. Des banalités. Une rencontre insignifiante. Et pourtant, elles s'harmonisaient avec l'obscurité et la sérénité de l'heure ; elles convenaient à son humeur. Une sensation de bien-être l'envahit qui dura jusqu'à la maison. À travers la fenêtre, il aperçut Mrs Durham, les muscles relâchés et laide. Dès qu'il entra, elle retrouva son sourire de commande. Il fit de même, et ils échangèrent quelques propos de salon sur sa journée en ville avant de gagner leurs chambres respectives.

Depuis un an il dormait mal, et à peine allongé, il sut que la nuit serait pénible. Les événements des douze dernières heures l'avaient surexcité et se bousculaient dans sa tête.

Le départ à l'aube, le voyage avec Archie London, la visite chez Mr Lasker Jones, et en arrière-plan, lancinante, la peur d'avoir omis quelque chose qu'il aurait dû dire, d'avoir passé sous silence un point essentiel dans sa confession au médecin. Mais quoi ? Il avait rédigé son compte rendu dans cette même pièce et sur le moment il en avait été satisfait. Malgré l'interdiction de Mr Lasker Jones, il commença à se torturer la cervelle. Pourtant, il réfléchissait trop, il n'arriverait jamais à guérir. En principe il devait garder l'esprit en repos afin de laisser germer les suggestions semées pendant la séance, sans chercher à savoir si elles porteraient leurs fruits ou pas. Mais c'était plus fort que lui. Loin de l'engourdir, Penge semblait le stimuler plus que n'importe quel endroit au monde. Des impressions fulgurantes s'agitaient dans sa tête, un tourbillon de fruits et de fleurs. Des images qu'il n'avait jamais vues, par exemple, un bateau qu'on écope, le poursuivaient au fond de sa chambre. Ah, trouver l'obscurité ! Non pas celle d'une pièce étroitement close, mais une obscurité sans limites et sans contraintes. Vaine aspiration ! Il avait payé un médecin deux guinées pour s'emmurer plus étroitement et bientôt, dans un cube sombre pareil à celui-ci, Miss Tonks serait couchée à ses côtés, prisonnière comme lui. Et au fur et à mesure que le levain de l'hypnotiseur fermentait en lui, Maurice croyait voir un personnage qui se modifiait à son gré, tantôt homme tantôt femme, et bondissait à travers un terrain de football où il se baignait… Il gémit dans son demi-sommeil. Il y avait d'autres choses dans l'existence que ces balivernes. Si seulement il pouvait les atteindre : l'amour, la noblesse, les grands espaces où la passion et la paix se rejoignent, ignorés de la science et pourtant réels, parfois couverts de forêts, et pour seul horizon la voûte du ciel et un ami…

Il dormait pour de bon lorsqu'il sauta de son lit et ouvrit tout grand les rideaux avec un cri : « Viens ! » Son geste le réveilla. Qu'est-ce qui lui avait pris ? Une brume flottait sur l'herbe du parc et les troncs des arbres en émergeaient comme les signaux de navigation dans l'estuaire près de sa vieille école. Il faisait bigrement froid. Il ferma les poings en frissonnant. La lune s'était levée. Sa chambre était située au-dessus du salon et les ouvriers qui étaient venus réparer le toit de la véranda avaient laissé leur échelle appuyée contre le rebord de sa fenêtre. Curieux. Il en vérifia la stabilité et jeta un coup d'œil vers les bois, mais son désir de s'y réfugier s'évanouissait à présent qu'il en avait la possibilité. À quoi bon ? Il était trop vieux pour aller faire l'idiot dans l'herbe humide.

Mais lorsqu'il se recoucha un petit bruit tout proche frappa son oreille. Il eut le sentiment de brûler et de crépiter, et il vit osciller le haut de l'échelle dans le clair de lune ; la tête et les épaules d'un homme apparurent et s'immobilisèrent ; un fusil vint s'appuyer doucement contre le rebord de la fenêtre, et quelqu'un qu'il connaissait à peine s'approcha, et s'agenouilla, et chuchota : « Monsieur, c'est vous qui m'avez appelé ? Je sais, monsieur… je sais… » Et une main se posa sur la sienne.

XXXVIII

— Je ferais pas mieux de partir maintenant, monsieur ?

Abominablement timide, Maurice fit mine de ne pas entendre.

— Il faudrait quand même pas qu'on s'endorme. Vous voyez pas si quelqu'un entrait ! poursuivit le garçon avec un petit rire étouffé qui émut Maurice en même temps qu'il l'attristait.

Il parvint à dire : « Voyons, il ne faut pas m'appeler monsieur », et le petit rire s'éleva de nouveau comme pour balayer ces détails. On eût dit que son compagnon lisait en lui à livre ouvert. Cependant l'embarras de Maurice augmentait.

— Je peux vous demander votre nom ? dit-il gauchement.

— Scudder.

— Je sais bien que vous êtes Scudder !... Je voulais dire votre petit nom.

— Alec simplement.

— C'est joli.

— Ben, c'est mon nom.

— Moi, c'est Maurice.

— Je vous ai vu le jour que vous êtes arrivé, monsieur Hall. Mardi c'était, je crois. Vous me regardiez tout gentil et furieux à la fois.

— Avec qui étiez-vous donc ? demanda Maurice au bout d'un silence.

— Oh, c'était que Milly et la cousine à Milly. Et puis, vous vous rappelez pas, le même soir il a fallu déplacer le piano, et vous arriviez pas à trouver un livre. Même que vous l'avez pas lu.

— Comment le savez-vous ?

— Je vous ai vu rester penché à la fenêtre. Et la nuit d'après aussi. J'étais sur la pelouse.

— Comment ? Par cette pluie battante ?

— Oui… je surveillais… Oh, c'est rien ! Faut bien que quelqu'un surveille, pas vrai ? Et puis, voyez-vous, j'en ai plus pour longtemps dans ce pays, c'est ce que je me dis.

— J'ai été odieux avec vous ce matin !

— Oh, pensez ! Ça fait rien… Faites excuse, mais la porte est bien fermée à clé ?

— Je vais tirer le verrou.

Ce geste augmenta sa gêne. Jusqu'où n'allait-il pas déchoir ? Après Clive, ce compagnon-là…

Bientôt ils s'endormirent.

Ils dormirent d'abord séparément comme s'ils craignaient la proximité ; mais au matin, le sommeil les avait rapprochés, et ils s'éveillèrent dans les bras l'un de l'autre. « Je ferais pas mieux de partir maintenant ? » répéta Scudder. Mais Maurice, qui, au début de la nuit, avait été agité de rêves confus, reposait enfin paisiblement, et il murmura : « Non, non, pas encore. »

— Quatre coups ont sonné à l'église, monsieur. Il faut que vous me laissiez partir.

— Maurice ! Appelez-moi Maurice !

— Mais l'église…

— Au diable l'église !

— J'ai le terrain de cricket à passer au rouleau pour le match, fit Scudder, mais sans bouger, et on eût dit qu'il souriait avec fierté dans la lumière pâle. J'ai aussi les oiseaux à m'occuper. Le canot c'est fait. Mr London et Mr Fetherstonhaugh, ils plongent d'en haut au milieu des nénuphars. Tous les jeunes gentlemen savent plonger, qu'ils m'ont dit. Moi, j'ai jamais appris. Ça paraît quand même plus naturel de pas mettre la tête sous l'eau. Moi, j'appelle ça se noyer avant son heure.

— On m'a toujours dit que je serais malade si je ne me mouillais pas les cheveux.

— Ben, ce qu'on vous a raconté, c'étaient des menteries.

— Je le crois volontiers. Cela va de pair avec le reste. C'est un maître en qui j'avais grande confiance quand j'étais gosse qui m'a appris ça. Je me revois encore me promenant avec lui le long de la plage… oh là là ! Et la marée qui montait ! La mer était grise…

Il se secoua, tout à fait réveillé, et sentit son compagnon se glisser hors du lit.

— Non ! Ne vous en allez pas ! Pourquoi partez-vous ?

— Il y a le match…

— Non, pas le match… Vous partez à l'étranger.

— On trouvera bien une autre occasion avant mon départ.

— Si vous restez, je vous raconterai mon rêve. J'ai rêvé de mon grand-père. C'était un drôle de bonhomme. Je me demande ce que vous en auriez pensé. Il croyait que les morts vont dans le Soleil, mais il était dur avec ses employés.

— Moi j'ai rêvé que le révérend Borenius essayait de me noyer. Mais maintenant, faut vraiment que je parte. C'est pas le moment de causer ou je vais drôlement me faire enguirlander par Mr Ayres.

— N'avez-vous jamais rêvé que vous aviez un ami, Alec ? Rien d'autre. Seulement « un ami ». Et il vous aidait et vous l'aidiez. Un ami, répéta-t-il, soudain attendri. Et vous vous aimiez pour la vie. Je suppose que ça n'existe que dans les rêves.

Mais l'heure n'était plus aux digressions. Il fallait maintenant qu'Alec réintègre sa classe. À l'aube, chacun devait reprendre sa route. Au moment où il atteignait la fenêtre, Maurice le rappela :

« Scudder ! », et il se tourna comme un chien bien dressé.

— Alec, vous êtes un brave garçon, et nous avons été très heureux.

— Essayez de dormir encore un peu. Pour vous y a rien qui presse, fit l'autre gentiment.

Il ôta le fusil qui les avait protégés pendant la nuit. Les montants de l'échelle oscillèrent de nouveau contre le ciel pâle pendant qu'il descendait, puis s'immobilisèrent. Il y eut un crissement léger sur le gravier, le petit grincement métallique du portillon qui séparait le potager du parc, et puis ce fut comme si rien ne s'était passé. Le silence se referma sur la *chambre fauve*, bientôt interrompu par les bruits familiers du jour nouveau qui commençait.

XXXIX

Maurice courut tirer le loquet et regagna son lit d'un bond.

— Je vois que Monsieur a déjà tiré les rideaux. Belle journée, monsieur. Belle journée pour le match, dit Simcox, assez surexcité.

Son plateau à la main, il considéra la chevelure noire qui était tout ce qui dépassait des couvertures. Aucune réponse ne vint. Frustré de la petite conversation matinale que Mr Hall jusque-là ne lui avait jamais marchandée, il ramassa le smoking et ses accessoires et les emporta pour les brosser.

Simcox et Scudder, deux domestiques. Maurice se dressa sur son séant et but une tasse de thé. Il faudrait qu'il fasse un cadeau à Scudder. Mais quoi ? Pas une motocyclette en tout cas ! Puis il se rappela que le jeune homme devait émigrer, ce qui simplifiait le problème. Son visage cependant gardait une expression inquiète : il se demandait si Simcox n'avait pas été surpris de trouver la porte fermée à clé. Et sa remarque « Monsieur a déjà tiré les rideaux » ne cachait-elle pas un sous-entendu ? Des voix résonnaient sous sa fenêtre. Il essaya de se rendormir, mais l'agitation matinale de la maison l'en empêcha.

— Qu'est-ce que Monsieur mettra aujourd'hui ? s'enquit Simcox de retour dans la chambre. Monsieur pourrait peut-être passer tout de suite le pantalon de flanelle qu'il portera pendant le match, plutôt que du tweed.

— Parfait, Simcox.

— Et son blazer aux couleurs du collège.

— Peu importe.

— Bien, monsieur. (Il déplia une paire de chaussettes et poursuivit méditativement :) Ah ! Ils se sont quand même décidés à retirer cette échelle. Pas trop tôt ! (Maurice s'aperçut alors que les montants qui se détachaient sur le ciel avaient disparu.) J'aurais juré qu'elle était encore là quand j'ai apporté son thé à Monsieur. Enfin, on peut toujours se tromper.

— En effet, approuva Maurice, embarrassé.

Tout le mettait mal à l'aise, ce matin. Simcox parti, il se sentit soulagé. La perspective de retrouver Mrs Durham et la table du petit déjeuner l'assombrit de nouveau. Il lui fallait également résoudre cette histoire de cadeau. Il ne pouvait être question d'un chèque qui éveillerait les soupçons. Pendant qu'il procédait à sa toilette, son sentiment de malaise s'accrut. Sans être un dandy, il possédait l'habituel éventail d'accessoires du parfait gentleman, mais aujourd'hui chaque objet lui paraissait étranger. Puis le gong retentit, et juste au moment où il s'apprêtait à descendre pour le petit déjeuner, il aperçut une flaque de boue près de l'appui de la fenêtre. Scudder avait été prudent, mais pas suffisamment. Lorsque enfin il descendit, vêtu de blanc, tenir son rôle dans la société, il avait la migraine et la tête lui tournait.

Une pile de lettres l'attendent, toutes aussi dénuées d'intérêt et fastidieuses les unes que les autres : Ada, fort civile. Kitty disant que leur pauvre mère était bien fatiguée. Tante Ida – une carte postale – voulait savoir si oui ou non le chauffeur était censé obéir aux ordres. Quelques lettres commerciales. Diverses circulaires émanant du centre de jeunes, du centre d'entraînement de la territoriale, de son club de golf, de l'Association pour la défense de la propriété privée. Il adressa un petit salut amusé à son hôtesse par-dessus sa pile, et comme elle lui répondait distraitement, la moutarde lui monta au nez. Mrs Durham en fait était simplement absorbée par son propre courrier, mais il ne s'en rendit pas compte, et ce détail vint s'ajouter aux autres. Il voyait chacun sous un jour nouveau et terrifiant. Il lui semblait qu'il avait affaire à une race inconnue de lui et même la nourriture avait un goût de poison.

Après le déjeuner Simcox revint à la charge.

— Monsieur, en l'absence de Monsieur, les domestiques se demandent... Nous serions très honorés si Monsieur voulait bien diriger notre équipe dans le match « Parc contre Village » de cet après-midi.

— Le cricket n'est pas mon fort, Simcox. Quel est votre meilleur batteur ?

— Il n'y a pas meilleur que le second garde-chasse.

— Alors c'est lui qu'il faut désigner comme capitaine.

Simcox soupira :

— Ça marche toujours mieux quand c'est un gentleman qui dirige.

— Dites-lui de me placer assez loin du guichet. Et précisez-lui aussi que je ne veux pas ouvrir le jeu. Qu'il me mette huitième, par exemple. En tout ces, pas en premier. N'oubliez pas surtout, car je ne descendrai pas avant mon tour.

Il ferma les yeux. Il se sentait nauséeux. Il était en proie à un mal dont il ignorait la nature. S'il avait été religieux, il eût parlé de remords. Mais malgré la confusion de ses idées, il gardait sa liberté d'esprit.

Maurice détestait le cricket. C'était un sport qui exigeait une précision dont il était incapable. En outre, bien qu'il l'eût fait souvent par amour pour Clive, il avait horreur de jouer avec des gens d'un milieu inférieur. Le football, c'était différent, chacun pouvait y mettre du sien, mais au cricket on pouvait être battu ou éliminé par le premier cul-terreux venu, ce qu'il estimait intolérable. En apprenant que c'était son équipe qui avait gagné le toss, il attendit une demi-heure, puis descendit. Mrs Durham et deux ou trois de ses amies étaient déjà sagement installées dans la tribune. Maurice s'accroupit à leurs pieds et regarda la partie. C'était exactement comme les autres années. Le reste de son équipe se composait uniquement de domestiques, groupés une dizaine de mètres plus loin autour du vieux Mr Ayres qui comptait les points. Le vieux Mr Ayres comptait toujours les points.

— Le capitaine s'est octroyé le premier tour, remarqua une dame. Jamais un gentleman n'eût fait cela. Ces petits détails m'intéressent.

— Il se trouve, madame, que le capitaine est notre meilleur joueur, dit Maurice.

Elle bâilla et se mit à critiquer. Ce garçon, elle le sentait, était vaniteux. « Il est sur le point d'émigrer, dit Mrs Durham. Ce sont toujours les plus capables qui s'en vont. » Ce qui les conduisit tout naturellement à la politique et à Clive. Le menton sur les genoux, Maurice broyait du noir. Il sentait monter en lui un profond dégoût qu'il ne savait contre quoi diriger. Que les dames parlent ou se taisent, qu'Alec bloque les balles de Mr Borenius, que les villageois applaudissent ou non, il se sentait indiciblement oppressé. Il avait goûté à une drogue inconnue ; il avait bouleversé sa vie de fond en comble et n'aurait su dire ce qui allait s'écrouler.

Quand ce fut son tour d'être au guichet, une nouvelle série commençait, de sorte qu'Alec reçut la première balle. Son style changea. Il abandonna la prudence et parvint à expédier la balle dans les fougères. Levant les yeux, il rencontra ceux de Maurice et sourit. Balle annulée. Le coup suivant, il arriva jusqu'aux limites. Il manquait d'entraînement, mais il avait l'étoffe d'un grand joueur, et la partie commença à prendre tournure. Maurice aussi se surpassait. Ses idées s'étaient clarifiées. Il avait l'impression qu'ils unissaient leurs forces contre le monde entier, qu'ils affrontaient non seulement Mr Borenius et le Village, mais l'assistance dans la tribune et l'Angleterre tout entière. Ils jouaient pour l'amour l'un de l'autre et du lien fragile qui les unissait, si l'un perdait, il entraînerait l'autre dans sa chute. Ils ne voulaient de mal à personne, mais tant qu'on les attaquerait, ils ne se laisseraient pas faire. Ils devaient rester sur la défensive, et cogner et vaincre. Ils devaient montrer que lorsqu'on est deux, aucune force n'est assez puissante pour triompher. Et au fur et à mesure que la partie avançait, elle s'apparentait à leur nuit et lui donnait son sens. L'arrivée de Clive rompit le charme. Dès qu'il apparut, ils perdirent la vedette. Les gens tournèrent la tête. La partie languit puis cessa. Alec céda sa place. C'était la moindre des choses que le squire maniât d'emblée la batte. Sans regarder Maurice, Alec s'éloigna. Dans son costume de sport en flanelle blanche, il avait autant l'air d'un gentleman que tout un chacun. Il se planta avec dignité devant la tribune et, quand Clive eut fini de bavarder, lui tendit sa batte que l'autre prit comme un dû, puis il se laissa tomber près du vieux Ayres.

Maurice accueillit son ami avec toutes les marques de la tendresse.

— Clive… Mon cher Clive ! Vous êtes de retour ! Mais, vous devez être absolument éreinté !

— Des réunions jusqu'à minuit… et j'en ai encore une cet après-midi… Il faut que je me colle au guichet quelques instants pour faire plaisir à ces gens.

— Quoi ! vous me lâchez encore ! Vous n'allez pas me faire ça !

— Vous avez entièrement raison, mais ce soir je reviens sans faute et alors votre visite commencera pour de bon. J'ai mille questions à vous poser !

— Allons, allons, messieurs ! fit une voix.

C'était le maître d'école, un socialiste, qui les appelait de l'autre bout du terrain.

— On se fait enguirlander, remarqua Clive sans se presser pour autant. Anne s'est excusée pour la réunion de cet après-midi. Elle vous tiendra donc compagnie. Oh, regardez ! Ils ont réparé sa chère petite fuite dans le toit du salon. Dites-moi,

Maurice… Non, je ne me rappelle plus ce que je voulais dire. Allons prendre part aux jeux Olympiques.

Maurice perdit dès la première balle. « Attendez-moi », lui cria Clive, mais il se dirigea directement vers la maison. La tête lui tournait et il sentait qu'il allait avoir un malaise. Sur son passage, la plupart des domestiques se dressèrent pour l'applaudir. Il ne s'inquiéta pas de voir que Scudder ne bougeait pas. Était-ce une marque d'insolence ? Ce front plissé… cette bouche peut-être cruelle… son air un peu trop concentré… Pourquoi sa chemise était-elle ainsi ouverte sur sa poitrine ? Et dans le vestibule de Penge, il rencontra Anne.

— Monsieur Hall, la réunion n'a pas lieu ! (Puis elle aperçut son visage décomposé et s'écria :) Oh, mais vous n'êtes pas bien !

— Je sais, dit-il en frissonnant.

Les hommes détestent qu'on fasse des histoires, aussi répliqua-t-elle simplement :

— J'en suis navrée. Je vais vous faire porter de la glace dans votre chambre.

— Vous avez toujours été si bons avec moi…

— Écoutez, si j'appelais un médecin ?

— Ah non ! Plus jamais de médecin ! cria-t-il farouchement.

— Nous voudrions tellement vous aider ! Quand on est heureux, on a envie que les autres le soient.

— Rien n'est jamais pareil !

— Monsieur Hall !

— Rien n'est jamais pareil, c'est pour cela que la vie est un enfer. Vous faites une chose, vous êtes damné, vous ne la faites pas, vous êtes damné… (Il se tut.) Je suis resté trop longtemps au soleil, dit-il. J'aimerais un peu de glace.

Elle se précipita et, resté seul, il courut à sa chambre. Elle lui remémora tous les détails de la situation, et il fut pris de violentes nausées.

XL

Très vite, il se sentit mieux, mais il comprit qu'il devait quitter Penge. Il troqua sa tenue de sport contre un costume de serge, boucla ses bagages et descendit avec une petite histoire toute prête.

— J'ai attrapé un coup de soleil, expliqua-t-il à Anne. J'ai reçu également une lettre assez ennuyeuse et je crois que je ferais mieux de rentrer en ville.

— Mais bien sûr, s'écria-t-elle, débordante de compréhension.

— Mais oui, bien sûr, lui fit écho Clive qui était revenu du match. Nous espérions qu'hier vous aviez pu tout régler, mais nous comprenons très bien, mon cher Maurice, et si vous devez partir, vous devez partir.

La vieille Mrs Durham fit également chorus. Apparemment son « roman » était le secret de polichinelle, et ils suivaient tous avec amusement les péripéties de son histoire avec cette jeune fille qui avait accepté sans accepter de l'épouser. Peu importait qu'il eût l'air malade ou qu'il se comportât bizarrement, officiellement il était amoureux. Ils interprétaient son attitude à leur idée et le trouvaient charmant.

Comme c'était son chemin, Clive l'accompagna en voiture jusqu'à la gare. La route longeait le terrain de cricket avant de s'enfoncer dans les bois. Scudder était toujours en train de jouer, insouciant et gracieux. Ils passèrent tout près de lui. Il tapait du talon comme s'il voulait attirer l'attention. Ce fut la dernière vision que Maurice emporta de lui. Était-ce celle d'un mauvais ange ou d'un compagnon, Maurice n'en avait aucune idée. Une chose était sûre, la situation était franchement révoltante. De cela il était certain et n'en démordrait jamais. Mais entre être certain d'une situation et être certain d'un être humain, il y a un grand pas. Une fois loin de Penge, il y verrait peut-être plus clair. De toute façon, il y avait Mr Lasker Jones.

— Quel genre de type est-ce donc… ce garde-chasse qui dirigeait notre équipe ? demanda-t-il après s'être mentalement répété la phrase pour s'assurer qu'elle ne paraissait pas bizarre.

— Il nous quitte ce mois-ci, répliqua Clive, persuadé que c'était une réponse. (Par bonheur, au même moment, ils passaient devant les chenils, et il ajouta :) N'empêche qu'il nous manquera pour les chiens.

— Les chiens seulement ?

— Je suppose que nous perdrons au change. C'est toujours ainsi. Il faut avouer qu'il est travailleur et intelligent, alors que son remplaçant…

Et tout heureux de l'intérêt que manifestait Maurice, il se lança dans un exposé des problèmes domestiques de Penge.

— Honnête ?

Maurice tremblait en posant cette question-clé.

— Scudder ? Un peu trop malin pour être honnête. Anne, évidemment, dirait que je suis injuste. On ne peut attendre des domestiques qu'ils aient la même conception de l'honnêteté que nous. Non plus qu'on ne peut en attendre loyauté ni gratitude.

— Je serais bien en peine de diriger un domaine comme Penge, reprit Maurice. Je serais incapable de choisir les domestiques qui conviennent. Tenez, prenez Scudder, par exemple. De quel milieu sort-il ? Je ne me rends pas compte.

— Scudder, voyons voir… Son père n'était-il pas boucher à Osmington ? Oui, je crois bien que c'est ça.

Maurice jeta rageusement son chapeau par terre et se prit la tête à deux mains. « C'en est trop », songea-t-il, effondré.

— Encore cette migraine ?

— Effroyable.

Clive garda un silence compréhensif. Ils n'échangèrent plus un mot jusqu'à leur arrivée. Maurice restait rencogné dans la voiture, la paume des mains appuyée contre les yeux. Toute sa vie, il avait su les choses sans les savoir. C'était là son plus grand défaut. Il savait qu'il était dangereux de retourner à Penge, il savait qu'il risquait de céder là-bas à l'appel de quelque démon surgi des bois, et pourtant il était revenu. Il avait tressailli lorsque Anne avait demandé : « A-t-elle de grands yeux noirs ? » Il avait su en un sens qu'il était plus sage de ne pas scruter sans cesse la nuit de la fenêtre de sa chambre et de ne pas crier « Viens ! ». Dans son moi profond, il était aussi sensible qu'un autre à ces secrets avertissements, mais il ne se les expliquait que lorsqu'il était trop tard. Tant que la crise n'avait pas éclaté, il n'arrivait pas à être lucide. Et cette histoire dans laquelle il s'était fourré, si différente qu'elle fût de celle de Cambridge, lui ressemblait pourtant en ce que trop tard il comprenait à quoi elle menait. L'appartement de Risley faisait pendant aux églantines et aux œnothères d'hier, la folle équipée dans le side-car à travers les plaines marécageuses de l'Est-Anglie préfigurait la partie de cricket. Mais il était parti de Cambridge le front haut. Il quittait Penge en traître. Il avait trahi la confiance de son hôte, profané sa maison en son absence, manqué à l'hospitalité de Mrs Durham et d'Anne. Et quand enfin il arriva chez lui, ce fut encore pis. Il avait péché également contre sa famille. Jusque-là sa mère, ses sœurs, sa tante ne comptaient guère : des écervelées avec lesquelles il fallait être gentil. Elles n'avaient pas changé, mais il n'osait plus les approcher. Entre ces femmes médiocres et lui s'élargissait un abîme qui les haussait. Leur caquetage, leurs chicanes pour des questions de préséance, leurs jérémiades à propos du chauffeur lui semblaient dissimuler un reproche plus grave. Et quand sa mère vint vers lui en disant : « Morrie, tu viens bavarder gentiment avec maman », son cœur défaillit. Ils flânèrent dans le jardin comme ils l'avaient fait dix ans plus tôt, et comme alors elle murmura le nom des légumes. À cette époque il levait les yeux vers elle, aujourd'hui il devait les baisser. Seulement maintenant, il savait très bien pourquoi il appelait le petit aide-jardinier. Et voilà que Kitty, qui jouait toujours les messagères, accourait de la maison vers lui, un télégramme à la main.

Maurice trembla de colère et d'effroi. « Revenez. Attendrai ce soir au hangar à bateaux, Penge. Alec. » Charmant message à confier au postier du pays ! Un des domestiques de Penge avait probablement procuré son adresse à Scudder car le télégramme était arrivé directement. Charmante situation ! Elle contenait toutes les promesses d'un chantage. Dans le meilleur des cas, c'était d'une impertinence rare. Bien sûr, il n'était pas question qu'il réponde et encore moins qu'il se préoccupe maintenant d'un cadeau. Il s'était commis hors de sa classe, et il n'avait pas volé ce qui lui arrivait.

Mais toute la nuit, malgré lui, son corps réclama celui d'Alec. Il s'accusa de lubricité. C'était facile à dire ! Il s'objecta son travail, sa famille, ses amis, sa position sociale. Dans cette liste, il aurait sûrement dû inclure son désir, car si le désir faisait fi des barrières sociales, la civilisation telle que nous l'avons conçue s'écroulerait. Mais son corps ne se laissait pas convaincre. Les circonstances l'avaient trop bien comblé. Aucun argument, aucune menace ne pouvait lui faire entendre raison. Aussi le lendemain matin téléphona-t-il, épuisé et honteux, à Mr Lasker Jones afin de lui demander un second rendez-vous. Avant son départ, une lettre arriva. Il la trouva à l'heure du petit déjeuner et dut la lire sous les yeux de sa mère. Elle disait :

Mr Maurice.

Cher Monsieur. J'ai attendu deux nuits dans le hangar à bateaux. J'avais dit le hangar à bateaux vu qu'on a ôté l'échelle et que c'est trop mouillé dans les bois pour s'allonger. Alors s'il vous plaît, venez au « hangar à bateaux » demain soir ou celui d'après. Dites aux autres gentlemen que vous avez envie de faire un tour, et puis venez au hangar. Cher Monsieur, laissez-moi partager avec vous encore une fois avant que je quitte le pays, si c'est pas trop demander. J'ai une clé, je vous ferai entrer. Je pars sur le Normannia *le 29 août. Depuis le match de cricket je meurs de bavarder un bras autour de vous puis de vous entourer avec mes deux bras et de partager, ce que je viens d'écrire me paraît mille fois plus doux que les mots peuvent le dire. Je sais très bien que je ne suis qu'un domestique mais je me permettrai jamais d'abuser de vos bontés pour en profiter ou autre chose.*

Bien respectueusement,

A. Scudder,
Garde-chasse chez C. Durham Esq.

Maurice, vous étiez donc si malade que vous êtes parti tout subitement ? C'est les domestiques de la maison qui le disent. J'espère que vous êtes rétabli. N'oubliez pas d'écrire si vous ne pouvez pas venir car je ne dors plus à attendre toutes les nuits. Donc venez sans faute au hangar, Penge, demain soir, ou sinon le suivant.

Que cachait tout ce fatras ? Au détriment du reste, une phrase retint son attention, « J'ai une clé ». S'il avait une clé, il ne pouvait s'agir que du double, lequel ne quittait jamais la maison. Par conséquent, il avait un complice, probablement Simcox. C'était sous ce jour qu'il voyait toute la lettre. Sa mère, sa tante, le café qu'il buvait, les coupes gagnées à l'université qui trônaient en bonne place sur le buffet, tout lui disait : « Si tu y vas, tu es perdu. Si tu réponds, ta lettre sera utilisée contre toi. Tu es dans le pétrin, mais tu as cet avantage qu'il ne possède pas une ligne de toi et qu'il quitte l'Angleterre dans dix jours. Tiens-toi tranquille et espère en la Providence. » Il fit une grimace. Tous les fils de boucher et autres peuvent bien se prétendre naïfs et dévoués, il n'empêche qu'ils lisent les chroniques judiciaires. Ils savent… Si Scudder s'obstinait, il faudrait qu'il consulte un homme de loi exactement comme il allait consulter Mr Lasker Jones pour l'échec de sa vie sentimentale. Il s'était conduit comme un imbécile, mais s'il jouait serré durant les dix jours à venir, logiquement il devait s'en tirer.

XLI

— Bonjour, docteur. Alors vous croyez que vous allez me remettre d'aplomb ce coup-ci ? commença-t-il très désinvolte. (Puis il se jeta dans un fauteuil, ferma à demi les yeux et dit :) Eh bien, allons-y !

Il éprouvait une véritable rage de guérir. Seule la perspective de cet entretien lui avait permis de ne pas se laisser abattre par les événements. Une fois normal, il pourrait aller régler son compte à son tortionnaire. Il attendait avec impatience cet état d'hypnose dans lequel sa personnalité s'abolirait pour peu à peu se métamorphoser. Tout au moins gagna-t-il cinq minutes pendant que la volonté du médecin luttait pour pénétrer la sienne.

— Je reprendrai dans un instant, monsieur Hall. Dites-moi d'abord comment vous vous êtes senti.

— Oh, comme d'habitude ! J'ai pris l'air et j'ai fait un peu d'exercice ainsi que vous me l'aviez conseillé. Rien de spécial.

— Avez-vous volontiers recherché la compagnie des femmes ?

— Il y en avait quelques-unes à Penge. Je n'ai passé là-bas qu'une seule soirée. Le lendemain du jour où je vous ai vu – vendredi –, je suis retourné à Londres. Enfin, je veux dire chez moi.

— Vous aviez l'intention, il me semble, de séjourner plus longtemps chez vos amis.

— En effet.

Mr Lasker Jones s'assit alors sur le bras de son fauteuil.

— Maintenant laissez-vous aller, dit-il doucement.

— Comptez sur moi !

Le médecin refit quelques passes. Comme la fois précédente, Maurice contemplait les chenets.

— Vous endormez-vous, monsieur Hall ?

Il y eut un long silence.

— Je n'en suis pas tout à fait sûr, dit Maurice gravement.

Ils essayèrent encore.

— La pièce commence-t-elle à s'assombrir, monsieur Hall ?

— Un peu, dit Maurice avec l'espoir qu'il en serait ainsi. Effectivement, elle s'assombrit quelque peu.

— Que voyez-vous ?

— Dame, s'il fait sombre, comment voulez-vous que j'y voie ?

— Qu'avez-vous vu la dernière fois ?

— Un tableau.

— Bien, et quoi d'autre ?

— Quoi d'autre ?

— Oui, quoi d'autre ? Une déchi…

— Une déchirure dans le tapis.

— Et ensuite ?

— Je l'ai enjambée.

— Et puis ? l'encouragea la voix persuasive.

— Je vous entends très bien, dit Maurice. L'ennui, c'est que je ne dors pas. Au début, je me suis senti simplement un peu vaseux, mais à présent, je suis tout aussi éveillé que vous. Vous devriez essayer encore une fois.

Ils recommencèrent sans succès.

— Mais, bon sang, qu'est-ce qui a bien pu se passer ? La dernière fois, vous m'avez envoyé au tapis du premier coup ! Comment expliquez-vous ça ?

— N'essayez pas de résister.

— Mais je ne résiste pas !

— Vous êtes moins réceptif à la suggestion que la dernière fois.

— Je ne sais pas ce que ça veut dire. Je ne connais rien à ce jargon. Mais je vous jure du fond de mon cœur que je veux guérir. Je veux devenir comme tout le monde. Je ne veux plus être ce paria qu'on rejette…

Ils essayèrent encore.

— Je ferais donc partie de vos vingt-cinq pour cent d'échecs ?

— La semaine dernière, j'avais obtenu un certain résultat, mais nous avons de ces brusques déceptions.

— Une déception, moi ? Allons, docteur, ne jetez pas l'éponge, fit Maurice feignant la gaieté.

— Ce n'est pas mon intention, monsieur Hall…

De nouveau ils échouèrent.

— Que vais-je devenir ? gémit Maurice, accablé.

Mais Mr Lasker Jones avait une réponse pour chaque question :

— Je ne puis, hélas, que vous conseiller d'aller vivre dans un pays qui a adopté le code Napoléon, dit-il.

— Je ne comprends pas.

— En France ou en Italie, par exemple. Là-bas, l'homosexualité n'est plus considérée comme un délit.

— Vous voulez dire qu'un Français peut partager avec son ami sans risquer la prison ?

— Partager ? Vous voulez sans doute dire avoir des relations sexuelles ? S'ils sont l'un et l'autre majeurs et s'ils n'attentent pas à la moralité publique, certainement.

— Cette loi a-t-elle des chances de passer en Angleterre ?

— J'en doute. L'Angleterre a toujours été fort peu encline à accepter la nature humaine telle qu'elle est.

Maurice comprit. Il était lui-même anglais, et seuls ses problèmes lui avaient dessillé les yeux. Il sourit tristement.

— Si je comprends bien, il y a toujours eu et il y aura toujours des gens comme moi, et ils ont toujours été persécutés.

— C'est exact, monsieur Hall. Ou comme les psychiatres préfèrent le dire, toutes les tendances existent dans la nature. N'oubliez pas qu'autrefois en Angleterre vos semblables étaient passibles de la peine de mort.

— Vraiment ? D'un autre côté ils pouvaient se cacher plus aisément. L'Angleterre n'était pas aussi habitée ni surveillée que de nos jours.

— Je n'y avais pas songé.

— Oh, c'est seulement une idée à moi, fit Maurice en déposant les honoraires du médecin sur le bureau. Il me semble que ça devait être quelque chose comme ça chez les Grecs, la clique des Thébains et tout ça. Du moins, c'est ainsi que j'imagine la chose. Autrement, je ne vois pas comment ils auraient pu se fréquenter, d'autant qu'ils appartenaient à des milieux très différents.

— Voilà une théorie intéressante !

— Je n'ai pas été très franc avec vous, poursuivit Maurice sur sa lancée.

— En effet, monsieur Hall.

Quel réconfort que cet homme-là ! Mieux vaut cent fois la science lorsqu'elle est vraiment scientifique que la sympathie.

— Depuis notre dernière entrevue, j'ai… j'ai commis une faute avec un… ce n'est qu'un garde-chasse. Je ne sais pas quoi faire.

— Je ne vois pas de quelle utilité je pourrais vous être dans ce domaine.

— Je le sais bien. Mais vous pourriez peut-être me dire si c'est lui qui m'empêche d'entrer en hypnose. J'en viens à me le demander.

— On ne résiste que si on le veut bien, monsieur Hall.

— J'avais dans l'idée que c'était peut-être lui qui s'interposait, et – ça peut paraître idiot – j'aurais autant aimé ne pas avoir une lettre de lui dans ma poche. Tenez, puisque je vous en ai tellement dit, lisez-la. J'ai l'impression de marcher sur un volcan. C'est un garçon sans éducation. Il me tient en son pouvoir. Vous croyez qu'il pourrait m'attaquer en justice ?

— Je ne suis pas avocat, laissa tomber Mr Lasker Jones d'un ton uni. Selon moi cette lettre n'a rien de bien menaçant. Mais sur ce point, vous devriez consulter plutôt votre avoué.

— Excusez-moi. Mais je me sens soulagé. Je me demande si vous n'auriez pas la bonté… Je vous en prie, essayons encore. Je crois que je pourrais m'endormir maintenant que je vous ai tout raconté. J'espérais que vous me guéririez sans que je me trahisse. Vous pensez qu'on peut agir sur les autres à distance ?

— Je veux bien essayer à condition que cette fois vous ne passiez rien sous silence. Sinon vous perdez votre temps et vous me faites perdre le mien.

Il ne passa rien sous silence. Il n'épargna ni son amant ni lui-même. Quand il eut tout conté par le menu, ce fut comme si la perfection de cette nuit se résumait à quelque chose de vulgaire et éphémère, comparable à ce qu'avait vécu son père trente ans auparavant.

— Reprenez place dans le fauteuil.

Maurice entendit un léger bruit et sursauta violemment.

— Ce sont mes enfants qui jouent au-dessus.

— J'ai cru un instant à des revenants !

— Ce ne sont que les enfants, rassurez-vous.

Le silence revint. Un rayon de soleil doré tombait sur le bureau à cylindre, et cette fois, Maurice concentra sur lui son attention. Avant de recommencer la séance, le docteur prit la lettre d'Alec et la réduisit solennellement en cendres devant ses yeux.

De nouveau, ils échouèrent.

XLII

En cédant aux plaisirs de la chair, Maurice avait – pour reprendre le terme qu'employa Mr Lasker Jones dans son diagnostic final – entériné sa perversion et s'était définitivement coupé de la communauté des hommes normaux. Irrité, Maurice bredouilla : « Ce que j'aimerais savoir… ce que je n'arrive pas à m'expliquer – ni vous sans doute –, c'est comment un jeune campagnard comme lui a pu ainsi me percer à jour. Pourquoi m'est-il tombé dessus précisément cette nuit-là où j'étais le plus vulnérable. En temps ordinaire, jamais je ne l'aurais laissé m'approcher sous le toit de mon ami parce que, nom d'une pipe, je suis tout de même un gentleman – public school, Cambridge, et tout ça. Maintenant encore, je n'arrive pas à croire que j'aie pu aller avec lui ! » Regrettant rétrospectivement de n'avoir pas possédé Clive du temps de leur passion, il partit, abandonnant sa dernière planche de salut, tandis que le médecin disait pour la forme : « Le grand air et l'exercice font parfois des miracles. »

Mr Lasker Jones avait hâte de passer au patient suivant. Il avait peu de sympathie pour Maurice et ses semblables. Contrairement au Dr Barry, il n'était pas choqué ; ce genre-là ne l'intéressait pas, c'est tout, et jamais plus il ne repensa au jeune inverti.

Sur le pas de la porte, Maurice sentit comme une présence à ses côtés, son ancien moi peut-être car, tandis qu'il cheminait, du fond de son cœur humilié une voix s'éleva dont les accents lui rappelaient Cambridge, une voix jeune et hardie qui le traitait d'idiot. « Cette fois tu es fichu », semblait-elle lui dire, et lorsqu'il dut faire halte près du parc parce que le roi et la reine passaient, il les contempla avec mépris en se découvrant. C'était comme si la barrière qui le séparait de ses semblables avait pris un autre sens. Il n'avait plus peur, il n'avait plus honte. Après tout, les forêts et la nuit étaient de son côté, pas du leur ; c'étaient eux qui étaient à l'intérieur de la barrière, pas lui. Il avait commis une faute, il la payait encore, mais c'était pour avoir voulu gagner sur tous les tableaux. Son seul crime avait été de trahir une classe qu'il ne voulait pas quitter. « Une chose est sûre, s'obstinait-il, je ne dois pas renoncer à ma position sociale.

— Très bien, répliquait son ancien moi, alors rentre vite à la maison, et demain, n'oublie pas de prendre ton train de 8 h 36. Les vacances sont terminées, souviens-toi. Demain tu retournes au bureau. Et surtout, ne tourne jamais la tête vers Sherwood[1] comme je risque de le faire.

— Je ne suis pas si fou. Je n'ai rien d'un poète... »

Le roi et la reine disparurent dans leur palais. Le soleil se coucha derrière les arbres du parc qui se fondirent en un immense géant aux poings de verdure.

« La vie de la Nature, Maurice, n'est-ce pas là qu'est ta place ?

— Clive disait qu'on doit régler sa vie sur celle de la société.

— Sans doute. Dommage que la réalité se moque bien de Clive.

— Peu importe, je dois rester fidèle à ma classe.

— Alors dépêche-toi. La nuit tombe. Prends un taxi. Presse-toi comme ton père jadis, avant que les portes ne se ferment. »

Il sauta dans un taxi et attrapa le train de 6 h 20. Une nouvelle lettre de Scudder l'attendait sur le plateau en cuir du vestibule. Il reconnut du premier coup l'écriture, le *Mr M. Hall* au lieu d'« *Esq.* », les timbres collés de travers. Il fut à la fois effrayé et excédé, mais moins qu'il ne l'eût été le matin, car si la science désespérait de le sauver, il ne désespérait plus autant de lui-même. Après tout, un enfer bien réel ne vaut-il pas mieux qu'un paradis

1. Forêt de Sherwood où s'étaient réfugiés Robin des Bois et ses compagnons.

de pacotille ? Il ne regrettait pas d'avoir échappé à l'influence de Mr Lasker Jones. Il fourra sans la lire la lettre dans la poche de son smoking et la chassa de son esprit. Il joua aux cartes, apprit que le chauffeur avait demandé ses huit jours. Quelle époque vivait-on ! C'était à se demander jusqu'où les domestiques iraient ! Il suggéra que les domestiques après tout étaient des êtres de chair et d'os comme nous. À quoi sa tante lui opposa un « Sûrement pas ! » sans réplique. À l'heure du coucher, il embrassa sa mère et Kitty sans crainte de les mouiller. Elles avaient déjà perdu à ses yeux leur auréole de sainteté. Chacune de leurs paroles les rétablissait dans leur médiocrité. Lorsqu'il regagna sa chambre, il n'éprouvait plus le moindre sentiment de culpabilité. Il tira le verrou et contempla pendant cinq minutes la banlieue plongée dans la nuit. Il entendait le hululement des chouettes, le tintamarre d'un tram dans le lointain et les battements précipités de son cœur. La lettre était bigrement longue. Le sang commença à bourdonner dans ses oreilles pendant qu'il la dépliait, mais il gardait la tête froide et il parvint à la lire d'un seul trait.

Mr Hall.

Je viens de voir Mr Borenius. Monsieur, ce n'est pas bien de votre part. J'embarque la semaine prochaine sur le Normannia. *Je vous ai écrit que je partais. C'est pas bien de ne pas m'avoir écrit. Je suis d'une famille respectable. C'est pas bien de me traiter comme un chien. Mon père est un honnête commerçant. En Argentine, je serai à mon compte. Vous m'avez dit : « Alec, vous êtes un brave garçon » et puis vous m'écrivez pas.* Je sais pour vous et Mr Durham. *Vous dites « Appelez-moi Maurice » et après vous m'envoyez promener. Mr Hall, je viens à Londres mardi. Si vous ne voulez pas que je vienne chez vous, indiquez-moi un endroit à Londres. Vous feriez mieux de me fixer rendez-vous ou je vous le ferai regretter. Cher Monsieur, rien de spécial à Penge depuis votre départ. Le match de cricket est terminé. Quelques-uns des grands arbres ont commencé à perdre leurs feuilles, ce qui est très tôt pour la saison. Est-ce que Mr Borenius vous a parlé de cette histoire de filles ? Ce n'est pas ma faute si je suis comme ça. Il y a des gens, c'est dans leur nature. Mais vous devriez pas me traiter comme un chien. C'était avant que vous veniez. C'est normal de vouloir une fille. On ne peut pas aller contre la nature. Mr Borenius a découvert pour cette histoire de filles à cause du nouveau cours de catéchisme. Il vient juste de me parler. Avant j'étais jamais allé comme ça avec un gentleman. Est-ce que vous êtes fâché que je vous aie réveillé si tôt ? Monsieur, c'était votre faute. Vous aviez la tête sur mon épaule. J'avais mon travail. J'étais au service de Mr Durham. Pas au vôtre. Je ne suis pas votre domestique. Vous avez pas à me traiter comme un domestique. Ça m'est égal que tout le monde l'apprenne. J'ai du respect que pour ceux qui le méritent, les gentlemen respectables, les vrais. Simcox m'a dit : « Mr Hall demande que tu le places huitième. » Je vous ai mis en cinquième, mais j'étais le capitaine et vous avez pas le droit de me traiter comme un chien à cause de ça.*

Votre bien respectueux,

A. Scudder.

P.-S. – Je sais quelque chose.

C'était là le hic. Encore que cette lettre d'un bout à l'autre eût de quoi laisser rêveur. De toute évidence, un vilain ragot sur Clive et lui courait à l'office. Et après ? Qu'est-ce que cela pouvait bien faire à présent ? Qu'importait qu'on les eût surpris du temps de la *chambre bleue* ou dans les fougères et qu'on se fût mépris sur leurs relations ? C'était le présent qui le tracassait. Pourquoi Scudder avait-il fait allusion à ce ragot ? Qu'avait-il derrière la tête ? Que signifiait cette lettre tantôt malveillante, souvent stupide, parfois gentille ? À la lecture, Maurice l'avait trouvée révoltante et il était prêt à aller la porter entre les mains de son avocat. Mais quand il l'eut posée pour prendre sa pipe, il s'avisa que c'était bien le genre de lettre qu'il aurait pu écrire lui-même. Elle était la marque d'un esprit confus ?

Eh bien ! il était lui-même orfèvre en la matière. Certes, il eût préféré ne pas la recevoir. Il se demandait ce qu'elle voulait – une demi-douzaine de choses à la fois probablement. Mais honnêtement il ne pouvait pas prendre l'attitude supérieure et intransigeante de Clive lorsqu'ils avaient discuté du *Banquet* et qu'il avait décrété : « Il y a là une certaine conception à laquelle je veillerai que vous vous conformiez. » Il répondit : « A. S. Entendu. Rendez-vous mardi 17 h. Entrée du British Museum. B. M. célèbre monument. N'importe qui vous renseignera. M. Ch. H. », c'était probablement la meilleure solution. Tous deux étaient des hors-la-loi, et si l'entrevue devait être orageuse, il valait mieux qu'ils n'aient pas d'auditeurs. Au British Museum ils ne risquaient pas d'être dérangés ni de rencontrer quelqu'un de leur connaissance. Pauvre British Museum sévère et solennel ! Le jeune homme sourit et son visage s'éclaira d'une lueur malicieuse. De surcroît, la pensée que la réputation de Clive après tout n'était pas encore parfaitement à l'abri du scandale ne manquait pas de l'amuser. Une année de souffrances lui avait trempé le caractère et, en définitive, il attendait de pied ferme le moment d'affronter son adversaire.

Le matin suivant le trouva dans les mêmes dispositions. Il partit pour son bureau, l'esprit lucide. Avant son échec avec Mr Lasker Jones, il avait hâte de reprendre le collier. Il considérait son travail comme un privilège dont il était presque indigne. À ses yeux, son travail le rachetait : grâce à lui il pouvait garder la tête haute devant sa famille. Mais à présent, cette illusion aussi s'écroulait, et de nouveau il avait envie de rire. Il se demandait pourquoi il s'y était si longtemps laissé prendre.

La clientèle de Mr Hill and Hall se composait essentiellement de petits-bourgeois qui n'aspiraient, semblait-il, qu'à se mettre à l'abri, non pas de l'angoisse ni de la solitude, mais de la pauvreté et de la maladie, de la violence et du désordre, et par là même de la joie. Juste châtiment de Dieu. Sur leurs visages comme sur ceux de ses employés et de ses associés, on lisait qu'ils n'avaient jamais connu de joies authentiques. La société les avait trop bien pourvus. Ils n'avaient jamais eu à lutter, et seule la lutte, entremêlant les désirs du cœur et ceux de la chair, permet d'atteindre à l'amour. Maurice aurait pu faire un bon amant. Il aurait été capable de prendre et de donner un plaisir sincère. Chez ces hommes, il y avait un fossé entre le cœur et la chair ; ils étaient soit béats, soit obscènes. Et dans ses dispositions présentes, Maurice préférait encore les seconds aux premiers. Ils arrivaient dans son bureau et lui demandaient de leur trouver un placement sûr à six pour cent. À quoi il répondait : « On ne peut pas espérer un intérêt élevé sans aucun risque. Ça n'existe pas. » Pour finir ils disaient : « Et si je plaçais la plus grande partie de mon capital à quatre pour cent et que je hasarde une centaine de livres ? » De la sorte ils spéculaient un peu mais pas trop pour ne pas mettre en danger le budget domestique, assez cependant pour laisser voir que leur respectabilité n'était qu'une façade. Et jusqu'à hier, il leur avait fait des courbettes ! Pourquoi servirait-il ces gens-là ? Il commença à discuter l'éthique de sa profession comme un jeune étudiant raisonneur, mais son compartiment de chemin de fer ne le prit pas au sérieux. « Le jeune Hall est un garçon très bien. » Ils n'en démordaient pas. Et ils diagnostiquèrent un cynisme qui n'avait rien de déplacé chez un homme d'affaires. « Cela ne l'empêche pas en même temps d'investir habilement, vous pensez ! Rappelez-vous ses théories sur la charité le printemps dernier. »

XLIII

Pour changer, la pluie tombait à verse, criblant des milliers de toits et, à l'occasion, passant à travers. Elle rabattait la fumée des cheminées, et faisait flotter dans les rues de Londres une odeur de vapeurs d'essence et de vêtements humides mélangés. Dans la grande cour du British Museum qu'elle martelait interminablement, elle s'abattait sur le plumage boueux des tourterelles et les casques de police. L'après-midi était si sombre qu'à l'intérieur on avait déjà allumé quelques lumières, et le grand bâtiment faisait penser à un mausolée miraculeusement illuminé par les esprits des morts.

Alec arriva le premier. Il avait troqué son costume de velours côtelé contre un complet bleu flambant neuf et un chapeau melon tirés de sa garde-robe pour l'Argentine. Comme il s'en était vanté, il était issu d'une famille respectable – aubergistes, petits commerçants – et seul un concours de circonstances l'avait fait apparaître sous les traits d'un homme des bois. Certes il aimait les bois, l'air pur et l'eau, il aimait protéger ou détruire les animaux, mais il n'y a pas d'avenir dans les forêts, et les jeunes gens qui veulent réussir doivent les quitter. Il était fermement résolu à s'élever d'une façon ou d'une autre, et le destin lui ayant mis un collet entre les mains, il entendait le poser. Il traversa la cour d'un pas lourd, puis grimpa les marches quatre à quatre. Arrivé sous l'abri du portique, il se tint immobile ; ses yeux seuls papillotaient, attentifs. Ces brusques changements d'allure étaient révélateurs du personnage. Il avançait toujours en « éclaireur », toujours sur le qui-vive, ainsi que Clive le disait sur son certificat : « Pendant les cinq mois où j'ai eu à mon service A. Scudder, je n'ai eu qu'à me louer de sa promptitude et de son zèle », qualités qu'il se proposait de déployer maintenant pour son compte. Quand sa victime apparut, il fut partagé entre la férocité et la crainte. Les gentlemen, il connaissait bien ; les gens de son bord, il connaissait bien : à quelle catégorie appartenait ce Mr Hall qui lui avait dit : « Appelez-moi Maurice. » Immobile, les yeux plissés, il avait l'air d'attendre les ordres sous le porche à Penge.

Maurice abordait le jour le plus dangereux de sa vie sans aucun plan, pourtant quelque chose frémissait en lui comme des muscles bien huilés dans un corps d'athlète. Ce n'était pas l'orgueil qui le soutenait, il se sentait réellement en forme, il avait hâte d'entamer la partie, et comme tout Anglais qui se respecte, il espérait que son adversaire serait à la hauteur. Il voulait jouer le jeu honnêtement, il n'avait pas peur. En apercevant la figure vermeille d'Alec se détacher dans la lumière grise, les joues le picotèrent. Il résolut de ne pas frapper le premier.

— Ah, vous voilà ! dit-il en portant une paire de gants à son chapeau. Quel sale temps ! Allons plutôt à l'intérieur.

— Comme il vous plaira.

Maurice l'enveloppa d'un regard bienveillant et ils pénétrèrent dans le musée. Au même moment, Alec rejeta la tête en arrière et éternua comme un jeune lion.

— Vous avez pris froid ? C'est ce temps pourri !

— Qu'est-ce que c'est que cet endroit ? demanda Alec.

— Un tas de vieilles choses qui appartiennent à la nation.

Ils firent halte dans la galerie des empereurs romains.

— Eh oui, quel été pourri ! Nous n'avons eu que deux jours de beaux. Et une nuit, ajouta-t-il, étonné lui-même de cette malice.

Mais Alec ne broncha pas. Ce n'était pas l'entrée en matière qu'il escomptait. Il guettait un signe de peur afin que le larbin en lui puisse se donner libre cours. Il fit mine de ne pas comprendre l'allusion et éternua encore une fois. Son rugissement se répercuta de salle en salle, et son visage convulsé prit soudain une expression de loup affamé.

— Je suis content que vous m'ayez écrit cette seconde lettre. Vos deux lettres, d'ailleurs, m'ont fait plaisir. Je ne suis absolument pas fâché après vous. Vous n'avez jamais rien fait qui m'ait déplu. Si vous croyez que je vous en veux pour le match ou le reste, rassurez-vous. Et je peux vous dire tout de suite que j'ai été très heureux avec vous, si c'est ça qui vous chiffonne. C'est de ça qu'il s'agit ? Je n'en ai pas la moindre idée.

— Et *ça* là, vous en avez une idée ? fit l'autre en tapotant d'un air entendu sa poche intérieure. Vous et le squire, *ça* c'est pas une erreur, même s'il y en a qui le voudraient bien.

— Ne vous mêlez pas de ça, dit Maurice, mais sans indignation, et il fut surpris lui-même de constater qu'il n'en éprouvait pas. Même le Clive de Cambridge avait perdu son caractère sacré.

— Monsieur Hall, vous voudrez bien admettre, je pense, que ça ne vous arrangerait pas tellement si certaines choses se savaient.

Maurice écoutait attentivement, essayant de comprendre la menace qui se cachait derrière les mots.

— Et ce qu'il y a de plus grave, poursuivit Alec cherchant à l'aveuglette le point vulnérable, c'est que j'ai toujours été un jeune gars respectable jusqu'à ce que vous m'appeliez dans votre chambre pour votre amusement. C'est pas bien de la part d'un gentleman de pousser un honnête garçon au mal. En tout cas, c'est comme ça que mon frère voit la chose. (Il hésita en prononçant ces mots.) À cette heure, mon frère est en train d'attendre dehors. Il voulait venir vous parler lui-même. Il m'a drôlement enguirlandé, vous savez ! Mais j'y ai dit comme ça : « Non, Fred, Mr Hall est un gentleman et tu peux être sûr qu'il se conduira en gentleman. Laisse-moi faire, que j'y ai dit, et Mr Durham aussi est un gentleman et il se conduira toujours en gentleman. »

— En ce qui concerne Mr Durham, dit Maurice qui se sentait enclin à discuter sur ce point, il est parfaitement exact que nous avons eu autrefois un attachement l'un pour l'autre, mais Mr Durham a changé, et il n'y a plus rien entre nous. C'est fini.

— Qu'est-ce qui est fini ?

— Notre amitié.

— Mr Hall, avez-vous écouté ce que je vous ai dit ?

— J'écoute tout ce que vous me dites, dit Maurice, songeur. (Et il poursuivit sur le même ton :) Qu'est-ce qui vous fait croire, Scudder, qu'il est « naturel » de s'intéresser aussi bien aux femmes qu'aux hommes ? Vous l'avez écrit dans votre lettre. Pour moi, ça n'est pas une chose naturelle. J'en suis réellement venu à penser que « naturel » signifie seulement « propre à chacun ».

Le jeune homme parut intéressé.

— Alors, comme ça, vous pourriez pas avoir de gosse à vous ? demanda-t-il d'un ton rogue.

— Je suis allé voir deux médecins à ce sujet. Peine perdue.

— Donc, vous pouvez pas ?

— Non, je ne peux pas.

— Vous en voudriez ? demanda-t-il, presque agressif.

— Ça ne servirait à rien de vouloir.

— Moi, je pourrais me marier demain, si j'en avais envie, plastronna-t-il. (En même temps qu'il disait ces mots, il avisa un taureau ailé assyrien et son expression se mua en étonnement naïf.) Il est drôlement costaud, hein ? s'extasia-t-il. Ils devaient avoir un outillage terrible pour faire un truc comme ça !

— Probable, fit Maurice, également impressionné par le taureau. Mais je n'y connais rien. Tenez ! Ici, il y en a un autre.

— Une paire, comme qui dirait. Vous croyez que c'étaient des ornements ?

— Celui-ci a cinq pattes.

— Le mien aussi. Drôle d'idée. (Debout chacun à côté de son monstre, ils se regardèrent en souriant. Puis le visage du jeune homme reprit son air dur.) Ça ne prend pas, monsieur Hall, ricana-t-il. Je vois clair dans votre jeu, mais vous ne m'aurez pas deux fois, et on ferait mieux d'avoir une gentille petite conversation tous les deux plutôt que ce soit Fred, croyez-moi. Vous avez eu votre amusement, maintenant il va falloir passer à la caisse.

Il était très beau tandis qu'il menaçait et ses yeux brillaient d'une lueur méchante. Maurice leur lança un regard gentil mais pénétrant. Et cette brusque explosion tourna court. Elle retomba comme une flaque de boue. Marmonnant quelque chose du genre « Je vous laisse y réfléchir », Scudder alla s'asseoir sur une banquette. Maurice ne tarda pas à l'y rejoindre, et ce petit jeu se poursuivit pendant près de vingt minutes. Ils erraient de salle en salle comme s'ils étaient en quête de quelque chose. Ils s'attardaient devant une déesse ou un vase, puis repartaient en chœur, et leur unisson était d'autant plus étrange qu'en surface ils étaient en guerre. Alec recommença ses insinuations – horribles, sournoises –, mais pour une raison ou pour une autre elles n'altéraient pas les silences qui leur succédaient et Maurice ne parvenait ni à s'alarmer ni à se fâcher. Il trouvait seulement dommage qu'un être humain ait pu se fourrer dans un tel pétrin. Lorsqu'il se décidait à répondre, leurs yeux se rencontraient, et souvent il voyait son sourire reflété sur les lèvres de son adversaire. Il était de plus en plus persuadé qu'ils se donnaient l'un à l'autre la comédie, et que ce petit jeu cachait quelque chose de réel que tous deux désiraient. Grave et enjoué, il continuait à tenir son rôle. S'il ne prenait pas l'offensive, c'est qu'il se sentait trop maître de lui. Il fallait qu'un événement extérieur lui fournît une raison de perdre son sang-froid et le hasard y pourvut.

Il était penché, les sourcils froncés, sur une maquette de l'Acropole, et murmurait tout bas « Je vois, je vois » quand un gentleman à côté de lui l'entendit, sursauta, et se mit à le dévisager derrière ses lunettes à monture épaisse.

— Mon Dieu, dit-il, il m'arrive d'oublier des visages, mais jamais une voix. Assurément, vous êtes un de mes anciens élèves.

C'était Mr Ducie. Maurice ne répliqua pas. Intéressé, Alec se rapprocha.

— Vous étiez sûrement à l'école de Mr Abrahams. Attendez, ne me soufflez pas. Je veux retrouver votre nom tout seul. Ça va me revenir. Ce n'est pas Sanday. Ce n'est pas Gibbs. J'ai trouvé, j'ai trouvé ! Wimbleby !

C'était bien de Mr Ducie de toujours tomber juste à côté ! En entendant prononcer son nom, Maurice eût acquiescé, mais à présent, il avait envie de mentir. Il était las de ces éternels malentendus. Il en avait trop souffert. « Pas du tout. Je m'appelle Scudder », répliqua-t-il, donnant le premier nom qui lui venait à l'esprit. Son choix n'avait rien de prémédité. Ce nom était simplement là sur ses lèvres, et dès qu'il l'eut proféré, dans une soudaine illumination, il sut pourquoi. Mais au même moment Alec éleva la voix :

— Ce n'est pas vrai, protesta-t-il à l'adresse de Mr Ducie, et j'ai de graves accusations à porter contre ce gentleman.

— Très graves, en effet, renchérit Maurice en posant la main sur l'épaule d'Alec de sorte que ses doigts lui effleurèrent la nuque.

Il le fit simplement parce qu'il en avait envie, rien de plus.

Mr Ducie ne remarqua pas le geste. Peu soupçonneux de nature, il se crut victime de quelque grossière plaisanterie dont le sens lui échappait. Si ce jeune homme brun et distingué affirmait qu'il n'était pas Wimbleby, c'est qu'il ne l'était pas. « Je suis vraiment confus, messieurs, bredouilla-t-il. Il est bien rare que je me trompe. » Et soucieux de prouver qu'il n'était pas gâteux, il se lança devant les deux jeunes gens silencieux dans un vibrant panégyrique du British Museum. Ce n'était pas seulement une prestigieuse collection, mais un véritable temple de la civilisation ouvert même – euh – aux moins privilégiés... c'est cela... un haut lieu de l'esprit propre à éveiller la curiosité intellectuelle des enfants que les adultes savent trop rarement... Quand une voix patiente le ramena sur terre : « Ben, nous attendons ! », et Mr Ducie alla rejoindre sa femme. Dès qu'il se fut éloigné, Alec se dégagea d'un geste brusque.

— C'est bon, grommela-t-il. Je ne vous embêterai plus à présent.

— Où vouliez-vous en venir avec vos « graves accusations » ? gronda-t-il d'une voix terrible.

— Je sais pas !

Il détourna la tête. Son teint coloré tranchait avec la perfection glacée des demi-dieux qui n'avaient jamais connu ni le doute ni la honte.

— Vous tracassez pas. Je vous causerai jamais plus de tort maintenant. Vous avez trop de cran.

— Oh, suffit avec mon cran ! grommela Maurice, irrité.

— Ça n'ira pas plus loin. (Il se mordit les lèvres.) Je ne sais pas ce qui m'a pris, monsieur Hall. Je vous veux aucun mal. J'ai jamais voulu vous faire du tort.

— Vous avez essayé de me faire chanter.

— Non, monsieur, non.

— Si.

— Maurice, écoutez-moi. J'ai seulement…

— Maurice maintenant ?

— Vous m'appelez bien Alec. Je vaux autant que vous.

— Ce n'est pas mon avis. (Il y eut un de ces silences qui précèdent l'orage. Puis Maurice éclata :) Tudieu, si vous m'aviez dénoncé à Mr Ducie, je vous aurais brisé. Ça m'aurait peut-être coûté des centaines de livres, mais je les ai, et la police soutient toujours les gens de mon rang contre ceux de votre classe. Vous ne savez pas. On vous aurait jeté en prison pour chantage. Après quoi… je me serais fait sauter la cervelle.

— Vous vous seriez tué !

— J'aurais su alors que je vous aimais. Trop tard… Tout arrive toujours trop tard. (Les rangées de vieilles statues chancelèrent. Il ajouta :) Ne faites pas attention. Venez. Nous ne pouvons pas parler ici.

Ils quittèrent l'immense bâtiment surchauffé et dépassèrent la bibliothèque, cherchant l'obscurité et la pluie. En arrivant sous le portique Maurice s'arrêta et dit d'une voix amère :

— J'oubliais votre frère !

— Il est au village chez le père. Il ne sait rien. C'était seulement pour vous faire peur.

— Pour me faire chanter.

— Vous ne comprenez donc pas... (Il tira la lettre de Maurice.) Tenez. Prenez-la. Je n'en veux pas. J'ai jamais voulu... Je suppose que tout est fini.

Assurément, il n'en était rien. Incapables de se séparer comme d'augurer de la prochaine étape, ils arpentèrent rageusement les rues aux dernières lueurs d'un jour sinistre. La nuit, refuge toujours parfait, tomba enfin, et Maurice, s'étant ressaisi, put enfin réfléchir calmement à la nouvelle tournure qu'avaient pris les événements. Ils firent halte dans un square désert, et appuyés contre les grilles qui emprisonnaient quelques arbres, ils commencèrent à discuter de leur crise. Mais au fur et à mesure que Maurice s'apaisait, l'autre s'emportait. C'était comme si Mr Ducie avait établi quelque révoltante inégalité entre eux, de sorte que l'un attaquait sitôt que l'autre déposait les armes. Alec dit rageusement :

— Il pleuvait encore plus fort que ça dans le hangar à bateaux. Il faisait encore plus froid. Pourquoi n'êtes-vous pas venu ?

— J'étais en plein chaos.

— Je vous demande pardon ?

— Vous apprendrez que je ne sais jamais où j'en suis. Je ne vous ai pas écrit et je ne suis pas venu parce que je voulais vous fuir sans vraiment le vouloir. Vous me tiriez vers le passé. Plus vous me hantiez et plus je m'affolais. Pendant mes séances d'hypnotisme, je sentais que vous vous interposiez entre la volonté du médecin et moi. Je sentais bien que quelque chose n'allait pas, mais j'étais incapable de dire ce que c'était et je persistais à prétendre que vous en étiez la cause.

— Et qu'est-ce que c'était ?

— La... la situation.

— Comprends pas. Pourquoi n'êtes-vous pas venu au hangar ?

— J'avais peur... Et vous aussi, vous aviez peur. Depuis le match de cricket, vous n'avez pas cessé d'avoir peur de moi. C'est pourquoi nous ne cessions pas – et maintenant encore – d'essayer de nous démolir.

— Je vous prendrai jamais un penny, je toucherai jamais à un cheveu de votre tête, grommela Alec en raclant de la semelle contre les grilles qui le séparaient des arbres.

— Pourtant vous essayez encore de me tourmenter.

— Pourquoi venez-vous me dire que vous m'aimez ?

— Pourquoi m'appelez-vous Maurice ?

— Oh, assez discuté ! Tenez, touchez là, et il tendit la main.

Maurice la prit et ils connurent alors un instant de paix dont peu d'hommes sont capables. L'amour physique est toujours lié à l'angoisse et il était naturel, Maurice le voyait maintenant, que leur premier abandon à Penge les eût dressés l'un contre l'autre. Ils en savaient à la fois trop et trop peu l'un sur l'autre. D'où la peur. D'où l'agressivité. Et il se réjouit parce qu'à travers sa propre ignominie il avait compris celle d'Alec. Il avait affronté ses menaces non pas en héros mais en égal et découvert derrière beaucoup de puérilité, et derrière encore quelque chose d'autre…

Bientôt Alec se mit à parler. D'abord éperdu de remords, il ne savait comment implorer son pardon. Puis, se rassérénant, il commença à se confier sans honte à son ami. Il parla de sa famille. Lui aussi était brimé dans son milieu. Personne ne savait qu'il était à Londres. À Penge, on le croyait chez son père, et son père le croyait à Penge. Il ne lui avait pas été facile de s'échapper. À présent, il devait rentrer chez lui retrouver son frère avec qui il partait pour l'Argentine. Son frère était dans le commerce. Il plastronna un peu comme ne peuvent s'en empêcher les gens qui n'ont pas reçu une éducation littéraire. Il venait d'une famille respectable, répéta-t-il. Il n'avait de courbettes à faire à personne. Il valait autant que n'importe quel gentleman. Mais tandis qu'il fanfaronnait ainsi, son bras s'emparait de celui de Maurice. Les mots moururent sur leurs lèvres. Ce fut enfin Alec qui hasarda le premier pas :

— Restez avec moi cette nuit.

Maurice trébucha. Alec le retint. À présent, ils étaient amoureux l'un de l'autre consciemment.

— Passons la nuit ensemble. Je connais un endroit.

— Je ne peux pas. Ce soir, je suis pris, gémit Maurice.

Son cœur battait à tout rompre. Il avait presque oublié l'existence de ce dîner d'affaires, le genre qui rapportait des clients à son bureau. Décemment, il ne pouvait plus l'annuler.

— Il faut que je vous quitte maintenant. Je dois aller me changer. Mais écoutez-moi, Alec. Soyez raisonnable. Fixons-nous rendez-vous pour un autre soir. N'importe quel jour de la semaine.

— Je ne peux pas revenir à Londres. Mon père ou Mr Ayres m'attraperait.

— Quelle importance ?

— Et votre dîner, quelle importance ?

Il y eut un silence.

— Vous avez raison, reconnut tristement Maurice. Au diable mon dîner !

Et ils s'enfoncèrent ensemble sous la pluie.

XLIV

— Réveillez-vous, Alec !

Un bras remua.

— Il faut que nous parlions de nos projets.

Alec se blottit encore plus près, plus éveillé qu'il ne voulait le laisser paraître, chaud, souple, musclé, heureux. Maurice aussi fut submergé de bonheur. Il bougea. Deux bras se refermèrent autour de lui, et il oublia ce qu'il voulait dire. La lumière du matin entrait par la fenêtre. Dehors, il pleuvait toujours. Étrange hôtel, précaire refuge contre l'hostilité du monde extérieur.

— Debout, jeune homme ! Il fait grand jour.

— Alors, levez-vous !

— Je ne vois pas comment je le pourrais de la façon dont vous me tenez !

— Allez-vous bientôt cesser de gigoter ! Je vais vous apprendre, moi, à rester tranquille !

Il avait perdu son air déférent. Le British Museum avait guéri tout cela. C'étaient les vacances. Il était à Londres avec Maurice. Finis les ennuis. Et il avait envie de traîner au lit, de chahuter et de faire l'amour.

Maurice ne demandait pas mieux, mais hélas, la pensée de l'avenir l'empêchait de jouir de la minute présente. Le jour croissant faisait paraître plus fragile sa douceur. Il fallait qu'ils prennent une décision. Ah ! Que ne donnerait-il pas pour cette nuit qui se terminait, pour le sommeil et le plaisir, la violence et la tendresse, et cette harmonie dans l'obscurité protectrice ! Pareille nuit reviendrait-elle jamais ?

— Vous n'êtes pas bien, Maurice ? (Car il avait soupiré.) Installez-vous mieux. Appuyez davantage la tête sur mon épaule, là c'est mieux... Ne vous inquiétez pas. Ne pensez à rien. Je suis là. Vous êtes avec moi. Ne vous tourmentez pas.

Oui, la chance lui avait souri. Il avait découvert en Scudder un être sincère et généreux. Quel merveilleux compagnon ! Celui qu'il n'espérait plus. Celui dont il avait toujours rêvé. Seulement était-il courageux ?

— On est bien comme ça tous les deux... (Ses lèvres si près des siennes que les mots sortaient à peine.) Qui aurait cru... La première fois que je vous ai vu, j'ai pensé : « J'aimerais bien que lui et moi... » Juste comme on est maintenant... « Si seulement tous les deux... » Et c'est arrivé.

— Oui, et c'est pour cela qu'il va falloir nous battre.

— Qui parle de se battre ? protesta Alec, contrarié. Il y a eu assez de bagarre comme ça.

— Nous avons le monde entier contre nous. Nous devons nous ressaisir et décider quelque chose pendant qu'il en est encore temps.

— Pourquoi dites-vous des choses comme ça pour tout gâcher !

— Parce qu'elles doivent être dites. Nous ne pouvons nous permettre de laisser les choses se détériorer et recommencer à souffrir comme là-bas à Penge.

Alec se mit soudain à l'étriller avec le dos de sa main durcie par le soleil.

— Et ça, ça ne fait pas souffrir ? En tout cas, ça devrait, fit-il mi-figue mi-raisin. C'est comme ça que moi, je me bats.

Effectivement cela faisait un peu mal. Sous la plaisanterie affleurait une sorte de ressentiment.

— Ne me parlez jamais de Penge, poursuivit-il. Penge !... Penge où j'étais toujours qu'un domestique, et Scudder faites ci, et Scudder faites ça, et la vieille douairière vous savez pas ce qu'elle m'a dit un jour ? « Voulez-vous avoir l'obligeance de me poster cette lettre euh... euh... rappelez-moi donc votre nom déjà. » Rappelez-moi donc votre nom ! Chaque jour que Dieu a fait pendant six mois je suis venu pour ce foutu perron de Penge pour prendre les ordres de Mr Durham et sa mère ne sait même pas comment je m'appelle, la vieille carne ! Je m'appelle « Allez vous faire foutre », j'y ai dit. Ouais, j'ai failli lui dire. Tiens ! je regrette même de pas lui avoir dit ! Tu peux pas savoir sur quel ton on parle aux domestiques. J'oserais même pas le répéter. Et cet Archie London avec qui vous étiez toujours fourré, il vaut pas plus cher que les autres, et vous non plus. « Allez, hop ! mon ami ! Et en vitesse ! » Vous vous en doutez peut-être pas, mais c'était moins une que je monte jamais à cette échelle quand vous m'avez appelé. « Il me désire pas pour le bon », j'ai pensé. Et j'ai cru que je devenais fou quand j'ai vu que vous veniez pas au hangar. Je ne suis pas assez bien pour Monsieur. C'est ce qu'on va voir ! Le hangar à bateaux, c'est un coin que j'ai toujours aimé. Même déjà avant de vous connaître j'y descendais de temps à autre pour y fumer une petite cigarette. J'entrais comme je voulais... Tenez, j'ai même encore la clé sur moi. Le hangar à bateaux... Je me penchais pour regarder l'étang tout calme, de temps en temps un poisson piquait à la surface, je retrouvais les coussins comme je les avais arrangés.

Il se tut, ayant épanché tout ce qu'il avait sur le cœur. Il avait commencé sur un ton vengeur, puis sa voix s'était peu à peu voilée de tristesse, comme si la vérité avait surgi à la surface de l'eau, et qu'elle fût intolérable.

— Nous trouverons bien une autre occasion d'aller au hangar à bateaux, dit Maurice.

— Non, il n'y en aura plus. (Il repoussa Maurice, puis l'attira contre lui, et l'étreignit de toutes ses forces comme si c'était la fin du monde.) Ça, vous vous en souviendrez, en tout cas. (Il se leva et alla regarder le jour gris par la fenêtre, les bras ballants. On eût dit que c'était la dernière image de lui qu'il voulait laisser.) J'aurais pu facilement vous tuer.

— Moi aussi, j'aurais pu.

— Où sont passés mes vêtements ? (Il paraissait hébété.) Vous savez l'heure qu'il est ! J'ai même pas de rasoir. Je comptais pas passer la nuit dehors. Faudrait… Il faut que je file prendre mon train sinon Fred va s'imaginer je sais pas quoi.

— Quelle importance ?

— Malheur de moi ! Si Fred nous voyait en ce moment !

— Mais il n'est pas là !

— Oui, mais il pourrait… Vous comprenez, demain, c'est jeudi, vendredi, on fait les bagages, samedi, le *Normannia* quitte Southampton, et adieu le Vieux Continent.

— Vous voulez dire que nous ne nous reverrons plus !

— C'est ça. Vous avez bien compris.

Si seulement il ne pleuvait plus ! Cette pluie interminable après l'averse d'hier, sur les toits et sur le musée, sur les maisons et sur les bois ! Attentif à se dominer et pesant avec soin ses mots, Maurice annonça :

— C'est justement de cela que je voudrais vous parler. Pourquoi ne pas essayer de nous revoir encore ?

— Comment ça ?

— Pourquoi ne resteriez-vous pas en Angleterre ?

Alec fit volte-face, horrifié. À demi nu, il ne semblait qu'à demi humain.

— Que je reste ! rugit-il, que je rate mon bateau ! Vous n'êtes pas un peu cinglé ! De ma vie, je n'ai jamais entendu une pareille idiotie ! Et vous croyez que je vais marcher !

— Nous n'avions pas une chance sur mille de nous rencontrer. Elle ne se représentera plus, et vous le savez. Restez avec moi. Nous nous aimons.

— D'accord. Mais c'est pas une raison pour se conduire comme des idiots. Que je reste avec vous, et où, et comment ? Qu'est-ce que votre mère dirait si elle me voyait débarquer avec ma vilaine figure et l'allure que j'ai ?

— Elle ne vous verra pas. Je quitterai la maison.

— Où vivrez-vous ?

— Avec vous.

— Vous croyez ça ! Ah non, merci ! Dans mon milieu, personne vous accepterait et je peux pas leur en vouloir. Et puis, comment feriez-vous marcher votre affaire, j'aimerais bien le savoir ?

— Je lâcherai mon travail.

— Lâcher votre travail ! Le boulot à qui vous devez votre argent et votre position ! On ne laisse pas tomber un boulot !

— Quand on veut on peut, dit Maurice gentiment. On peut faire n'importe quoi du moment qu'on sait ce qu'on fait. (Il regarda le ciel gris qui virait au jaunâtre. Rien ne le surprenait dans cette conversation. Seule l'issue lui demeurait inconnue.) Je travaillerai avec vous, révéla-t-il, jugeant le moment venu.

— Quel genre de travail ?

— On trouvera.

— On trouvera et on crèvera de faim, ouais !

— Non, j'ai assez d'argent pour voir venir. Je ne suis pas plus bête qu'un autre. Vous non plus. Nous ne mourrons jamais de faim. J'ai réfléchi à tout ça cette nuit pendant que vous dormiez.

Il y eut un silence. Alec reprit d'un ton radouci :

— Ça ne marcherait pas, Maurice. Vous ne voyez donc pas que ce serait notre perte à tous deux ?

— Je n'en sais rien. Peut-être, ou peut-être pas. Toutes ces histoires de classes. Je ne sais pas. Je sais seulement ce qu'on peut faire aujourd'hui. On file d'ici, on avale un bon petit déjeuner et on fonce à Penge. Ou alors si vous préférez, on va d'abord trouver votre Fred. Vous lui dites que vous avez changé d'avis, que vous ne voulez plus partir, que vous avez trouvé du travail chez Mr Hall. Je viendrai avec vous. Je me moque de ce que les gens pourront penser. Je suis prêt à affronter n'importe qui, n'importe quoi. Si les gens ont envie de deviner, tant pis pour eux. J'en ai assez de ces simagrées. Dites à Fred d'annuler votre billet. Je le dédommagerai. Ce sera notre premier pas vers la liberté. Pour la suite, on avisera. C'est un risque à courir, mais n'importe quelle entreprise comporte un risque et on ne vit qu'une fois.

Alec eut un rire cynique et continua à s'habiller. Il avait retrouvé ses manières de la veille, chantage en moins.

— Vous parlez comme quelqu'un qui n'a jamais eu à gagner sa vie, dit-il. Vous essayez de m'avoir avec votre amour et toutes vos inventions. En fait, vous me proposez de gâcher mon avenir. Vous comprenez donc pas qu'il y a un boulot qui m'attend là-bas, en Argentine ? Exactement comme vous en avez un ici. Dommage que le *Normannia* parte samedi, mais c'est la vie. J'ai tout mon barda de prêt. Mon billet est acheté. Fred et sa femme comptent sur moi. C'est comme ça.

Derrière son air faraud, Maurice percevait son désarroi. Et après ? Il était bien avancé ! Toute la sagesse du monde n'empêcherait pas le *Normannia* d'appareiller samedi. Il avait perdu. Rien n'apaiserait jamais sa douleur. Celle d'Alec, sans doute, s'estomperait vite. Une fois en route, il oublierait son escapade avec un gentleman. Avec le temps, il se marierait. Enfant réaliste de la classe laborieuse qui savait trop bien où se trouvait son intérêt ! Il avait déjà dissimulé son corps gracieux sous son hideux complet bleu. Seuls dépassaient son visage coloré et ses mains brunes. Il s'aplatit soigneusement les cheveux.

— Bon, eh bien, je file, dit-il. (Et comme si ce n'était pas suffisant, il ajouta :) Au fond, si on y réfléchit bien, on aurait mieux fait de ne pas se rencontrer.

— Ne vous inquiétez pas pour ça, fit Maurice en évitant de le regarder pendant qu'il tirait le verrou.

— Vous avez bien payé la chambre d'avance, n'est-ce pas ? J'ai pas envie d'avoir une mauvaise surprise en bas.

— Ne vous inquiétez pas non plus pour ça.

Il entendit la porte se refermer et il fut seul. Il attendit, espérant qu'Alec se raviserait. Inévitable cette attente, puis les yeux commencèrent à lui brûler. Il savait par expérience ce qui se préparait. Très vite, il parvint à se dominer. Il se leva et sortit passer quelques coups de fil pour se justifier, rassura sa mère, présenta des excuses à son hôte, se rasa, fit un brin de toilette et gagna son bureau comme à l'accoutumée. Une masse de travail l'attendait. Rien n'avait changé dans sa vie, et il ne lui restait plus rien. Il se retrouvait avec sa solitude comme avant Clive, comme après Clive, comme toujours. Il avait échoué et, chose plus triste, il avait assisté à la faillite d'Alec, à la faillite de l'amour. L'amour n'était qu'un passe-temps. Il n'était pas assez fort pour changer la vie.

XLV

Le samedi venu, il descendit à Southampton pour assister au départ du *Normannia.*

Il prit cette décision extravagante, inutile, dangereuse et lâche sans l'avoir préméditée. En quittant la maison, il n'avait pas la moindre intention d'y aller, mais, en arrivant à Londres, le besoin qui l'avait tourmenté toutes les nuits se fit plus dévorant que jamais ; il oublia tout excepté le visage et le corps d'Alec, et il saisit la seule occasion qui s'offrait de le revoir. Il n'avait pas l'intention de lui parler, ni d'écouter sa voix, ni de le toucher, il voulait simplement s'imprégner de son image avant qu'elle ne s'efface à jamais. Pauvre Alec ! Qui pouvait le blâmer ? Pouvait-il agir autrement ? Mais qu'il les rendait donc tous les deux malheureux !

Il arriva au bateau tel un somnambule. Là un nouvel obstacle l'attendait. Alec demeurait invisible, les stewards étaient débordés, et il fallut un certain temps avant qu'on le conduisît auprès de Mr Scudder, un personnage assez antipathique entre deux âges, du genre boutiquier sans scrupule : le fameux Fred. Il était flanqué d'un homme plus âgé et barbu, vraisemblablement le boucher d'Osmington. Le principal charme d'Alec résidait dans son teint frais et coloré sous son casque de boucles épaisses. Fred lui ressemblait de traits, mais il était rouquin avec un regard rusé et son teint huileux ignorait la caresse du soleil. Comme Alec, Fred avait une haute idée de sa personne, mais c'était la vanité qu'inspire le succès commercial. Il méprisait le travail manuel. Il avait honte de son rustaud de frère, et il crut que Mr Hall, dont il n'avait jamais entendu parler, était venu dans un esprit paternaliste assister au départ de son jeune protégé, ce qui le rendit insolent. « Licky n'a pas encore embarqué, mais sa cantine est déjà à bord. Ça vous intéresse sa cantine ? » Le père dit : « Il a encore tout son temps », en regardant sa montre. La mère ajouta d'un air pincé : « Il sera là à l'heure. Quand Licky dit une chose, on peut être sûr qu'il la fera. — S'il a envie d'arriver en retard, c'est son affaire, dit Fred. C'est pas moi que ça dérangera. Mais alors qu'il compte plus sur moi pour l'aider. Il m'a déjà coûté assez cher comme ça. »

« Voilà donc le monde auquel Alec appartient, songea Maurice. Ces gens-là le rendront plus heureux qu'il ne l'eût été avec moi. » Il se bourra une pipe et regarda son Idylle se faner. Alec n'était ni un héros ni un dieu, c'était un être humain prisonnier de son milieu comme lui-même l'était du sien. Jamais il ne s'épanouirait dans les bois, sur les rivages, sous la brise et le soleil. Ils n'auraient pas dû passer cette nuit ensemble à l'hôtel. Elle avait fait naître un espoir trop grand. Ils auraient dû se séparer après cette poignée de main sous la pluie.

Par une sorte de fascination morbide, il ne pouvait se détacher des Scudder. Il restait là à écouter leurs propos vulgaires, épiant dans leurs gestes ceux de son ami. Il essaya de se montrer aimable et de se gagner leurs bonnes grâces. Mais il échoua. Il avait perdu son assurance. Alors qu'il broyait du noir, une voix douce résonna à son oreille : « Bonjour, monsieur Hall ! » Il resta muet. C'était Mr Borenius. L'un comme l'autre, ils eurent conscience de ce temps d'hésitation bizarre, de son regard effrayé, et du mouvement rapide par lequel il retira sa pipe de sa bouche comme si fumer était interdit par le clergé.

Mr Borenius se présenta avec bonhomie à la compagnie. Il était venu dire au revoir à son jeune paroissien, étant donné que Penge n'était pas bien loin. Ils essayèrent d'imaginer par quelle route Alec arriverait. Les avis semblaient partagés. Maurice tenta de s'éclipser discrètement car la situation était devenue équivoque. Mais Mr Borenius lui emboîta le pas.

— Vous allez faire un tour sur le pont ? dit-il. Moi aussi.

Ils allèrent s'appuyer au bastingage. Les hauts-fonds de Southampton s'étalaient dorés autour d'eux, couronnés de bois, et la beauté de cette fin d'après-midi parut à Maurice lourde de menaces.

— Par ma foi, c'est fort généreux à vous ! fit l'ecclésiastique.

Il parlait sur le ton du bon pasteur s'adressant à un émule en charité, mais Maurice crut déceler une ombre d'ironie dans sa voix. Il tenta en vain de trouver une réponse – deux ou trois phrases banales le sauveraient –, mais aucun son ne sortait de sa bouche et sa lèvre inférieure tremblait comme celle d'un petit garçon malheureux.

— D'autant plus généreux de votre part que vous étiez assez monté contre le jeune Scudder, si mes souvenirs sont exacts. Je crois me rappeler vous avoir entendu dire à Penge qu'il s'était « conduit comme un porc ». Cette expression appliquée à l'un de nos semblables m'avait frappé. Je pouvais à peine en croire mes yeux en vous apercevant ici avec ses amis. Croyez-moi, monsieur Hall, il sera très touché de votre geste, même s'il n'en laisse rien voir. Ces gens-là ont la fibre plus sensible qu'on ne l'imagine. Pour le bien comme pour le mal.

Maurice essaya de l'arrêter d'un « Mais… et vous-même ? ».

— *Moi* ? Pourquoi *moi* je suis là ? Vous allez rire sans doute. Je suis venu lui apporter une lettre d'introduction pour un prêtre anglican de Buenos Aires avec l'espoir qu'à son arrivée là-bas il demandera sa confirmation. Absurde, n'est-ce pas ? Mais n'étant ni un helléniste païen ni un athée, je soutiens que c'est la Foi qui nous éclaire et que si un homme se « conduit comme un porc », il faut en chercher la cause dans quelque malentendu sur la parole divine. L'hérésie est suivie tôt ou tard de l'immoralité. Mais vous-même… comment avez-vous su que le bateau partait justement aujourd'hui ?

— C'était… c'était dans le journal.

Un frisson le parcourut. Ses vêtements lui collaient à la peau. Il tremblait comme un écolier pris en faute. Il était convaincu que le recteur dans un éclair avait tout deviné. Un laïc n'eût rien soupçonné – Mr Ducie n'avait pas bronché – mais, étant un homme d'Église, Mr Borenius avait un don de clairvoyance. Il était capable de déceler les mouvements invisibles de l'âme. La piété et l'ascétisme ont leur côté pratique. Ils développent la perspicacité, Maurice s'en apercevait trop tard. À Penge, il était convaincu qu'un pasteur au teint blême dans sa vieille soutane était bien incapable d'imaginer un amour entre hommes. À présent, il découvrait qu'il n'est pas de secret humain que l'Église n'eût percé – d'un point de vue certes spécieux –, que la religion est bien plus pénétrante que la science, et que, pour peu qu'elle alliât le discernement à la perspicacité, elle serait la plus grande puissance du monde. Dénué lui-même de tout sens religieux, il n'avait jamais soupçonné ce don chez autrui. Le choc fut terrible. Mr Borenius le terrifiait, il le haïssait, il avait envie de le tuer.

Et Alec, en arrivant, viendrait se jeter la tête la première dans la gueule du loup. L'un comme l'autre, ils ne faisaient pas le poids, ils étaient bien moins importants, par exemple, que Clive et Anne. Mr Borenius le savait fort bien, et il mettrait tout en œuvre pour les punir.

Comme sa victime apparemment ne se décidait pas à répondre, le recteur poursuivit :

— Oui, pour parler franchement, le jeune Scudder ne laisse pas de m'inquiéter. Mardi, avant qu'il ne quitte Penge pour aller voir, m'a-t-il dit, ses parents, chez lesquels il n'est arrivé, soit dit en passant, que le mercredi, j'ai eu avec lui un entretien fort peu satisfaisant. Il était buté. Il me tenait tête. Quand je lui ai parlé de confirmation, il a ricané. Le fait est – je ne vous en parlerais pas n'était le charitable intérêt que vous lui portez –, le fait est qu'il avait commis le péché de chair. (Il y eut un silence.) Avec des femmes. À la longue, Mr Hall, on apprend à reconnaître ce ricanement, car la fornication porte ses effets au-delà de l'acte lui-même. Si elle n'était qu'un acte, je me garderais bien de lui jeter l'anathème. Mais chaque fois que les nations se sont prostituées, elles ont invariablement fini par rejeter Dieu. C'est pourquoi, aussi longtemps que tous les débordements de la chair, et non pas seulement certains d'entre eux, ne seront pas passibles de la loi, l'Église ne pourra jamais reconquérir l'Angleterre. J'ai de bonnes raisons de croire qu'il a passé à Londres cette nuit du mardi au mercredi... Ah ! je crois justement que voici son train.

Il se dirigea vers le pont inférieur, et Maurice, hébété, à bout de forces, le suivit dans une sorte de brouillard. Il entendait autour de lui un brouhaha de voix incompréhensibles. L'une d'elles aurait aussi bien pu être celle d'Alec, il ne se rendait plus compte de rien. Une phrase tournoyait sans cesse dans sa tête : « Encore une fois, j'ai échoué. » Il se revoyait dans le fumoir avec Clive lui disant : « Je regrette, mais je ne vous aime plus. » Il avait l'impression qu'année après année, sa vie ne serait qu'une succession de cycles toujours recommencés... et toujours la même éclipse... comme le soleil... Il crut entendre la voix de son père et la voix de son grand-père... Puis le brouillard se dissipa. Il entendit la mère d'Alec : « Ce n'est pourtant pas le genre de Licky ! » et elle disparut.

Qu'avait-elle dit ? Des sonneries retentissaient. Il y eut un coup de sifflet. Maurice courut sur le pont. Il avait retrouvé l'usage de ses sens. Il voyait très clairement la foule qui se scindait en deux groupes, ceux qui restaient en Angleterre et ceux qui partaient, et il comprit qu'Alec allait rester. L'après-midi s'achevait en triomphe. Un vent léger s'était levé. Des nuages blancs couraient au-dessus des flots dorés et des bois. Au milieu du branle-bas général, Fred Scudder se répandait en invectives contre son chenapan de frère qui avait raté son dernier train. Les femmes bousculées de tous côtés sur la passerelle protestaient. Mr Borenius et le vieux Scudder se lamentaient auprès des officiers de bord. Qu'ils paraissaient tous insignifiants dans la splendeur du jour finissant !

Maurice descendit à terre, le cœur en fièvre, éperdu de bonheur. Il regarda le navire s'ébranler lentement. Il lui rappelait ces funérailles vikings qui l'exaltaient quand il était enfant. La comparaison était un peu fausse. Néanmoins, le navire avait pris une dimension épique : il emportait au loin la mort. Il fut déhalé – Fred piaillait toujours –, il tourna dans le chenal au milieu des vivats et s'éloigna enfin, sacrifice et victoire, en laissant derrière lui un panache de fumée qui s'effilocha dans le soleil couchant et des rides qui allèrent mourir sur le rivage. Maurice le regarda un moment s'éloigner, puis il se tourna vers la terre ferme. Son voyage touchait presque à sa fin. Il devait aller vers son nouveau destin. Il avait aidé Alec à s'affranchir, Alec devait maintenant l'aider à se dépasser. Il savait ce qui les attendait. Il leur faudrait vivre en marge, sans amis, sans argent. Il leur faudrait travailler et s'accrocher l'un à l'autre jusqu'à la mort. Mais l'Angleterre leur appartenait. C'était cela – sans compter qu'ils seraient deux – leur récompense. L'espace et le ciel étaient à eux. Ils étaient libres et maîtres de leur destin.

Il se retrouva nez à nez avec Mr Borenius qui paraissait nettement débordé par les événements. Le comportement d'Alec l'avait complètement dérouté. Mr Borenius n'imaginait pas l'amour entre hommes autrement qu'infâme, en sorte qu'il était bien incapable d'expliquer ce qui venait de se passer. Il redevint du coup un homme ordinaire. Sans arrière-pensée et assez sottement, il épilogua sur ce qui avait bien pu arriver au jeune Scudder, puis il partit rendre visite à des amis à Southampton. Maurice le rappela : « Monsieur Borenius, regardez le ciel, il est comme embrasé ! » Mais Mr Borenius n'avait que faire du ciel et il disparut.

Dans son exaltation, Maurice avait l'impression de sentir la présence d'Alec à ses côtés. Évidemment il n'en était rien. Il lui fallait encore le trouver. Sans un instant d'hésitation, il prit la direction du hangar à bateaux, Penge. Ces mots étaient inscrits dans sa chair. C'étaient ceux qu'Alec avait utilisés quand il suppliait et menaçait, c'étaient ceux que Maurice avait répétés comme une promesse après leur dernière étreinte désespérée. Il n'avait qu'eux pour se guider. Il quitta Southampton comme il y était venu, instinctivement, et il était sûr cette fois que rien ne pouvait plus échouer. Il prit un train pour Penge. L'horizon flamboyait encore, puis de petits nuages rouges envahirent le ciel quand le jour commença à décliner, et au sortir de la gare on y voyait encore assez clair pour qu'il pût gagner Penge sans encombre à travers la campagne silencieuse. Il pénétra dans la propriété à travers une brèche dans la clôture, constatant ainsi une fois de plus son état de délabrement et son absurdité. La nuit tombait. Un oiseau poussa son cri. Des animaux détalèrent. Il avançait d'un pas vif. Enfin, il entendit le clapotis de l'eau, il vit l'étang miroiter et à côté la masse sombre du hangar à bateaux. Il touchait presque au but. D'une voix confiante, il appela Alec.

Il n'y eut pas de réponse.

Il appela de nouveau.

En vain. Il s'était trompé. « Évidemment », songea-t-il. Puis, tout de suite, il se ressaisit. Quoi qu'il arrivât, il ne devait pas s'effondrer. Du temps de son amour pour Clive, il l'avait fait trop souvent sans en être plus avancé ; et s'effondrer dans ce lieu sombre et sauvage, c'était s'exposer à perdre la raison. Il devait rester calme et confiant, c'était sa seule chance. Toutefois sa brutale déception lui révéla son épuisement. Depuis l'aube, il n'avait pas eu un moment de répit. Il était passé par toute la gamme des émotions, et il ne tenait plus debout. Tout à l'heure, il prendrait une décision. Pour l'instant, il se sentait malade et fourbu. Il devait d'abord se reposer.

Le hangar à bateaux était un refuge tout trouvé. Il y pénétra et découvrit Alec endormi. Il reposait sur une pile de coussins, à peine visible dans les dernières lueurs du couchant. Il s'éveilla et, sans paraître ému ni troublé, s'empara tendrement du bras de Maurice.

— Vous avez donc reçu mon télégramme ? dit-il.

— Quel télégramme ?

— Celui que j'ai expédié chez vous ce matin pour vous dire... (Il bâilla.) Excusez-moi, je suis un peu fatigué avec tout ça... Pour vous dire de venir me retrouver ici sans faute. (Et comme Maurice demeurait muet, il ajouta :) Comme ça, c'est fini, jamais plus nous ne serons séparés.

XLVI

Mécontent de ses imprimés électoraux dont le ton lui paraissait un peu trop paternaliste par les temps qui couraient, Clive était en train d'en corriger les épreuves lorsque Simcox annonça : « Mr Hall. » L'heure était fort avancée ; il faisait nuit noire, et on ne voyait plus trace dans le ciel du magnifique coucher de soleil qui avait précédé. Il ne distinguait rien sous le porche d'où s'élevaient toutefois des bruits insolites : son ami, qui avait refusé d'entrer, balançait des coups de pied dans le gravier, expédiant une pluie de cailloux contre les massifs et les murs.

— Hello, Maurice ! Qu'est-ce qui se passe ? Entrez, voyons ! Pourquoi tant de manières ! fit-il un peu ennuyé et sans prendre la peine de sourire puisque son visage était dans l'ombre. Sacrément content de vous revoir. J'espère que vous êtes rétabli. Je suis malheureusement un peu occupé, mais la *chambre fauve* est libre. Installez-vous comme chez vous.

— Je n'ai que quelques minutes, Clive.

— Allons, allons, mon vieux, vous plaisantez ! (Il s'avança dans l'obscurité hospitalière, ses épreuves toujours à la main.) Anne va m'en vouloir affreusement si vous ne restez pas. Vous avez bien fait d'arriver ainsi. Pardonnez-moi si je vous abandonne. J'ai encore quelques broutilles à corriger. (Il distingua alors dans l'obscurité la silhouette sombre de son ami et, soudain mal à l'aise, s'écria :) J'espère qu'il ne se passe rien de grave ?

Il devait probablement s'agir d'une affaire de cœur, songea-t-il, résigné, et s'arrachant à la politique, il se prépara à prêter une oreille compatissante à Maurice, encore qu'il eût préféré que celui-ci fasse appel à lui dans un moment où il était moins bousculé. Son sens de la hiérarchie des valeurs, heureusement, le soutenait. Il entraîna Maurice vers l'allée déserte derrière les lauriers où rayonnaient les œnothères, brochant d'or pâle le velours de la nuit. Là, ils ne seraient pas dérangés. Il chercha un banc à tâtons, s'y allongea de tout son long, croisa les mains derrière la tête et dit :

— Je suis à vous, mais si vous voulez mon avis, passez tranquillement la nuit ici, et demandez conseil à Anne demain matin.

— Je ne veux pas de conseils.

— Comme il vous plaira. Je le disais parce que vous avez eu l'amitié de nous faire part de vos espoirs, et qu'en matière de femmes le mieux est de demander conseil à une autre femme, surtout lorsqu'elle a comme Anne une intuition proprement ahurissante.

Maurice allait et venait silencieusement devant les buissons de fleurs, silhouette noire dans l'obscurité.

— C'est cent fois pire que tout ce que vous imaginez, dit-il enfin. Je suis amoureux de votre garde-chasse.

Une phrase si inattendue et dénuée de sens pour lui que Clive s'exclama :

— Mrs Ayres ? (En se redressant, stupéfait.)

— Non, Scudder.

— Chut ! (Il jeta un coup d'œil effaré vers les buissons puis, rassuré, dit d'un ton sec :) Quelle grotesque déclaration !

— Absolument grotesque, acquiesça Maurice. Mais il m'a semblé qu'après tout je vous devais une explication au sujet d'Alec.

Clive n'avait retenu de sa phrase que le sens général. Il croyait que « Scudder » était une *façon de parler*[1] comme on dirait « Ganymède ». Qu'on puisse se commettre avec un individu socialement inférieur lui paraissait inconcevable. Il n'en était pas moins abattu et outragé car il avait cru durant ces deux dernières semaines que Maurice était

---

1. En français dans le texte.

normal et avait encouragé Anne à lui accorder son amitié.

— Nous avons fait tout ce que nous pouvions pour vous, dit-il, et si vous voulez vous acquitter de votre « dette » envers nous, comme on dit, vous allez cesser de vous complaire dans ces pensées morbides. Je suis déçu de vous entendre parler ainsi. Vous m'aviez laissé entendre que vous en aviez terminé avec ces enfantillages le soir où nous avons effleuré cette question dans votre chambre.

— Le soir où vous vous êtes décidé à me baiser la main, précisa Maurice sans dissimuler son amertume.

— Plus jamais un mot là-dessus, cria Clive en se départant pour la première et dernière fois de son calme, et pendant un instant le hors-la-loi l'aima. (Puis il retomba dans son intellectualisme.) Maurice… je ne trouve pas les mots pour vous exprimer à quel point je suis navré pour vous. De grâce, luttez contre cette abominable obsession. Si vous le faites, elle disparaîtra pour de bon. Le travail, le grand air, les amis…

— Je ne suis pas venu, je vous l'ai déjà dit, pour recevoir des conseils, ni pour discuter de mes idées. Je suis un être de chair et d'os, si un détail aussi prosaïque ne vous…

— Oui, je sais, je suis un affreux idéologue.

— Et quand j'ai nommé Alec, ce n'était pas une métaphore.

Cette phrase les ramena par la pensée un an plus tôt, mais cette fois c'était Clive que l'exemple faisait sourciller.

— Si « Alec » est le prénom de Scudder, ce jeune homme, par le fait, n'est plus à mon service, ni même en Angleterre. Il s'est embarqué aujourd'hui même pour Buenos Aires. Que cela toutefois ne vous empêche pas de continuer. Je suis déterminé à rouvrir le débat si cela peut le moins du monde vous aider.

Maurice gonfla les joues et se mit à dépouiller une longue tige de ses fleurs. L'une après l'autre, elles s'éteignirent comme la flamme d'une bougie consumée par la nuit.

— J'ai partagé avec Alec, dit-il après un long moment de réflexion.

— Partagé quoi ?

— Tout, y compris mon corps.

Clive se releva avec un cri de dégoût. Il avait envie de pourfendre le monstre et de s'enfuir, mais c'était un être civilisé et l'envie n'était pas assez forte. Après tout, ne sortaient-ils pas tous les deux de Cambridge ? Ils étaient les piliers de la société, il ne devait pas se laisser aller à un geste de violence. Il se domina et jusqu'au bout resta calme et secourable. Mais ses airs réprobateurs, son dogmatisme, son insensibilité révoltèrent Maurice qui se fût incliné devant un sursaut de haine.

— Je m'exprime crûment, poursuivit-il, mais je veux être sûr que vous m'avez bien compris. Alec et moi, nous avons couché ensemble dans la *chambre fauve*, la nuit où vous vous êtes absentés, Anne et vous.

— Maurice... Oh, mon Dieu !

— Et une autre fois à Londres. Et aussi...

Il se tut. Malgré son intense dégoût, Clive retomba dans les généralités. Cela faisait partie du manque de rigueur intellectuelle qui le caractérisait depuis son mariage.

— Mais enfin... l'amour entre hommes n'est excusable que s'il demeure platonique !

— Je ne sais pas. Je suis venu vous dire ce que j'ai fait.

Oui, c'était là le motif de sa visite. Il était venu fermer un livre qu'ils ne reliraient jamais. Plutôt le ranger que le laisser traîner et se souiller. Sa place était là, au creux de l'obscurité, au milieu des fleurs éphémères. Il le devait aussi à Alec. Il ne pouvait se permettre de mélanger le présent et le passé. Toute compromission était dangereuse car elle dissimulait une hypocrisie. Sa confession achevée, il devait disparaître du monde où il avait grandi.

— Je dois aussi vous dire ce qu'il a fait, reprit-il en essayant de contenir sa fierté. Il a sacrifié son avenir pour moi... sans aucune assurance que je renoncerais à quoi que ce soit pour lui. Et autrefois, je ne l'aurais pas fait. Je suis toujours lent à comprendre. Je ne sais pas si c'est un geste platonique ou pas, mais il l'a fait.

— Comment cela ?

— Je suis allé assister à son départ… Et il n'était pas là.

— Quoi ! Scudder a raté son bateau ! Ces gens-là sont vraiment impossibles ! s'exclama le squire, indigné. (Puis il s'arrêta, confondu à l'idée des conséquences que cette nouvelle impliquait.) Maurice, Maurice, *quo vadis* ? fit-il d'un ton affectueux. Voyons, Maurice, vous perdez la raison. Puis-je vous demander si vous avez l'intention…

— Non, vous ne pouvez rien demander. Vous appartenez au passé. Vous avez le droit de tout savoir jusqu'à ce jour, mais pas un mot au-delà.

— Maurice, Maurice, j'ai une certaine affection pour vous, vous le savez, sinon je n'aurais jamais toléré d'entendre ce que vous m'avez dit.

Maurice ouvrit la main. Des pétales lumineux apparurent dans sa paume.

— Vous avez une certaine affection pour moi, je veux bien le croire, dit-il, mais je ne peux pas construire toute ma vie sur si peu. Vous-même, vous n'en avez rien fait. Vous avez construit la vôtre autour d'Anne, sans vous inquiéter de savoir si vos liens étaient platoniques ou pas. Vous avez simplement senti qu'ils étaient assez forts pour édifier dessus votre vie. Je ne peux pas édifier la mienne sur les cinq minutes que vous volez pour moi par-ci par-là à votre femme et à la politique. Vous feriez n'importe quoi pour moi excepté m'accorder de votre temps. Il en a été ainsi pendant toute cette terrible année. Vous m'ouvrez tout grand votre maison et vous ne ménagez pas votre peine pour me marier, parce que cela vous débarrasse de moi. Je sais, vous avez une certaine affection pour moi (car Clive avait protesté), mais rien qui mérite qu'on en parle et vous ne m'aimez pas. J'ai été autrefois vôtre jusqu'à la mort, mais vous ne vous êtes pas soucié de me garder, et maintenant je suis quelqu'un d'autre. Je ne peux pas me lamenter éternellement. Alec m'appartient d'une façon qui vous scandalise, mais ne pourriez-vous pas cesser de vous scandaliser et vous occuper de votre propre bonheur ?

— Qui vous a appris à parler ainsi ? fit Clive, interloqué.

— Vous-même, je le crains.

— Moi ? Je suis consterné de vous voir m'attribuer la paternité de ces idées, poursuivit Clive.

Avait-il donc corrompu une intelligence inférieure ? Il ne se rendait pas compte que Maurice et lui procédaient l'un comme l'autre du Clive d'il y a trois ans, l'un dans sa respectabilité, l'autre dans sa rébellion, ni qu'ils devaient se différencier encore davantage. Il voyait seulement qu'il était dans un vilain guêpier : si cette histoire transpirait en cette période électorale, il était perdu. Il ne pouvait cependant se dérober à son devoir. Le sentiment de son héroïsme le submergea. Il commença à réfléchir aux moyens de faire taire Scudder et se demanda quel prix il exigerait de son silence. Néanmoins, il se faisait un peu tard pour discuter de la tactique à adopter. Il convia donc Maurice à dîner avec lui la semaine suivante à son club.

Un rire lui répondit. Il avait toujours aimé le rire de son ami, et en cet instant ce bruit familier le rassura comme une promesse de bonheur.

— Vous avez raison, dit-il, et il alla jusqu'à tendre une main à travers le buisson de lauriers, cela vaut mieux que tous ces grands discours qui ne nous convainquent ni l'un ni l'autre. (Ses derniers mots furent :) Disons, mercredi prochain, huit heures moins le quart. Le smoking suffit, comme vous le savez.

Ce furent ses derniers mots parce que Maurice s'était déjà fondu dans la nuit, sans laisser d'autres traces de son passage qu'un petit tas de pétales d'œnothères qui se recroquevillèrent lentement dans l'herbe comme les dernières lueurs d'un feu mourant. Jusqu'à la fin de sa vie, Clive ne fut jamais très sûr du moment exact de son départ et, avec les années, il en vint même à douter qu'il fût jamais parti. La *chambre bleue* rayonnait doucement, les fougères ondulaient, et du fond d'un lointain Cambridge, il croyait voir son ami lui faire signe, auréolé de soleil, parmi la rumeur confuse et les parfums du trimestre de mai.

Mais sur le moment, il fut simplement choqué de ses façons cavalières et les compara à certaines insolences dont son ami était jadis coutumier. Il n'avait pas compris que tout était fini, sans crépuscule ni compromis, que leurs routes ne se croiseraient jamais plus, qu'il n'entendrait plus jamais parler de lui. Il attendit un moment dans l'allée, puis s'en retourna vers la maison corriger ses épreuves et songer au moyen de dissimuler la vérité à sa femme.

PAPIER À BASE DE FIBRES CERTIFIÉES

Le Livre de Poche s'engage pour l'environnement en réduisant l'empreinte carbone de ses livres. Celle de cet exemplaire est de : 400 g éq. CO_2
Rendez-vous sur www.livredepoche-durable.fr

Composition réalisée par PCA

Achevé d'imprimer en juin 2025 en Espagne par
Liberdúplex - 08791 St. Llorenç d'Hortons
Dépôt légal 1re publication : septembre 2021
Édition 04 – juin 2025
Librairie Générale Française – 21, rue du Montparnasse – 75298 Paris Cedex 06

66/4242/2